유튜브 지금 시작하시나요?

일러두기

1. 외국어 표기는 국립국어원 외래어 표기법을 따랐다. 다만 일부는 관용적 표기를 따랐다.

2. 유튜브 채널, 페이스북 페이지 등의 이름과 TV 프로그램, 보고서 제목은 홀화살괄호(〈〉)로, 단행본과 신문의 제목은 겹화살괄호(《》)로 표기했다.

3. 유튜브 채널의 이름에 외국어 이름이 병기되어 있는 경우 가독성을 위해 이를 생략했다.

4. 구독자 수, 조회 수 등 각종 수치는 2020년 2월을 기준으로 하며, 2020년 2월이 아닌 특정 시점을 기준으로 하는 경우에는 이를 표기했다.

유튜브
지금 시작하시나요?

이시한 지음

들어가며

재작년에는 유튜브를 하고 싶다고 말하는 사람들이 참 많았다. 작년에는 유튜브를 해야겠다고 말하는 사람들이 그렇게 많았다. 올해는 유튜브를 했었어야 했다고 말하는 사람들이 정말 많지 않을까 싶다.

'콘텐츠가 미래다'라는 말은 틀렸다. 콘텐츠는 현재이기 때문이다. 예전에는 유튜브의 소비자이기만 했던 사람들 중 생산자도 겸하는 사람들이 갈수록 많아지고 있다. 인터넷의 기본 표현 방식은 아직 텍스트지만 점점 영상이 그 위치를 점유해가고 있으며, 이에 따라 영상으로 자신의 의견을 표현하지 못하면 가까운 시일 안에 디지털 문맹이 될 가능성이 높아졌다. 그래서 유튜브를 해야 한다고 생각하는 사람들은 많이 늘었는데, 막상 실천에 옮기는 것은 쉽지 않다. 유튜브를 하기 위해서 스마트폰으로 촬영을 몇 번 해봤더라도 채널을 개설해서 그 영상을 다른 사람들에게 공개하는 단계까지 가는 것에는 꽤 어려움을 느낀다. 이유는 단 하나. 처음 영상 크리에이터로서의 막연한 두려움을 가질 때는 촬영이나 편집과 관련된 기술적인 문제를 고민하는데, 실제로 시작하려고 하면 그런 것들은 별문제가 아니고 콘텐츠 자체의 지속 가능성이 가장 큰 문제라는 사실을 인지하게 되기 때문이다.

흔히 유튜브 성공의 비결로 이야기되는 '일주일에 1~2회씩, 1~2년간 꾸준히 업로드'라는 공식은 이미 '자나 깨나 불조심, 꺼진 불도 다시 보자'만큼이나 오래된 구식의 표어가 되어버렸다. 그런 식으로 성공할 수 있었던 시대는 지났다. 유튜버의 성실함만으로 구독을 눌러주던 엔젤 구독자들도 요즘은 자취를 감춰버렸다. 너무 많은 채널이 생기고 있는 데다가, 자신이 관심 있는 분야의 채널은 이미 구독 중이기 때문이다. 이제는 사용자로 하여금 자신의 채널을 누르게 할 매력과 재미있게 꾸준히 해나갈 콘텐츠의 지속 가능성이 있어야 한다. 그렇지 않으면 야심 차게 개설해서 시간과 노력을 쏟아부은 유튜브 채널이 자신의 친구들 몇 명밖에 찾아오지 않는 폐쇄된 커뮤니티로 전락할지도 모른다.

지금 유튜브를 하기 위해서 가장 필요한 것은 매력과 지속 가능성을 발견하고, 끌어내고, 단장해서 표현할 수 있는 기획력이다. 유튜브 채널에 대한 욕망을 드러내면서도 아직 시작하지 않은 사람들이 꽤 있는데, 이들 중 대부분은 실행력보다는 기획력의 문제를 겪는 경우가 많다. 지속 가능한 콘텐츠는 기획력에서 나온다. 그런 면에서 이 책은 당신의 콘텐츠를 매력적이고 지속 가능하게 만들어주는 데 결정적 역할을 해줄 것이다.

사실 나는 유튜브를 볼 때 유튜버로서보다 유튜브 영상을 기획하는 PD로서의 관심이 더 컸다. 5년 후쯤에는 MCN^Multi Channel Network 같은 것을 운영해보고 싶은 마음이 있었는데, 직접 유튜브를 해보지도 않고 콘텐츠 기획을 하면 이론적으로만 접근하게 될 것 같았다. 그래서 내가 일에 할애하던 시간에서 20% 정도를 활용해 유튜브 채널을 운영해보았다. 처음에는 그저 체험을 해볼 생각이었는데 채널을 운영하다 보니 생각 외로 잘됐다. 사람들이 가장 관심을 가지지 않는 분야라 웬만한 콘텐츠는 조회 수도 잘 나오지 않는 북튜브 분야에서 불과 1~2년 만에 다섯 손가락 안에 꼽히는 채널로 성장했으니 크게 성공한 셈이다. 특히 지금도 내게 유튜브는 20%의 시간을 할애하는 부업이라는 점에서 이 성공이 더욱 의미 있는 것 같다. 일반적으로 그 정도 규모로 채널을 키우려면 그야말로 자신을 '갈아 넣어야' 하는데, 그 부분에서 나름 채널을 효율적으로 운영했다는 자부심이 있다.

유튜브 운영 요령을 소개하는 책들 중 대다수는 전업을 전제로 설명한다. 하지만 유튜브라는 로또에 인생의 승부수를 걸 수 있는 사람은 그리 많지 않다. 오히려 부업이나 취미로 유튜브를 하는 것이 훨씬 건전하고 바람직하다. 그러다가 채널이 잘되면 그때 전업을 생각해도 늦지 않기 때문이다. 그런 점에서 이 책은 효과적으로 유튜브 채널을 만들고 운영해야 하는 부업 유튜버들에게 큰 도움이 될 것이라 생각한다.

이 책이 나오기까지 여러 과정을 거치는 동안 고마움을 느낀 분들이 참 많다. 우선 KBS 라디오 〈김난도의 트렌드 플러스〉에 고정 게스트로 출연하게 된 것을 계기로 만나 내게 유튜브를 해보라고 처음으로 권해주신 서울대학교 김난도 교수님께 깊은 감사를 드리지 않을 수 없다. 역시 트렌드를 놓치지 않으시는 분이다. 오래된 책 약속을 참고 기다려주신 미래의창의 성의현 대표님과 김성옥 편집주간님 이하 모든 직원 분들께도 미안한 마음을 더 담아 감사의 말을 보낸다.

유튜브를 개설했을 때 첫 번째 구독자가 되어준 이후 모든 콘텐츠를 하나하나 보면서 코치해준 둘째 딸 한이에게 고맙고, 책 이야기는 어렵다며 내 콘텐츠를 자주 보지는 않지만 가끔씩 들어와 봐줄 때마다 광고만큼은 무조건 끝까지 다 보는 첫째 딸 한나에게도 고맙다. 그리고 무엇보다 주업에서 20%의 시간을 빼는 것은 그만큼의 소득 감소를 뜻할 수 있는데도, 남편의 꿈을 지지하고 힘을 실어준 아내 한님이에게 감사의 말을 전한다.

무엇보다 가장 고마운 사람들은 내 채널 〈시한책방〉을 구독하고 사랑해주시는 '지구인(지식구독인)' 여러분이 아닐까 싶다. 형식적으로 하는 말이 아니라, 정말로 지구인 분들이 없었다면 〈시한책방〉도 없었을 것이다. 마음을 다해 가장 깊은 감사를 드린다.

차례

Chapter 1

왜 유튜브를
시작하려고 하나요?

유튜브 세상의 1년은
현실의 10년과 같다

▶

"제가 유튜브를 시작하려고 하는데, 혹시 시간 되시면 어떻게 해야 할지 상담 좀 해주실 수 있나요? 밥은 맛있는 걸로 사드릴게요."

최근 가장 많이 받는 문자 가운데 하나다. 사람 끌어모으기 가장 어렵다는 교육·도서 카테고리에서 유튜브를 시작하고 그리 오래되지 않은 시간 동안 몇 만 명의 구독자를 모은 노하우를 듣고 싶다는 것이다. 그런데 사실 이런 요청을 하는 사람마다 각각 특성이 다르고, 채널 성격이나 콘텐츠 내용 등에 따라서 할 수 있는 답변도 천차만별이다. 때문에 어떤 정답을 일률적으로 말해줄 수가 없다. 크리에이터를 지망하는 사람의 능력과 비전, 콘텐츠 등을 심층적으로 알고 깊이 관여한 후 기획을 같이 해줘도 될까 말까 한 일이다. 점심 한 끼 먹을 시간 가지고는 당연히 턱도 없다. 그래서 분명하게 답장을 보낸다.

유튜브 지금 시작하시나요?

"좋죠."

이렇게 오늘도 유튜브 상담을 하러 나간다. 거창하게 상담이라고 말하지만 보통은 그냥 하소연을 듣는 것이나 다름없다. 대부분은 '유튜브를 시작하고 싶은데, 어떻게 해야 할지 모르겠다'는 '무지몽매형'이다. 그다음으로 가장 많은 유형이 '유튜브를 하려면 일단 어떤 장비를 사야 하는지'를 묻는 '뒷산 히말라야 장비형'이고, '영상을 두어 개 올렸는데 반응이 너무 없다'라는 '그걸 이제야 알았어형'이 세 번째다. 사실 이 세 유형의 경우 모두 질문부터 잘못되었다. 유튜브를 할 때 가장 큰 문제는 영상 찍기의 어려움이 아니다. 편집 기술이 떨어진다거나 말솜씨가 부족하다는 것도 걸림돌이 되지 않는다. **가장 중요한 것은 '유튜브를 왜 하려고 하는가?'다.** 거창하게 '비전'이라는 말을 갖다 붙여도 좋다. 쉽게 말하자면, '3년 후쯤 자신에게 유튜브가 어떤 역할일지에 대한 구체적인 생각'이 필요하다. 하지만 대부분은 유튜브에 대해 그렇게 깊게 생각하고 있지 않다.

"유튜브를 왜 하려고 하세요?"

내 이런 질문에 가장 많이들 하는 답변은 다음과 같다.

"남들 다 하는 것 같고, 대세이기도 한 것 같아서."
"이직할 때나 퇴사 후에 어떤 도움이 되지 않을까 해서."

"이거라도 해놓으면 장래에 도움이 될 것 같아서."

"1인 브랜드 구축이나 마케팅에 도움을 얻을까 해서."

"유튜브 광고 수익으로 건물주에 맞먹는 여유 있는 생활을 하기 위해서."

이 이유들을 한 문장으로 정리하면 '해본 사람들이 돈을 벌었다고 하니 나도 한 번 따라 해봐서 대박 나면 좋은 거 아니겠어요' 정도인 것 같다. 이런 욕망이 나쁜 것은 아니다. 잘만 하면 유튜브 채널 하나가 월세 꼬박꼬박 나오는 건물과 맞먹는다는 소리가 들려오는 마당에 이런 욕심을 안 가지는 것이 오히려 이상할지도 모른다. 하지만 문제는 뚜렷한 목적과 방향성이 없다 보니 어떤 콘텐츠로 유튜브를 시작할지 도무지 감을 잡을 수가 없다는 것이다. 그냥 일상을 찍어서 브이로그부터 시작하겠다는 사람도 많은데, 그럴 때 나는 이렇게 물어본다.

"모르는 사람의 가정용 홈 비디오를 보고 싶나요?"

배우 신세경은 브이로그만으로 1년여 만에 70만 명 이상의 구독자를 달성하지 않았느냐고 반문하는 사람도 있는데, 그건 '신세경'이기 때문에 가능한 것이다. 남의 결혼식 비디오를 궁금해하는 사람은 없어도 배우의 일상이 궁금한 사람은 있다. 꼭 배우가 아니더라도 '경찰관은 평소에 뭐 하고 사나요?', '검사도 이마트 가면 시식하나요?'

처럼 특정 직업군에게 가지는 호기심을 풀어주는 거라면 가능성이 있다. 하지만 우리 같은 평범한 사람의 일상을 보고 싶어 하는 사람은 거의 없다.

'유튜브에 대한 목적이 명확하지 않으면 콘텐츠를 기획하기 힘들다'라고 하면 많은 사람들이 만능 솔루션이라며 주문처럼 하는 말이 있다. 관심 있는 주제로 일주일에 한 개 이상 2년 정도 꾸준하게 영상을 올리면 반드시 성공한다는 얘기를 들었다는 것이다. 일부 대형 유튜버들이 방송에 나와서 이런 이야기를 계속하니까 마치 이것이 유튜브 성공 비결인 것처럼 굳어졌는데, 이제 이 말은 수능 만점자가 "하루에 8시간씩 자면서 학원은 다니지 않고 예습과 복습 위주로 학교 공부에 충실했다"라며 수능 만점 비결을 들려주는 것이나 마찬가지다. 그렇다고 그 유튜버들이 방송에서만 이렇게 말하고 진짜 비결은 숨기고 있다는 뜻은 아니다. **그 마법 주문의 유효 기간은 이미 4~5년 전에 끝났다는 말이다.** 그들이 성공했던 시기에는 통용되는 법칙이었을지 몰라도 지금은 아니다.

2020년 한국 유튜버 구독자 순위를 보자(매번 조금씩 바뀌기 때문에 정확하지는 않지만 상위권은 큰 변동이 없는 편이다). 전 세계적으로 많은 구독자를 가진 SM 엔터테인먼트 같은 연예 기획사나 BTS, 싸이 같은 유명 연예인의 채널은 제외하고, 개인이 콘텐츠 제작자로서 부각되는 채널만 찾아보았다. 유튜브 채널의 순위뿐만 아니라 각종 통계와 분석 자료를 제공하는 **워칭투데이**를 참조했다. 이 순위에 들지는 못했지만, 유튜버계의 아이콘이라고 할 수 있는 대도서관은 채널 개

개인이 운영하는 유튜브 채널 순위

	채널명	구독자 수	채널 개설일
1위	보람튜브 브이로그	2310만 명	2012년 2월 21일
2위	JFlaMusic	1450만 명	2011년 8월 22일
3위	보람튜브 토이리뷰	1400만 명	2016년 5월 18일
4위	Big Marvel	762만 명	2017년 3월 29일
5위	쌍둥이 루지	733만 명	2018년 1월 17일
6위	Sungha Jung	611만 명	2006년 9월 9일
7위	ASMR 제인	553만 명	2012년 11월 17일
8위	PONY Syndrome	548만 명	2015년 2월 12일
9위	Boram Tube	533만 명	2016년 10월 11일
10위	Rainbow ToyTocToc	494만 명	2016년 2월 15일
11위	서은이야기	476만 명	2016년 5월 1일
12위	어썸하은	415만 명	2014년 7월 26일
13위	보겸 BK	388만 명	2014년 8월 25일
14위	워크맨	387만 명	2019년 7월 11일
15위	떵개떵	377만 명	2015년 3월 28일
16위	도로시	369만 명	2016년 6월 16일
17위	영국남자	368만 명	2013년 6월 7일
18위	waveya 2011	362만 명	2011년 1월 18일
19위	허팝	357만 명	2014년 7월 30일
20위	Raon Lee	347만 명	2014년 1월 24일

유튜브 지금 시작하시나요?

설일이 2010년 5월 12일이다. 먹방으로 유명한 밴쯔는 채널 개설일이 2013년 6월 10일이고, TV에도 출연하여 거의 연예인급의 유명세를 얻은 도티의 〈도티 TV〉는 2012년 7월 18일에 개설되었다.

워칭투데이(watchin.today/ko)
유튜브 채널에 대한 통계와 분석 자료를 제공한다. 구독자 수, 조회 수 등에 따른 채널의 순위를 알 수 있다. 각종 수치를 토대로 계산한 채널의 예상 수입까지 보여준다. 유튜브 순위와 구독자 수는 하루 단위로 달라지므로 정확하게 알고 싶다면 이 사이트를 참조하자.

그러니까 소리 나는 닭 인형으로 유명한 노래를 연주하는 웃긴 영상이 빵 터져서 이례적으로 외국인 구독자를 순식간에 모은 채널 〈Big Marvel〉과 쌍둥이 어린이들의 먹방 채널인 〈쌍둥이 루지〉, 연예인 장성규를 앞세워서 지상파 방송 못지않게 돈과 기획을 들여 제작한 〈워크맨〉을 제외하고는, 순위에 있는 채널들은 모두 개설된 지 3~4년 이상 된 것이다. 대도서관이나 밴쯔, 도티 등 일반인들에게도 이름이 많이 알려진 유튜브 크리에이터들은 2014년 이전 채널 개설자들이다. 적어도 6년 전이라는 말이다. 1~2년 차이가 그렇게 중요한가 싶겠지만, 채널을 운영하거나 콘텐츠를 올려본 사람들이 느끼는 유튜브 세계 안에서의 속도는 현실보다 5배, 많게는 10배나 빠르다. 뉴미디어 중에서도 가장 '핫한' 유튜브가 변화하는 속도는 다른 분야의 변화 속도와 다르다. 그러니까 4~5년 전에 유튜버들이 말한 성공 비결은 30~40년 전에나 먹혔던 스킬과 다름없는 것이다.

일정한 주제를 가지고 꾸준히 올리면 알아서 구독자가 늘어나던 호시절은 지나갔다. 지금은 분야마다 경쟁 채널이 너무 많다. 흔히 말하는 틈새시장도 대부분 포화 상태다. 게다가 유튜브는 추천 시스템을 기반으로 해서 개인이 선호하는 콘텐츠만 계속 보여준다. 그래서 특별히 찾아 나서거나 아주 우연한 기회가 아닌 이상 기존의 시청자가 새로운 채널과 콘텐츠를 소개받기 힘든 구조다. 그 결과 이미 상위권을 차지하고 있는 대형 유튜버들의 이야기는 '노~오력'을 하면 성공할 거라며 젊은이들을 닦달하는 기성세대의 훈화가 되어버리고 말았다. 자신들의 성공 방정식을 그대로 이야기해주는 것이니 악의는 없겠지만, 지금은 그런 시대가 아니다. 만약 이들이 모습을 감추고 자신의 이름을 지운 후 완전히 새로운 채널을 지금 론칭한다면 과연 성공할 수 있을까? 그때나 지금이나 확률의 문제인 것은 같으나 예전에 비해 그 확률이 현저하게 내려간 것은 틀림없는 사실이다.

불특정 다수를 구독자로 끌어들이기 위해 광범위한 주제로 매일매일 열심히 콘텐츠를 만드는 1세대 유튜버들의 방법론은 더 이상 먹히지 않는다. 이제는 2세대 유튜버들의 방법론이 등장해야 할 때다. **그 방법론이란 바로 콘텐츠의 마이크로화다.** 이 이야기를 구체적으로 하기 위해 나는 이 책을 쓰게 되었다. 콘텐츠의 마이크로화는 철저한 기획과 확실한 채널 정체성을 동반해야 한다. 모든 기획은 그 목적이 무엇인가에서 시작한다. 그래서 유튜브를 하고 싶다는 사람한테 제일 먼저 이렇게 물어보는 것이다.

"유튜브를 하려는 목적이 무엇인가요?"

유튜버가 되고 싶은
진짜 이유와 마주하기

▶

유튜브를 하고 있고 구독자도 어느 정도 있다고 하면 가장 먼저 받는 질문이 있다. 인간 존재의 근원과 밀접한 문제이자, 철학적인 탐구의 자세를 자연스럽게 끌어내는 바로 그 질문이다.

"한 달 수입은 얼마나 되나요?"

누구나 유튜브를 한다는 시대지만 아무나 유튜브로 수익을 내는 것은 아니다. **유튜브가 설정한 수익 창출이 가능한 채널의 조건은 구독자 1000명 이상에 시청 시간 4000시간 이상이다.** 원래는 이런 제한이 없었지만, 2018년부터 이 수치를 달성하지 못하는 채널에는 광고를 연결시켜주지 않고 있다. 이렇게 해서 유튜브는 구독자 몇 십 명 모아놓고 성의 없이 제작한 긴 동영상만 올려둔 채 트래픽을 잡아먹던 '좀비 채널'의 생명 유지 장치를 끊어버렸다.

구독자 수 1000명을 달성하는 것은 보통 일이 아니다. 주변에 유튜브를 한다는 사람들에게 물어보면 이 조건을 달성한 사람이 의외로 많지 않다는 것을 알게 될 것이다. 추천 영상들을 타고 여러 유튜브 채널들을 보다 보면 몇 십만 구독자를 가진 채널을 쉽게 볼 수 있어 몇 만 구독자를 가진 채널들은 불쌍해 보일 정도다. 그런데 막상 우리 주변에서는 몇 만 명은커녕 1000명 넘는 구독자를 가진 유튜버를 찾기 어렵다. 유튜브를 시작했다는 연예인들의 기사를 보면 몇 십만 구독자를 모으는 것이 간단한 일처럼 보이는데, 이들은 '연예인'이고, 유튜브 채널 개설 소식이 기사로 나올 정도로 범상치 않은 사람들이라는 것을 간과해서는 안 된다.

어느 정도 구독자를 확보한 유튜버를 만났을 때 유튜브에 관심 있는 사람들은 무조건 한 달 수입이 얼마나 되는지 묻는다. 사실 유튜브에 딱히 관심이 없는 사람들도 한 달 수입은 물어본다. 유튜브에는 관심이 없어도 돈에는 관심이 있기 때문이다. 나의 경우에는 액수를 말해주는 편이지만, 금액을 밝히기 전에 꼭 이 말부터 한다. "생각보다 많지는 않아요." 겸손의 표현이 아니라 실제로 그렇다. 사람들은 '이 정도 구독자면 얼마 정도는 벌겠지' 하는 기대치가 있기 마련인데, 보통 실제 수익은 그보다 적다.

유튜브 초보자들이 수익에 관해 높은 기대치를 가지는 것은 수익 공개를 하는 유튜버들 때문인 것 같다. 채널 구독자가 1만 명을 넘었고 유튜브를 통해 벌어들인 한 달 수익이 얼마를 돌파했느니 하는 식의 영상을 보면 누구든 돈에 대한 기대를 하지 않을 수 없을 것이다. 그러나 보통 유튜브에서 수익을 공개하는 사람들은 자기 생각에도 수입이 꽤 괜찮기 때문에 그런 영상을 찍는다. 애초에 실망스러운 액수면 수익 공개 영상을 찍을 흥 자체가 나지 않는다. 그러니 수익을 공개하는 일부 유튜버들의 수익을 일반적인 것이라고 생각하면 안 된다. 유튜버 한 사람의 경향성만 봐도 일정하거나 연속적이지 않다. 방송에 나와 유튜브를 시작하라고 독려하는 유튜버들의 억 단위 수입을 듣고 '나도 할 수 있어'를 외치는 순진한 유튜브 신생아들도 꽤 있는데, 아마 '할 수 없을' 것이다. 그들은 이미 방송에서 나와 이야기할 정도로 인지도가 있는 상태이기 때문에 그만큼의 돈을 벌고 있는 것이다.

유튜브 수익 공개에는 또 하나의 비밀이 있는데, 유튜브로 얼마를 벌고 있다고 당당하게 말하는 사람들이 실제로 유튜브를 통해 벌 수 있는 수입은 그 정도가 안된다는 것이다. **대부분 유튜브로 인한 부가적인 수입을 포함한 수치를 이야기하기 때문이다.** 어떤 유튜버가 자신이 얼마를 번다고 하도 얘기를 해서 워칭투데이에 그 유튜버의 예상 수입을 조회해봤더니, 최대치가 그 유튜버가 말했던 액수의 10분의 1 정도였다. 아마 그 유튜버는 협찬 광고, 책 출간, 방송 출연 등을 통한 수입을 모두 통틀어서 말한 듯했다(그래야 채널의 가치가 더 올라갈 테니 말이다).

구독자 수가 몇 십만 명 이상이 아니라면 유튜브 채널은 돈을 버는 수단으로서는 큰 의미가 없다. 구독자 몇 만 단위의 채널도 어느 정도는 광고 수익이 나오지만, 그 유튜버가 영상을 기획하고 찍는 데

들이는 노력에 비하면 부족하기 짝이 없을 것이다. 그래서 유튜브 광고 수익으로 먹고살 것이라는 야무진 생각은 '당분간' 버리는 것이 좋다. 전업으로 유튜브 채널을 몇 년 이상 운영할 경우 그렇게 벌 확률을 높일 수는 있지만, 유튜브를 시작하자마자 대기업 월급만큼 벌 수 있기를 기대한다면 그 노력으로 차라리 대기업이나 공기업 입사 준비를 하는 게 더 가능성 높은 일일 수도 있다. 그렇다고 유튜브로 수익을 창출하는 것이 불가능하다거나, 그런 목적이 나쁘다고 말하는 것은 절대 아니다. 그런 것이 불가능하다면 유튜브를 할 목적이 달리 뭐가 있겠는가! '돈 벌고 싶어서'는 유튜브를 하는 목적으로 온당하다. 다만 돈이 유일한 목적이고 그에 맞춰 콘텐츠를 기획하고 채널을 운영한다면 한계를 맞닥뜨릴 수밖에 없다는 것이다.

유튜브를 통해 자기 자신을 개인 브랜드로 키우는 것이 목적이니 처음부터 광고 수익은 아예 포기하겠다는 사람도 가끔 있다. 마치 자신이 유튜브를 하는 목적은 돈과는 무관하다는 것처럼 말이다. 유튜브로 수익을 창출하는 방법은 여러 가지가 있는데, 단번에 직접 수익을 얻는 방법도 있지만 여러 단계를 거쳐야 하는 방법도 있다. 이 사람이 개인 브랜드를 키우려는 이유도 결국 브랜드를 통해서 2차 수익 구조를 만들기 위해서다. 그렇게 수익을 내는 것은 어차피 나중의 일이기 때문에 채널 운영 단계에서는 '돈이 목적이 아니다'라는 식으로 말할 수 있는 것이다. 하지만 유튜브를 시작하고 운영하게 된 데에는 어쨌든 수익 창출이라는 목적이 자리 잡고 있다.

'돈을 벌고 싶어서 유튜브를 한다'는 것은 누구에게나 적용되는

유튜브 지금 시작하시나요?

당연한 전제라는 이야기다. 그것은 우리 모두의 목표나 다름없으니 그보다 앞선 일차 목표를 찾을 필요가 있다. 그러니까, '왜 유튜브인가?' 하는 목적에 초점을 두고 그에 맞춰 채널 운영 계획을 세워야 한다는 말이다. 지금까지 만났던 사람들의 유튜브를 하고 싶어 하는 이유를 정리해봤다. 들어보면 대부분 다음 중 하나다.

유튜브 광고 수익으로 부자가 되려고

말했듯이 유튜브를 하는 누구나 기본적으로 가지고 있는 목적이다. 이것을 우선순위에 놓느냐 아니냐의 차이만 있을 뿐이다. 근본적인 목적이 수익 창출이 아니었던 나조차도 유튜브의 수익 창출 조건을 충족한 첫 달에 수익이 얼마나 들어올까 두근두근 기대했던 기억이 생생하다. 문제는 이 목적'만' 너무 거대해질 때다. 유튜브 수익에 대한 기대치가 너무 높으면 막상 들어온 쥐꼬리만 한 수익을 보고 실망하기 십상이다. 그래서 도중에 유튜브를 포기할 가능성도 높다. 허황된 기대를 품고 오로지 광고 수익만을 목적으로 유튜버가 되려는 사람은 쉽게 갈림길에 다다를 것이다.

특히 몇몇 이슈 때문에 잠깐씩 수익이 높아지는 것이 아니라, 지속적으로 수익을 높이기 위해서는 일반적으로 4~5년 이상 공력을 들일 것을 각오해야 한다. 중간에 뜻하지 않게 '잭팟'이 터져 이 기간이 확 단축될 수는 있겠지만, 잭팟은 실력이라기보다는 운이라는 것을 잊지 말자. **100미터 달리기가 아닌 마라톤을 뛸 준비를 하고 유튜브 운영에 나서야 한다.**

일 그만두고 유튜버로 성공해야지

이 타입은 장기적인 채널 운영을 이미 생각하고 있는 사람들이다. **이 경우에는 장기적으로 끌고 갈 수 있는 아이템을 가장 먼저 염두에 두어야 한다.** 현재 따로 생업이 있는 사람들이 이런 목적을 가지고 유튜브에 발을 담그곤 한다. 문제는 생업에 지장을 주지 않는 선에서 비교적 쉬우면서도 오랫동안 끌고 갈 수 있는 아이템을 가지고 있느냐 하는 것이다. 모든 콘텐츠를 세세하게 기획해야 하는 아이템이라면 부업으로서의 매력이 없다.

유튜브를 한다고 회사를 그만두고 전업으로 뛰어드는 것은 바보 같은 짓이다. 솔직히 말해, 유튜브는 노력에 비례한 대가를 받는 구조가 아니다. 어떤 사람은 아무리 열심히 해도 몇 백 명 구독자에서 멈추는데, 어떤 사람은 영상 하나가 말도 안 되게 터져 순식간에 구독자 수를 올리곤 한다(유튜브 생태계에서는 이런 현상을 '**떡상**한다'고 한다). 〈성호육묘장〉 채널은 두더지를 잡아서 대야에 넣고 움직이는 것을 보여주는 동영상으로 조회 수 480만 회를 기록했고, 구독자 수도 급증해 20만 명을 돌파했다. 이처럼 유튜브에서는 운이 상당히 크게 작용한다. 그러니까 유튜브 운영을 전업으로 해야 할 만큼 너무 많은 수고가 들어가서는 안 되고, 장기적으로 봤을 때 아이템이 고갈되기 쉬워서도 안 된다. 종합해보면 자신의 취미에 대한 콘텐츠가 제일 좋다. 부업으로 유

떡상
원래 비트코인 가격이 급상승하는 장세를 의미하는데, 유튜브 영상 조회 수가 갑자기 엄청나게 오르는 경우에도 사용한다. 하나의 특정 영상이 사람들의 호응을 받아 채널의 구독자 수와 인기를 견인하는 경우에 주로 쓰이는 표현이다.

튜브를 한다면 주말이나 퇴근 후의 시간을 활용해야 할 때가 많은데, 유튜브 콘텐츠 제작이 일이 되면 워라밸이 깨진 불행한 삶이 될 수밖에 없다. 그런데 유튜브를 제작하는 일이 취미가 되면 그야말로 놀면서 하는 셈이므로 일과 유튜브의 밸런스를 맞출 수 있게 된다. **장기적인 레이스를 준비하는 사람들이라면 워유밸(워크 앤 유튜브 밸런스)을 잘 유지하는 것이 포인트다.**

약 1만 5000명의 구독자를 가진 50대 전업주부 유튜버가 운영하는 〈써니네TV〉는 50대 중년 여성의 일상이라는 주제를 가진 채널이다. 소소한 이야기를 담은 콘텐츠를 업로드하는데, 같은 또래 시청자들의 많은 공감을 받아서인지 빠른 속도로 채널이 성장하고 있다. 구독자 수가 9000명일 때 수익 공개 영상을 올렸는데, 수익이 들어온

〈써니네TV〉에 업로드된 콘텐츠들.
소소하면서도 공감대를 형성하기
쉬운 일상을 소개한다.
출처: 〈써니네TV〉 유튜브

아홉 달 동안 어느 달은 6만 원대가 들어왔고 어느 달은 230만 원대가 들어왔다고 밝혔다. 영상에 따르면 평균 수입은 월 30만 원 정도라고 한다. 〈써니네TV〉는 자아실현이라는 목적이 분명한 채널인데, 그럼에도 월 100만 원 정도 광고 수익이 들어오는 것을 꿈꾼다고 이야기하기도 했다. 한 달에 몇 십만 원씩이지만 어쨌든 수익을 낸다는 것을 유튜버 스스로가 신기해하고 재미있어 하는 모습이 보인다. 수익 공개 영상 외에 다른 콘텐츠에서도 무척 즐기면서 행복하게 유튜브를 하고 있다는 게 느껴진다.

일을 그만두고 유튜브를 한다는 것은 대체로 인생의 경제적인 영역을 다시 설계한다는 것을 의미한다. 이와는 달리 은퇴 후에 하는 유튜브는 경제적인 것 외에 또 다른 영역과도 관련이 있다. 은퇴 후 노후를 보낼 때 사람들이 가장 힘들어하는 것은 갑자기 할 일이 없어진다는 것이다. 달성해야 할 뚜렷한 목표가 없는 상황에서 큰 상실감을 느낀다. 그런데 유튜브를 하는 것이 은퇴 후의 새로운 목표가 될 수 있다. 삶의 목표를 다시 세우게 되는 것이다. 그래서 때로는 유튜브 채널 운영이 감정적인 영역에서의 노후 설계가 되기도 한다.

이 구역의 전문가는 나야

이 타입의 사람은 자신의 전문성을 세계만방에 알리려는 의도를 가지고 유튜브를 운영한다. 말로야 다시 지식을 점검하면서 공부할 겸 유튜브를 하는 것이지 돈에 대한 욕심은 없다고 한다. (하지만 살면서 보면 '돈에 대한 욕심이 없다'고 말하는 사람들치고 실제 돈 욕심이 전혀 없는 사람은 드물다. 드러내느냐 감추느냐의 차이만 있을 뿐이다.)

이런 사람들은 '전문성 향상과 그에 따른 타인의 인정'을 바라고 유튜브를 하는 셈인데, 사실 그 욕망의 안쪽으로 들어가보면 해당 분야의 전문가로서 인정받아 강연이나 출간처럼 지식 서비스로 연계되거나 유튜브에서의 기록을 레퍼런스 삼아 타 업체로의 이직을 희망하는 경우가 많다. 자기 업체의 홍보를 노리는 경우도 있다. **그래서 이런 목적으로 유튜브를 시작한 사람이라면 확장 및 발전 계획을 미리 짜놓고 커뮤니티와의 연계를 시도하는 식으로 채널을 설정할 필요가 있다.**

얼마 전 만났던 어느 대기업 과장은 안정적으로 회사에 다닐 수 있는 시간이 앞으로 길어야 5년, 짧으면 3년밖에 남지 않았다고 느꼈다고 한다. 그래서 현재 유튜브 콘텐츠 제작을 위해 동영상 편집 프로그램인 프리미어 과외를 받고 있다고 했다. 회사에 다니면서 유튜브 영상을 하나씩 올려보며 감을 잡겠다는 구체적인 계획도 있었다. '겸직 금지' 때문에 안 되지 않냐고 물었더니, 그래서 얼굴이 안 나오는 콘셉트의 영상을 기획하고 있으며 일단 처음에는 자신의 회사를 특정할 수 없게 구성을 짜볼 것이라고 답했다. 이 사람은 회사에 다니다가 1년 휴직을 하고 인사나 영업 직무의 경력과 지식으로 대학가에서 강의를 한 경험이 있었고, 나 역시 그때 알게 된 인물이었다. 그는 이러한 내용을 콘텐츠로 만들어 해당 분야에서 전문성을 인정받으려는 확실한 운영 목적을 세워놓았다. 이미 어느 정도 경제적 발판을 마련해놓은 데다가 다니는 회사는 꽤 괜찮은 대기업이었기 때문에, 돈에 연연하지 않고 다소 많은 비용을 투자해서라도 좋은 유튜브 콘텐츠를 만들겠다는 의지가 있었다. 그러니까 이 사람은 퇴직 이후에 유튜브를 통해 전문 분야에서 인정을 받고 이를 기반으로 활동 분야를 지식 서비스로 연계해서 넓혀간다는 확실한 목적을 가지고 있는 것이다.

인플루언서가 돼서 영향력을 갖고 싶어요

인플루언서를 지향하는 유튜버는 사람들에게 미치는 영향력을 얻고 싶어 한다는 면에서 바로 앞의 경우와 유사하다. **다만 앞의 경우가 전문성을 바탕으로 한다면 이 경우는 캐릭터를 바탕으로 한다는 점이 다르다.** 이때 유튜브를 잘 모르는 사람들은 대부분의 유튜버가 모두 캐릭터를 가지고 있다고 생각한다. 하지만 실제로는 그 인물만의 개성 있는 캐릭터를 갖춘 크리에이터들은 손에 꼽히는 편이다. 대부분은 그냥 일반인으로서 방송하는 경우가 많다. 사람들이 확연히 알 정도여야만 그 유튜버가 캐릭터가 있다고 할 수 있다. 〈워크맨〉의 장성규나 〈자이언트 펭TV〉의 펭수 같은 경우 캐릭터가 확실하기 때문에 해당 채널의 콘텐츠가 유명해진 것인데, 사실 이런 경우는 매우 드물다.

캐릭터를 만든다고 하면 여러 가지가 떠오른다. '돌+I' 캐릭터도 있고, 재미있게 만담을 할 수도 있다. 하지만 캐릭터만 가지고는 강연이나 책 출간 같은 구체적인 오프라인 활동으로 확장되기 어렵다. **별풍선**

○

별풍선
1인 방송 플랫폼 '아프리카TV'에서 사용되는 일종의 사이버 머니다. 시청자는 별풍선을 구매한 다음 라이브 방송을 보며 자율적으로 BJ에게 시청료로 지불할 수 있다. 대중에게도 잘 알려진 용어지만, 유튜브에서 사용되는 개념은 아니다.

을 획득하면 당장 돈으로 바꿀 수 있는 시스템을 가진 아프리카TV의 BJ들이 주로 캐릭터 위주의 영향력을 확보하는 방송을 한다고 볼 수 있다. 하지만 유튜브에서는 이런 아프리카TV식의 방송이 잘되기 쉽지 않다. 그래서 캐릭터 쇼 같은 채널이라고 해도 정보를 전달해주는 형식을 접목하려는 경향이 있다. 유튜버들은 장기적으로 채널을 운영할 생각을 가지고 있기 때문에 아무리 인플루언서가 되기를 바라며 캐릭터 위주로 방송을 한다고 해도 정보를 전달하는 콘텐츠의 목적을 놓지 않는다. 일반인들이 흔히 접하기 쉬운 뷰티, 패션, 영화, 책 등을 소재로 하는 콘텐츠들이 그렇다. 여기서 주의할 것은 '비교적 대중이 접하기 쉽다'는 것이지, 이 콘텐츠들이 '다루기 쉽다'는 것은 아니라는 점이다. 책 소개 콘텐츠를 예로 들어서 설명하자면 어떤 책을 읽고 그에 대한 자기 생각을 나누는 것은 치밀한 기획 없이도 손쉽게 할 수 있다. 하지만 인문학 박사와 비교한다면 전문적인 식견을 나눌 정도는 아닐 것이다. 그래서 이런 채널의 경우 책에 대한 전문성을 강조하면 오히려 한계에 다다를 수밖에 없다.

이런 경우는 독서를 좋아하는 옆집 언니, 혹은 책을 사랑하고 아끼는 교회 오빠와 같은 캐릭터가 구축되어야 한다. 그래야 경쟁력 있게 살아남을 수 있고, 전문가들보다 훨씬 발전할 수도 있다. 전문가들의 정보는 보통 좀 어렵고 지루하지만, 평범한 사람처럼 보이는 캐릭터가 알려주는 정보는 친근감이 있기 때문이다. 뷰티 콘텐츠 또한 마찬가지다. 현직에서 일하는 뷰티 전문가의 노하우를 따라갈 수는 없어도 일반 사용자의 관점에서 자기만의 노하우를 현실적으로 이야기할 수 있다. 예를 들어 피부색이 유난히 진하다면 그것 자체가 캐릭터가 될 수 있다. '짙은 피부를 장점으로 만들어주는 화장법' 같은 콘텐츠를 제작하는 것이다. 아마 진한 피부톤 때문에 고민하는 사람들의 '좋아요'를 듬뿍 받게 될 것이다.

나한테 관심 좀 줘

얼핏 보면 그냥 관종(관심 종자의 준말)처럼 느껴지지만 철저하게 전략적인 사람도 꽤 있다. 예를 들어 특정인의 실명을 거론하면서 비판하는 이른바 '저격 영상'은 유튜브 내에 논란을 만들어 그런 이슈에서 구독자들을 모으겠다는 것인데, 보통 **어그로**만 끌고 구독자 수가 늘지는 않는다. 그러나 간혹 이런 전략이 성공하는 경우도 있다. 기본적으로 논란을 통해 인지도 상승을 노리는 사람들은 관심과 조회 수가 현금과 마찬가지인 별풍선으로 직결되는 아프리카TV BJ다. 이들이 라이브 방송을 편집하여 유튜브에 영상을 올리는 경우도 많아서 일반인들은 유튜버나 BJ나 그게 그거라고 생각한다. 그러나 플랫폼의 성격이 다르기 때문에 콘텐츠의 성격부터 논란에 대처하는 자세까지 상당히 많은 부분이 다르다. 기본적으로 아프리카TV는 라이브 방송을 하며 팔로워들과 실시간으로 대화를 나누는 형태이다 보니 여과되지 않은 말로 인해 논란이 일어날 때가 잦다.

어그로
논쟁이 되거나, 선동적이거나, 엉뚱하거나 주제에서 벗어난 내용 또는 공격적이거나 불쾌한 내용을 고의적으로 공용 인터넷에 올려 사람들의 감정적인 반응을 유발하고 모임의 생산성을 저하시키는 행위.

유튜브 지금 시작하시나요?

사실 너무 치명적이지 않은 수준의 적당한 논란으로 자신의 인지도를 높이려는 욕망을 가진 사람도 간혹 있기는 하다. 다만 그렇게 구독자를 모은 채널은 지속적으로 운영하기 쉽지 않다. 콘텐츠가 그것밖에 없기 때문이다. 이 경우 유튜버도 개인의 영향력을 키우는 것만을 일차적인 목적으로 삼는다. 그러나 '그렇게 유명해지면 뭐라도 할수 있겠지'라는 생각은 너무 막연하다. 다음 단계로 나아갈 수도 없다. 따라서 이런 목적으로 유튜브를 시작한다면 수익으로 이어지기는 힘들 것이다.

재미있을 것 같아서

이 목적으로 유튜브를 시작하고 싶다는 사람도 꽤 많은데, 이런 목적은 지속성 측면에서 바람직하다. **재미가 있으니까 지치지 않고 꾸준히 할 수 있는 여지가 있기 때문이다.** '어른이'를 위한 장난감 리뷰 채널 같은 경우는 보통 '덕후 채널'로 알려져 있는데, 개그맨 이상훈이 운영하는 〈이상훈TV〉 같은 경우가 단기간에 크게 성장한 대표적인 케이스다. 2018년 2월에 채널을 열었는데 2년여 만에 30만 명이 넘는 구독자를 모았다. 물론 〈개그콘서트〉 등에 출연해 얼굴을 알린 개그맨이 운영하는 채널인 데다 인터뷰 같은 것들을 통해서 구독자들을 끌어모을 수 있다는 점이 분명 유리하게 작용하기는 했을 것이다.

그런데 〈이상훈TV〉의 주요 콘텐츠는 개그나 상황극 같은 것이 아니라 키덜트를 타깃으로 한 장난감 리뷰다. 수집한 장난감의 엄청난 양이나 신나게 리뷰하는 모습을 보면 절로 '이 사람은 덕후구나' 하는 생각이 든다. 다시 말해 정말 좋아서 채널을 운영한다는 느낌이 드는 것이다. 아무래도 같은 덕후들의 지지와 공감을 받기 좋다. 그는 장난감 리뷰 채널을 시작하게 된 동기와 관련해 '피규어는 사고 싶은데 그냥 사자니 와이프에게 눈치가 보여서 유튜브 콘텐츠로 돈을 벌겠다는 포부를 밝혔더니 오히려 지지해주더라' 하고 영상에서 밝힌 바 있다. 이런 스토리는 그야말로 덕후들의 격렬한 공감을 산다. 비록 초기 비용은 들지만, 이렇게 공감을 기반으로 구독자와 조회 수를 쌓는다면 지속적인 채널 운영이 가능하다. 누구도 강요하지 않는 일이니 꾸준히 재미를 공유하며 운영하다 보면 점점 마이너스에서 벗어나 수익을 얻게 될 것이다.

포트폴리오나 이력서에 한 줄 더 쓰기 위해

취업이나 이직처럼 현실적인 문제 때문에 유튜브 채널을 개설하려는 사람들도 조금 있다. 유튜버로 활동하는 것이 스펙이 될 수 있는 시대이기 때문이다. 사실 채널을 운영하는 것은 생각보다 쉽지 않다. 유튜브 세계는 냉정해서 꾸준히 연구하고 노력하지 않으면 구독자들을 모으기는커녕 유지조차 어렵다. 어떤 채널을 구독할 때는 그에 따른 기대가 있기 마련이므로 그것이 재미든 정보든 구독자의 기대를 충족시킬 만한 콘텐츠를 계속 생산해야 한다. 그러니 유튜브를 운영하는 것은 그 자체로 여러 가지에 대한 증명이 될 수 있다.

대한민국의 대표 유튜버 중 하나인 도티는 〈도티 TV〉를 처음 개설한 이유가 '취업을 할 때 이력서에 특이한 이력을 적기 위해서'였다

고 한다.[1] 레퍼런스를 위해 유튜브를
시작한 대표적인 사례인데, 그게 생
각보다 너무 잘돼 지금은 샌드박스
네트워크라는 **MCN**Multi Channel Network
회사까지 설립했다. 구직을 위해 시
작한 유튜브로 도리어 일자리를 창

출하는 사람이 되었으니, 이런 목적을 가지고 시작한 사람에게는 가
장 이상적인 모델이라고 할 수 있다.

아이들에게 추억을 만들어주고 싶어서

키즈 콘텐츠는 구독자들을 모으는 것이 쉬운 한편 그에 비례해 채널
수가 엄청 많다. 하지만 이러한 콘텐츠를 지속하기 위해서는 대부분
아이들 부모의 의지가 뒷받침되어야 한다. 아무리 재미있고 진행 실
력이 뛰어난 아이라도 부모가 촬영해주고 편집해주는 과정이 없으면
성과를 내는 것이 거의 불가능하다. 사람들의 생각과는 달리 부모 욕
심만으로 키즈 채널을 시작하는 경우는 거의 없다. 의외로 아이가 먼
저 원해서 채널을 개설하는 경우가 많다.

유튜브 키즈 채널의 출연자는 아이들이고, PD는 그 아이들의 부
모다. 이 경우에는 출연자의 캐릭터가 가장 중요하고 그 캐릭터에 맞
게 콘텐츠를 기획해야 한다. 그러면 빵 터질 수 있다. 아이는 아니지
만, 이런 형태의 채널 중 대표적인 예로 〈박막례 할머니〉를 들 수 있
다. 박막례 할머니의 손녀인 김유라 PD가 직장을 그만두고 유튜브를

시작한 이유는 할머니의 치매를 예방하고 함께 추억을 남기고 싶어서 였다고 한다.[2] 사실 오늘날의 〈박막례 할머니〉 채널을 만드는 데 가장 큰 공헌을 한 것은 촬영과 기획, 운영을 도맡은 김유라 PD의 힘과 열 정이다. 그만큼 키즈 채널에서는 PD인 부모의 역할이 크다.

하지만 이 경우에는 출연자(아이뿐만 아니라 반려동물, 가족 등)를 이 용하는 것 아니냐는 논란이 있을 수 있다. 키즈 채널로 우리나라에서 가장 많은 구독자를 가진 〈보람튜브 브이로그〉는 국제구호개발단체 세이브더칠드런으로부터 고발당한 적이 있다. 보람이가 자신의 아빠 지갑에서 돈을 훔치도록 하는 상황을 담은 영상이 문제가 되었는데, 서울가정법원은 이를 '아동에 대한 학대'라고 판단했다.[3] 이와 비슷한 논란이 미국 내에서도 크게 일어난 적이 있어 키즈 콘텐츠에 대한 유 튜브의 제재와 가이드가 엄격해지고 있다. 실제로 유튜브는 2019년 10월부터 콘텐츠가 업로드될 때 아동과 관련된 콘텐츠인지 확인하 고, 관련 영상물에는 추천이나 광고 등을 제한할 것이라고 분명하게 밝혔다. 따라서 이래저래 키즈 유튜버들의 부모들은 고민이 많아질 것으로 보인다.

일상을 기록하기 위해서

20대나 30대는 유튜브를 시작할 때 수익을 생각해서 소재와 콘셉트 를 고려하는 경우가 많지만, 40대 이상은 자신의 일상을 기록하겠다 는 목적으로 유튜브를 시작하는 경우가 많다. 그래서 브이로그^(V-log) 콘 텐츠를 주로 업로드하는 채널을 운영하곤 한다. 정보를 알려주거나 연출한 영상을 처음부터 만드는 것은 쉬운 일이 아니다. 이렇게 브이로그로 유튜브에 일상을 남기던 사람들은 점점 '공항 시설 알차게 이용하는 법', '중년 여성에게 좋은 화장품 고르는 법', '캠핑장에서 불 잘 피우는 법'처럼 정보성 노하우를 공유하면서 콘텐츠를 확장한다. 그러다가 몇몇 영상의 조회 수가 오르며 채널의 정체성이 바뀌는 경우도 있다. 하지만 대체로 네이버 블로그에 자신의 생각이나 일상을 일기 쓰듯 기록하는 것처럼 유튜브에 삶의 기록을 남기는 방식으로 채널을 운영한다. 전업주부들이 이렇게 유튜브를 시작하는 예가 많고, 의외로 중·장년층의 유튜버들이 브이로그 스타일의 영상을 많이 찍는다.

40대 유튜버인 케이맨의 〈바닷가 전원주택〉 채널은 구독자 수가

〈바닷가 전원주택〉 채널에는 바닷가에 있는 전원주택에서의 일상이 잘 묻어나는 브이로그 콘텐츠가 업로드된다.
출처: 〈바닷가 전원주택〉 유튜브

8만 명 이상이다. 채널 이름처럼 바닷가에 있는 전원주택을 소재로 다양한 콘텐츠가 올라온다. 바닷가에 사는 단점이나 주택을 지을 때 들었던 건축 비용 같이 사람들의 로망이나 호기심을 충족해주는 영상도 조회 수가 높지만, 직접 만든 화덕에 먹음직스러운 고기를 굽거나 바닷가에서 통발로 낚시를 하는 영상 같은 브이로그의 조회 수도 높은 편이다.

　이외에도 여러 가지 목적이 있을 수 있으나 대부분은 이 안에 속할 것이다. 일단 이렇게 자신의 목적을 확실히 인지할 필요가 있다. 최종적으로는 수익 창출이 목적이라고 해도, 그것을 달성하기 위한 중간 단계의 목적을 명확하게 해놓으면 자신이 가야 할 길이 무엇인지 알 수 있기 때문이다. 이렇게 하면 어디서 본 듯한 개성 없는 채널이 되지 않을까 염려하는 사람들도 있다. 그러나 일단 이렇게 일반적인 루트가 설정되어야 이를 기반으로 자신의 채널을 어떻게 차별화할 수 있을지도 기획할 수 있다. 유튜브를 하고 싶다면 도대체 왜 하고 싶은 것인지 (단, 수익 창출이라는 목적은 제외하고. 이건 너무 당연하니까) 생각해보자. 거기에 이미 오즈로 향하는 노란 벽돌 길이 나 있을 것이다.

채널의 목적 없이는 시작도 하지 마라

▶

아는 사람으로부터 유튜브를 시작하고 싶어 하는 지인이 있는데 그 사람과 이야기 좀 나눠달라는 부탁을 받은 적이 있다. 그 사람은 대치동에서 국어를 가르치는 학원 선생님이었다. 학원 선생님들이 유행에 민감한 것 같으면서도 은근히 보수적인 면이 있어서 유튜브를 하는 사람이 생각보다 많지 않으니, 자신이 선구적으로 유튜브 채널을 운영해보고 싶다고 했다. 실행력 하나로 스타 강사가 되었다고 할 정도라는 이 선생님은 나를 만났을 때에도 이런 생각을 벌써 실행에 옮겨 채널을 개설하고 영상을 두세 개 올린 후였다. 콘텐츠를 보니 두대 이상의 카메라, 공들인 편집, 좋은 스펙의 게스트 등 여러 요소에서 채널에 대한 결연한 의지가 엿보였다. 이런 경우, 이렇게 칭찬을 할 수 있다. '쓸데없는 고퀄리티'.

초보자가 만든 것이라고 하기에는 믿기 어려울 만큼 영상 퀄리티가 좋아 물어보니 이미 카메라 장비에만 1000만 원이 넘는 돈을 썼고, 편집은 방송계에서 일하는 전문가의 솜씨라고 했다. 그래서 영상한 편의 제작에 들어가는 비용이 적지 않았다. 하지만 사실 유튜브 영상을 TV 프로그램처럼 좋은 퀄리티로 만들어야 할 이유는 없다. 특히 갓 시작한 채널이라면 더더욱 그렇다. 물론 대치동 스타 강사라는 유튜버로서의 정체성이 있으니, 초기 유튜브 채널 구축에 돈을 많이 들이는 것도 나쁘진 않다. 그런데 선생님이 올린 영상의 내용을 보면 들인 비용에 비해 효율성이 무척 떨어진다는 큰 약점이 있었다. 업로드된 영상은 수능을 앞둔 아이들의 고민을 들어주는 상담 콘텐츠였는데, 전문성을 고려하여 의사 친구를 게스트로 초대해 함께 대화하는 형식이었다. 그래서 물어보았다.

"이 채널을 운영하는 목적이 뭔가요?"
"아이들에게 도움이 되려고……."
"아니 그런 대외적인 목적 말고, 내적이고 은밀한 목적이요."
"?"
"그러니까 이 채널을 통해서 선생님은 수능 국어 선생님이라는 정체성 말고 다른 정체성을 가지려고 하시는 건가요? 아니면 선생님이 국어 선생님이라는 것을 만방에 알리려 하시는 건가요?"

이런 경우 유튜브를 하려는 목적이 돈이 아닌 것은 분명하다. 대치동에서 하루만 국어 강의를 해도 1년 동안 유튜브 광고 수익으로

벌 만큼의 돈을 버실 분일 테니 말이다. 그렇다면 결국 브랜딩이 목적일 텐데, 그러면 국어 강사 이외의 정체성을 구축하기 위한 것인지 아니면 국어 강사로서의 확고한 브랜딩을 위한 것인지를 구분해야 한다. 그런데 내 예상과는 다른 답변이 돌아왔다.

"국어 강사 브랜드를 구축해서 학생들을 모집하고 국어 공부시키는 데 활용하고 싶어서요."

국어 강사 브랜드를 확고하게 만들고 싶어서 유튜브를 시작했다면 국어 강의에 대한 콘텐츠를 만들어야 한다. **국어 강의라는 범주 안에서 정체성이 형성될 만한 콘텐츠를 만드는 것이 국어 강사 브랜드 구축에 도움이 되는 콘텐츠다.** 강의 자체를 유튜브에 올릴 수는 없더라도 '국어를 잘하는 꿀팁 전수', '대치동 스타 강사가 알려주는 좋은 강의 선택하는 법' 같은 영상들을 올려야 한다는 뜻이다.

본인 역시 정확한 문제가 무엇인지는 몰라도 '이 상태로 유튜브를 계속하는 것은 뭔가 아닌 것 같다'라고 느껴 상담을 요청했던 것이기 때문에 이런 지적에 공감을 표했다. 내가 제안한 콘텐츠는 국어 참고서나 문제집 리뷰였다. 그녀는 어차피 교재 연구 때문에 문제집을 일주일에 한두 권 이상 꼬박꼬박 봐야 한다고 했다. 그렇다면 더더욱 이런 콘텐츠가 안성맞춤이다. 문제집의 구성과 수준, 문제 개수 등을 파악해서 학생들의 상황에 따라 추천해주면 좋을 것 같았다. '비문학은 잘하는데 문법을 못 하는 국어 3등급이 참고하면 좋은 문제집', '최상위권이라면 수능 전에 반드시 풀고 가야 하는 문제집' 같이 흥미로운 소재가 마구 떠올랐다. 이런 콘텐츠는 유튜브를 위해 추가로 더 많은 노력을 할 필요가 없다는 점에서 특히 좋다. 게다가 자신의 전문성이 가장 잘 드러나며 실제 이 영상을 보는 사람들에게 가장 실용적이고 좋은 정보를 줄 수 있다는 점에서도 유리하다. 무엇보다 브랜드를 만드는 데 큰 도움이 된다. 유튜브 채널이 크게 유명해지지 못하더라도 이런 콘텐츠를 1~2년 동안 꾸준히 쌓으면 '국어 문제집 100권 풀고 학생들을 가르치는 선생님'이라는 확실한 타이틀을 얻을 수 있다. 학생이나 학부모에게는 이런 타이틀과 그 증거가 되는 유튜브 영상이 강의를 선택하는 데 중요한 참고 사항이 될 것이다. 다른 사람들이 따라 하기 쉽지 않은 데다 일과 병행하기 좋고, 스스로에게 발전의 기회가 되며, 무엇보다 자신의 브랜드를 홍보할 수 있는 콘텐츠를 하지 않을 이유는 없다. 대단한 영상 장비나 편집 기술이 없더라도 이런 콘텐츠는 사람들이 알아서 찾아 보게 되어 있다.

목적이 명확하고 자신의 상황과 배경을 분명히 인지했다면, 유튜브를 정확히 어떤 콘텐츠로 시작하면 가장 좋을지도 정해진다. **유튜브를 하겠다고 생각만 하고 아무것도 못 하는 이유는 어떻게 할지 몰라서가 아니라 무엇을 할지 몰라서다.** 자신이 무엇을 할지 모르겠다면 그건 유튜브를 왜 해야 하는지에 대해 생각해보지 않았기 때문이다. 유튜브로 돈을 벌고 싶다는 막연한 생각은 버리자. 브랜드의 성장이나 전문성의 강화와 같이 유튜브 채널 운영을 통해 얻게 될 중간 단계의 열매,

‖ ▶‖ ◀ㅣ))   유튜브 지금 시작하시나요?

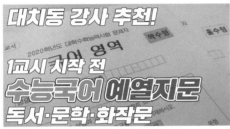

〈대치동 현주쌤〉에 업로드된 콘텐
츠들. 섬네일만 봐도 국어 선생님의
채널임을 알 수 있다.
출처: 〈대치동 현주쌤〉 유튜브

즉 수익 창출까지 가는 과정 자체를 목적으로 생각해야 한다. 거기에 자신의 강점이나 상황까지 함께 고려하면 내가 할 수 있고, 해야 하는 콘텐츠가 무엇인지 분명하게 떠오를 것이다.

　나와 이야기를 나눈 선생님이 실제로 '100권의 국어 문제집 리뷰'라는 콘텐츠를 제작하지는 않았다. 사실 저작권 이슈 때문에 선뜻 시작하기 쉽지 않은 콘텐츠이기는 하다. 하지만 선생님은 이 대화를 통해 유튜브 채널의 운영 목적과 방향성을 찾은 듯했다. 우선 〈곰곰TV〉라는, 어떤 콘텐츠를 다루는지 알 수 없는 애매한 채널 이름을 〈대치동 현주쌤〉이라고 바꿨다. 그리고 국어 강의와 연관된 내용의 콘텐츠를 올리며 유튜브를 운영하는 목적을 분명하게 드러냈다. 유튜브로 자신의 강의를 홍보할 목적이었기 때문에 이런 콘텐츠를 보고 모인 구독자 1000명은 무작위로 모인 1만 명보다 가치가 있다. 마케팅 측면에서 보자면 타깃 유저 1000명이 모인 것과 같다.

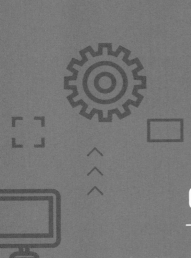

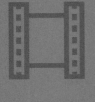

2:15 / 6:55

Chapter **2**

잘되는 유튜브 콘텐츠에는
트렌드가 있다

이미 다가온 미래,
영상의 시대는 시작되었다

▶

얼마 전 딸에게 게임기를 하나 사주었는데 TV와 연결이 안 돼서 애를 먹었다. 접속 단자도 제대로 꽂았고 게임기도 TV도 다 잘 켜져 있는데 실행이 되지 않아서 불량품인가 하고 의심하려는 찰나, 딸아이가 해결 방법을 알아냈다. 게임기가 충전 코드에 연결된 상태에서만 TV와 연결된다는 것이다. 충전 코드를 연결하니 속이 시원하게도 게임기가 잘 작동이 되었다.

딸에게 어떻게 방법을 알았냐고 묻자 유튜브 동영상을 보여준다. 그 짧은 사이에 유튜브에서 문제에 딱 맞는 관련 영상을 찾은 것도 신기했지만, 더 놀라운 건 20분 정도 되는 영상을 빨리 돌리기 해서 해결법을 찾아냈다는 점이었다. 보통 영상을 통해서 정보를 얻는 것은 그 영상을 다 봐야 하므로 텍스트로 된 정보보다 비효율적이고 시간도 오래 걸릴 거라고 생각한다. 그러나 어떤 사람들은 영상을 넘겨 보면서 원하는 정보를 빠르게 얻어내는 능력을 가지고 있다. 그래서 유튜브를 검색엔진으로 쓰는 것이 어렵지 않다. 대다수의 기존 세대는 동영상이 정보를 얻는 데 적합하지 않다고 생각하지만, 사실은 그 세대가 동영상을 보는 데 적응하지 못했다는 것이 더 맞는 말이다.

많은 사람들이 유튜브의 시대에도 한계가 있는 것이 아닌가 하는 의문을 가지고 있다. 프리챌이나 싸이월드가 떴다가 졌듯이, 네이버나 페이스북이 서서히 지고 있듯이, 유튜브 역시 이렇게 유행을 타는 플랫폼이 아니냐는 것이다. 그래서 유튜브에 섣불리 도전하지 못하겠다고 말한다. 그런데 이러한 유행은 개별 플랫폼이 시장을 주도해서 일어나는 현상이 아니다. 정보 전달 방법의 변화에 따라 플랫폼도 바뀐 것이다. 프리챌이나 싸이월드는 텍스트 위주의 플랫폼이고 네이버 블로그나 페이스북은 사진 위주의 플랫폼이다. 그동안 정보를 실어 나르는 매개가 텍스트에서 사진으로 바뀌었다면, 이제는 사진에서 영상으로 바뀌고 있다. 그리고 현재까지는 그 영상을 가장 잘 전달하는 것이 유튜브다. 그래서 지금 이렇게 유튜브가 핫한 것이다. 흔히 걱정하는 것처럼 언젠가 유튜브 플랫폼도 지는 해가 될지 모른다. 그러나 영상으로 정보를 전달한다는 본질적인 변화는 계속될 것이다.

검색의 트래픽은 이미 영상으로 쏠리고 있다

'영상은 콘텐츠의 미래다.'

이 말에 동의한다면 당신은 시대의 흐름에 뒤처진 것이다. 영상은 미래가 아니라 현재다. 영상이 미래라고 말하는 사람은 텍스트와 사진 중심의 포털 검색에 익숙한 사람으로, 언젠가는 영상을 통해서 모든 정보가 유통될 수도 있지만 아직은 효율성이 떨어진다고 생각할 것이다. 그러나 앞서도 말했듯 영상 정보의 효율성이 떨어진다고 느끼는 이유는 그것을 제대로 활용하지 못하는 주체의 문제지 정보 형태 자체의 문제가 아니다. Z세대라고 불리는 미디어 세대는 영상 속에서 자신이 필요로 하는 정보를 굉장히 빠르고 정확하게 찾아낸다. 그렇다고 해서 유튜브에서 정보를 검색하는 습관이 Z세대만의 전유물이라는 말은 아니다. 최근에는 영상을 통해 정보를 얻으려는 20대, 30대도 많다. 오늘날의 사용자들은 기존 포털에 올라오는 IT 기기 같은 물건이나 맛집 관련 리뷰들은 대부분 광고라고 생각하는 경향이 강하다. 이러한 합리적 의심이 검색엔진의 대안으로서 유튜브를 부상시켰다. 유튜브도 마케팅 플랫폼으로 적극적으로 활용되기는 하지만, 어쨌든 텍스트나 이미지보다는 조금 더 구체적이고 사실적인 정보를 확인할 수 있다. 그나마 어느 정도 검증이 가능한 정보 전달 수단인 것이다.

예를 들어보자. 30대 후반 직장인인 승호 씨는 독서 모임에서 만난 진희 씨와 서촌에서 저녁을 먹기로 했다. 두 사람 모두 미혼이었고 진희 씨가 흔쾌히 약속을 승낙한 것이 뭔가 좋은 징조가 아닐까 싶었다. 승호 씨는 모처럼 좋은 분위기를 만들어볼 요량으로 미리 괜찮은 식당을 찾아놓을 생각이었다. 그래서 네이버에 '서촌 맛집'을 검색했지만 딱히 '이거다' 싶은 곳이 없다. 검색 결과가 너무 많아서 산만하기만 했다. 이 중에도 분명히 누군가가 진심으로 쓴 진짜 후기가 있겠지만 그게 무엇인지 구분해내기가 어려웠다. 광고비를 지불한 포스팅이 포털 검색의 상위에 노출된다는 흉흉한 소문도 들리는데, 그래서인지 가장 상위에 뜬 블로거의 리뷰에서 '프로 광고러'의 냄새가 살짝 느껴지는 것 같았다. 하지만 그렇다고 모든 포스팅을 일일이 들여다보며 그 진위를 가리고 싶지는 않았다. 그래서 인스타그램에 검색해봤지만 전부 예쁘고 맛있어 보이는 사진들뿐이었다. 사실 필터의 은혜로운 보정을 거친 인스타그램 사진은 판타지에 가깝고, 실질적인 정보가 부족하다. 브레이크 타임은 있는지, 가격대는 얼마인지, 두 사람이 앉기에 적당한 자리가 있는지 등을 알고 싶으면 귀찮게도 다시 포털을 검색해야 한다.

결국 대안은 유튜브다. 유튜브를 조금 뒤져보던 중에 남도분식이라는 음식점이 눈에 들어왔다. 음식점 이름을 키워드로 더 검색했더니 남도분식을 직접 다녀왔다는 영상이 몇 개 나왔다. 코미디언 이영자가 소개해 유명세를 탄 곳이라 포털이나 인스타그램에서 검색했을 때도 눈에 띄었는데, 영상으로 보니 음식점의 분위기가 좀 더 생생하게 느껴졌다. 음식점을 방문한 유튜버들의 메뉴 설명이나 주문 팁을 참고해 진희 씨와 식사할 때 자연스럽게 대화를 이끌 수 있겠다는 생각도 들었다. 비싸기만 하고 맛은 그저 그런 곳보다는 차라리 이렇게 스토리가 있는 곳을 찾는 것이 더 좋을 것 같았다. 그렇게 유튜브 검색을 마친 승호 씨는 진희 씨를 남도분식에 데려가기로 결정했다.

우리는 이미 모든 것을 가지고 있다

나는 유튜브 채널을 운영하면서 영상을 직접 편집하지는 않는다. 일주일에 2개 이상의 영상을 안정적으로 업로드하기 위해서다. 그래도 가끔은 편집자 없이 나 혼자 만든 영상을 채널에 올리기도 한다. 정규 영상은 아니고 공지나 브이로그처럼 가볍게 만든 '북로그'다. 프리미어 프로 같은 전문적인 영상 편집 프로그램이 아니어도 간단하게 영상을 편집할 수 있는 툴이 많고(게다가 무료다), 자동으로 자막을 제작해주는 프로그램(이것도 무료다! 4장을 참조하자)까지 있어서 간단한 영상은 만드는 데 긴 시간이 걸리지 않는다. 최근 나온 프로그램들은 직관적인 UI^{User Interface}를 갖추고 있어 다루기가 그리 어렵지 않고, 그렇다고 해서 성능이 크게 떨어지지도 않는다. 여러 무료 프로그램들을 잘 조합해 편집하면 뮤직비디오 수준의 영상도 만들어낼 수 있다.

무엇보다 스마트폰의 대중화가 전 국민을 카메라 감독으로 만드는 데 큰 역할을 했다. 오늘날에는 모든 사람들의 손에 카메라가 들려 있다고 해도 과언이 아니다. 조금만 공을 들이면 누구라도 그럴 듯한 영상을 만들 수 있는 시대가 온 것이다. 요즘 결혼식장에 가보면 하객들의 카메라에 둘러싸인 신랑과 신부가 마치 기자들의 플래시 세례를 받는 연예인처럼 보인다. 이렇게 스마트폰으로 고화질의 영상을 간단하게 찍을 수 있고 찍은 자리에서 쉽게 확인하고 돌려볼 수도 있게 된 결과, 영상에 대한 장벽이 급격히 낮아졌다. 친구가 메

신저로 '어디야?'라고 물었을 때 위치나 장소명을 알려주는 대신 지금 있는 장소의 사진이나 영상을 찍어 보내는 경우도 많다. 우리 집이 JTBC 예능 프로그램 〈한끼줍쇼〉에 나온 이후로 집에 초대해달라는 지인들이 부쩍 늘었다. 그런데 주소를 가르쳐줘도 자꾸 길을 묻는 것이다. 그래서 아예 우리 집으로 오는 길을 3분가량의 영상으로 찍어서 그 영상을 보내주고 있다. 지금은 재차 길을 묻는 문자 메시지가 거의 오지 않는다.

자유롭게 영상을 소비하는 시대를 넘어 누구나 손쉽게 영상을 만드는 시대가 되면 영상에 대한 수요는 폭발적으로 증가할 것이다. 이런 시대에 영상을 찾아보거나 생산하는 데 익숙하지 않은 사람들은 점점 '미디어 문맹'이 되어갈 가능성이 크다. 앞으로 양질의 정보는 영상으로 공급될 것이기 때문에 그 정보를 필요할 때 빨리 찾아내는 사람과 정보 격차가 벌어질 수밖에 없다.

영상은 아주 명확하고 효과적인 정보 전달 수단이다. 이전에는 영상을 전달하는 기술력이 부족했다면, 본격적인 5G망이 구축되는 2020년 이후로는 이런 걱정도 거의 하지 않게 되었다. 따라서 영상의 미래는 아주 밝다. 그리고 당장 영상 전달의 가장 효과적인 플랫폼으로 유튜브를 대체할 수 있는 것은 없다. 새로운 플랫폼이 쉽게 등장할 거라 보기도 힘들다. 전 세계적인 네트워크를 구축해 이미 많은 회원 수를 보유하고 있는 유튜브의 잠재력을 지역 플랫폼인 네이버 TV가 따라잡을 수 없는 것처럼 말이다. 2200만 명이 넘는 구독자 수를 자랑하는 〈보람튜브 브이로그〉의 네이버 TV 채널 구독자 수는 1300명 정도다. 그러니 현재로서 영상 크리에이터에게 최적의 플랫폼은 유튜브다. **언젠가 유튜브가 사양길에 접어든다고 하더라도 영상 크리에이터는 미래의 어떤 플랫폼에서든 살아남을 것이다.**

유튜브에도 세대 차이가 있다

▶

유튜브를 하기로 마음먹었다면 좀 더 본격적으로 변화의 흐름을 파악할 필요가 있다. 대구에 있는 영남대학교에 강의를 하러 갔다가 서울로 올라가기 전에 김광석거리에 들렀다. 어릴 때 읽었던 잠언집을 소개하는 영상을 준비 중이었는데, 잠언집의 내용이 김광석 노래와 어울린다는 생각에 찾아간 것이다. 원래 야외에서 영상을 찍을 때는 이리저리 눈치를 보는 편인데 예매해둔 KTX 탑승 시간이 촉박해 이날만큼은 사람들의 시선을 신경 쓸 겨를이 없었다. 감도가 좋지 않은 무선 마이크를 스마트폰에 연결해 녹음해야 했기 때문에 목소리도 평소보다 컸다. 거기에 짐벌까지 들고 다니니, '저 사람이 뭘 찍는구나' 하는 티가 팍팍 날 수밖에 없었다. 민망했지만 빨리 마무리하고 자리를 떠야겠다는 생각으로 열심히 촬영하고 있는데, 어린이 두 명이 내 주변을 기웃기웃하더니 나에게 '유튜버세요?' 하고 물었다. 이 아이들에게 내 채널의 시그니처 동작을 가르쳐주고 같이 하자고 했더니 좋아하며 같이 해준다. 즉석에서 이루어진 대중과의 소통 방송이랄까.

그런데 아이들이 영상을 촬영하고 있는 사람을 보고 바로 유튜버를 떠올리는 걸 보니 새삼 유튜브가 참 보편화되었다는 생각이 들었다. 이제 사람들은 일상적으로 유튜브를 보고 언론이나 TV에 유튜버가 나오는 일도 흔하다. 도대체 언제부터 이렇게 유튜브가 우리의 일상 속에 스며들었으며, 유튜브가 어떤 직업이고 어떤 영향력을 가지는지 굳이 설명하지 않아도 모두 알게 되었을까? 대도서관, 밴쯔, 양띵 같은 유튜버들의 이름이 조금씩 언론에 나오기 시작한 무렵이었을까? 아니면 DIA TV나 샌드박스 네트워크 같은 MCN이 사업을 시작한 무렵이었을까?

시대를 나누는 기준을 정답처럼 하나만 제시하기는 어렵다. 개인

국내 대표 MCN 기업인 샌드박스 네트워크.
출처: 샌드박스 네트워크

적으로 앞서 말했던 이정표적인 사건보다는 사회 기저에 깔린 생각의 변화가 더 중요하다고 본다. 본격적으로 유튜브에 변화가 생기고 세대가 나뉘기 시작한 때는 2017년과 2018년 사이다. 2018년, 교육부와 한국직업능력개발원이 공개한 '2018 한국 초등학생 희망직업 순위'에 처음으로 유튜버가 등장했다. 그것도 무려 5위로 말이다. 바로 전 해인 2017년 순위에는 유튜버가 아예 없었다는 점에서 바로 이 시기에 유튜버에 대한 사회적 인식의 변화가 시작되었다는 것을 추론할 수 있다. 그리고 2018년은 주 52시간 근무제가 진지하게 논의되기 시작해, 저녁 시간을 활용한 직장인들의 문화 소비가 급격하게 늘어난 때이기도 하다. 당연히 유튜브에서 콘텐츠를 소비할 수 있는 물리적인 시간도 늘었다. 수요가 많아지니 자연스럽게 공급자도 많아진다. 퇴근 후 남는 시간을 이용해 자신의 취미나 직무 능력을 살린 콘텐츠를 만들어보고 싶다는 직장인이 이때부터 많아지기 시작했다.

2018년 이후로는 주변 지인들, 특히 직장을 다니는 사람들과 만나면 대화 주제의 반 이상이 유튜브였다. 그들은 내가 유튜버라는 것을 알기 때문에 항상 유튜브에 관한 것을 물어본다. 막상 주변에는 유튜브를 하는 사람이 많지 않은 탓이다. 그들이 궁금해하는 것은 대부분 하나였다.

"유튜브 하고 싶은데, 어떻게 하면 돼요?"

그 무렵은 아직 시작한 사람은 없고 하고 싶은 사람만 많던 시기였다. 이후에는 사실 직장인보다는 프리랜서나 전문직 종사자들이 더 많이 유튜브를 시작했는데, 이렇게 주변에 유튜브를 하는 사람들이 점점 늘어나기 시작하면서 나에게만 몰리던 유튜브 질문의 빈도는 조금 줄었다. 그래서 굳이 유튜버의 세대도 나눠보자면 2017년 이전부터 채널을 운영하던 1세대와 2018년부터 새롭게 채널을 만들어 유튜브 생태계에 뛰어든 2세대로 나눌 수 있을 것 같다. 유튜브 1세대는 유튜버를 마치 '루저'나 '오타쿠'처럼 인식하는 사회적 편견과 싸우며 활동하던 세대다. 대신 이때는 개척의 시기였기 때문에 한 분야에서 꾸준히 성실하게만 하면 채널이 자리를 잡는 것이 지금보다는 쉬운 편이었다. 비유하자면 그 시절은 서부 개척 시대와 같다. 무법자가 활개를 치고 제대로 된 룰도 없었지만, 열심히만 하면 목표를 이룰 수 있는 이른바 '유튜브 드림'의 시대였다. 그래서 무엇보다 1세대 유튜버에게는 도전 정신과 **존버 정신**이 필요했다.

유튜브를 처음 시작하는 사람들에게 '정기적으로 콘텐츠를 꾸준히 올리면서 버티면 된다'라고 조언하는 사람들이 죄다 1세대 유튜버인 것은 우연이 아니다. 이 시대에는 이렇게 하면 성공했기 때문이다.

하지만 2세대가 되면서 이제 웬만한 땅에는 다 주인이 들어앉았다. 버티는 것만으로는 안 된다. 이를테면 먹방의 경우는, 1세대에는 특이하고 신기한 콘텐츠라 쉽게 구독으로 이어졌다. 그러나 2세대에 들어서는

---○

존버 정신
'존나게 버티기 정신'이라는 말을 줄인 말이다. 최대한 버티고 인내하는 과정을 말한다. 이외수 작가가 만든 단어로, 혜민 스님이 인용해서 화제가 되기도 했다.

유튜브 지금 시작하시나요?

먹방 콘텐츠를 조회할지는 몰라도 웬만큼 인상적이지 않고서는 그 조회가 채널 구독으로 이어지지는 않는다. 2세대는 취향 저격의 시대기 때문에, 신기하거나 재미있는 것이 아니라 (이미 그런 분야는 1세대 유튜버의 채널을 구독하고 있기 때문이다) 자신의 취향에 맞는 채널만 구독하는 경향이 있다. 일반적인 취향을 만족시키는 분야는 이미 주인이 있는 상황이므로 결국 조금 다른 취향, 이른바 틈새 취향으로 사람들을 불러 모아야만 한다. 당연히 이런 채널들의 구독자 수가 압도적으로 많을 수는 없다.

먹방이라는 분야 자체에 참신함을 느끼고 먹방 채널을 구독했던 사람들이 1세대 구독자라면, 2세대에는 단지 먹방이라는 콘셉트가 신기하다고 구독을 누르지 않는다. 디저트 먹방이라든가, 야식 먹방처럼 특화된 콘텐츠가 필수적이다. 게다가 많은 구독자를 가진 1세대 먹방 유튜버라고 해서 그러한 '틈새 콘텐츠'를 올리지 않는 것도 아니다. 예를 들어, 한 TV 프로그램의 영향으로 전국 휴게소 먹거리에 대한 관심이 생기자마자 〈밴쯔〉나 〈영국남자〉, 〈공대생 변승주 DS〉 같은 대형 채널에도 휴게소 음식 먹방이 올라온 적이 있다. 심지어 키즈 채널인 〈간니닌니 다이어리〉 채널에도 휴게소 음식 먹방 콘텐츠가 올라왔다.

유튜브에서 '던질까 말까 춤'이라는 콘텐츠가 유행한 적이 있다. '던질까? 말까?'라는 간단한 동요 가사에 맞춰 무언가를 던질 듯 말 듯 앞뒤로 춤을 추는데, 10시간 동안 쉼 없이 추는 것이 핵심이었다. 10시간 동안 반복적인 동작을 하면서 지쳐가는 모습을 자학적으로 보여주는 것이다. 사람들은 저렇게 해서라도 관심을 끌어야 하나 불쌍해하면서 조회 수를 늘려준다. 그런데 놀라운 건 이런 영상이 유행하자, 구독자 350만 명의 대형 유튜버 허팝이 나서서 '10시간 동안 던질까 말까 춤추기' 영상을 내놓았다는 것이다. 골목 상권에 대기업이 침입한 것이라고 하면 이해가 더 쉬울 듯하다. 이렇다 보니 그저 유행에 편승하는 것으로는 2세대 유튜버들이 경쟁력을 얻기 어렵다. 이미 많은 구독자를 가지고 있는 1세대 유튜버들이 그런 유행템을 놓칠 리가 없고, 아무리 빨라봤자 선점하는 의미도 없기 때문이다.

2세대 유튜버가 기억해야 할 핵심은 '차별화'와 '혜택'이다. '기존의 채널과 어떻게 차별화된 혜택을 제공할 것인가?'라는 고민이 채널 운영 전에 선행되어야 한다. 하지만 이것만으로는 충분하지 않은 것이, 그런 차별화 콘텐츠를 만들면 대형 채널에서 날름 가져가버린다. 이들도 늘 새로운 콘텐츠를 찾고 있기 때문이다. 그래서 아이디어뿐

1세대 유튜버와 2세대 유튜버 비교

	1세대	2세대
시기	~2017년까지	2018년~현재
형태	전업	부업
분야	거시적 카테고리	미시적 카테고리
수익 창출	채널 자체를 통한 수익 창출	채널을 활용한 외부 수익 창출
유튜브의 규제	규제가 거의 없음	규제가 조금씩 생겨나고 있음

만 아니라 유튜버의 매력에도 차별화가 필요하다. 크리에이터의 특성 혹은 캐릭터라고 말할 수도 있겠다. 이런 유튜버 개인의 매력은 아무리 대형 채널이라고 해도 복제해갈 수 없다.

사실 2세대 유튜버들의 채널에서 가장 중요한 요소는 정보다. 전문적인 정보는 차별성이 있으면서 시청자에게는 혜택이 된다. 콘텐츠가 이런 정보를 담고 있으면 높은 조회 수를 달성할 수 있다. 그것뿐만이 아니다. 정보성 영상은 채널 구독으로까지 이어진다.

재미는 혜택에 속한다. 사람들이 유튜브 콘텐츠에서 얻고자 하는 것은 재미와 정보이기 때문에, 재미있는 채널은 당연히 조회 수가 높고 그로 인해 구독자도 늘어날 가능성이 높다. 확실한 재미를 보장하여 일상의 심심함을 날릴 수 있는 콘텐츠는 파괴력도 크다. **2세대 유튜버들의 채널에는 명확한 구독의 이유가 존재해야 한다.** '차별화'와 '혜택'이라는 말이 추상적으로 느껴진다면 보다 구체적인 요소로 정보, 재미, 매력을 들 수 있다. 이 3가지 중 하나 이상은 확실하게 갖춰야 구독자를 모을 확률이 생긴다.

최근 가장 잘나가는 콘텐츠 분석

▶

최근 잘되는 콘텐츠들을 들여다보고 벤치마킹할 때 주의할 것은 구독자가 많다고 '지금' 잘나가는 채널인 것은 아니라는 점이다. 누적 구독자 수만 보자면 몇 년 전에 개설된 채널들을 따라갈 수는 없다. 게다가 그런 유튜버들은 TV, 라디오, 아니면 여러 행사들을 통해서 지속적으로 구독자를 모을 수 있는 통로를 확보해둔 만큼, 그들의 성공 전략과 콘텐츠를 유튜브를 갓 시작하는 사람이 따라 하는 것은 조선 시대에 통용되는 법칙을 따라 하는 것이나 다름없다. 다른 채널을 참고하기 위해서는 급격하게 떠오르는 채널, 최근 들어 관심이 있는 분야나 새롭게 생기는 채널들의 경향 분석이 필요하다.

❶ 〈워크맨〉

장성규 아나운서를 앞세우고 JTBC 방송국의 기획과 연출이 뒷받침

된 〈워크맨〉 채널은 사실 우리가 굳이 분석할 대상이 아닌 듯하다. 하지만 300만 구독자를 순식간에 달성한 이 엄청난 상승세를 보면 성공 요인을 한 번쯤 짚고 넘어가지 않을 수 없다. 〈워크맨〉이 선보이는 콘텐츠는 앞서 언급한 3가지 요소인 정보, 재미, 매력을 모두 완벽하게 갖추고 있다. 〈워크맨〉은 출연자인 장성규 아나운서가 각종 아르바이트를 직접 체험하는 모습을 담아 자연스럽게 직종마다 어떤 일을 하는지 보여준다. 분류하자면 〈워크맨〉은 정보 전달이 중심인 채널이라 할 수 있다. 그런데 선을 넘을 듯 말 듯한 출연자의 드립이 웃기다. 등장하는 일반인들과의 호흡도 재미있다. 장성규 아나운서가 에버랜드에서 아르바이트하는 영상은 1500만이 넘는 조회 수를 자랑하는데, 여기서 장성규 아나운서는 '선넘규'라는 새로운 캐릭터를 얻었다. 출연자의 매력이 새로운 캐릭터가 된 것이다.

소위 '방송국 놈들'의 독보적인 기획력을 보여주는 콘텐츠다. 사실 재미로만 보면 독보적이라고 할 수는 없다. 재미만 따지면 전문 코미디언들의 콘텐츠가 더 웃길 것이다. 그런데 중요한 것은 이 채널의 뼈대는 결국 아르바이트나 각종 직업에 대한 정보를 준다는 것에 있다.

❷ 〈Big Marvel〉

우리나라에서 구독자 수 10위 안에 드는 유튜브 채널 중에 거의 유일하게 2015년 이후에 만들어진 채널이다. 사실 이 채널 역시 2016년에 만들어졌기 때문에 시기만 보면 1세대에 속하지만 그래도 순식간에 몇 백만 명의 구독자를 모은 저력을 분석해볼 가치가 있다.

가장 두드러진 특징은 역시 '차별화'다. 〈Big Marvel〉 콘텐츠의 차별화된 독특함은 재미와 매력을 가진다. 채널의 인기를 견인한 동영상은 자신이 노래하는 것이 아니라 닭 인형을 누르면 나오는 삑삑거리는 소리를 활용해서 음악을 커버한 영상이다. 'Alan Walker - Faded 'Chicken Band Ver'(Cover by Big marvel)' 영상은 8300만 회 이상의 조회 수를 얻었다. 닭 인형으로 유명 곡을 커버한 것이 전 세계에 통한 것이다. 이 참신한 아이디어는 재미를 보장했고, 무표정한 얼굴로 닭 인형을 연주하는 유튜버의 매력이 그 재미를 배가시켰다.

음악 채널의 가장 큰 장점은 비언어적이기 때문에 언어 장벽이 비교적 낮다는 것이다. 〈Big Marvel〉 채널 역시 그런 점을 잘 활용해서 가능한 비언어적으로 콘텐츠를 구성했고 영상 제목을 대부분 영어로 써놓아서 국제적인 채널을 지향했다.

❸ 〈김미경TV〉

김미경 강사는 한때 지상파에서 인기를 끌다가 여러 논란에 휘말리면서 미디어의 뒤안길로 사라지는 듯했다. 하지만 최근 유튜브에서 부활했다. 〈김미경TV〉는 90만 명이 훌쩍 넘는 구독자를 보유한 대형 채널이다. 요즘에는 구독자 수가 100만 명이 넘는 채널도 심심치 않게 볼 수 있으니 〈김미경TV〉의 구독자 수를 그렇게 특별하다고 할 수는 없을 것이다. 그런데 〈김미경TV〉는 다른 비슷한 어떤 채널보다 강한 파급력을 갖는 채널이다. 가령 이 채널의 주된 콘텐츠 목록 중 하나인 '김미경의 북드라마'는 김미경 강사가 직접 책을 리뷰하는 콘텐츠다.

이 영상에서 소개되는 책은 베스트셀러에 오른다. 교보문고에서 '김미경의 북드라마'에서 소개된 도서라며 해당 영상을 틀어놓고 프로모션할 정도였다.

이런 영향력은 김미경 강사의 팬덤에 기반한다. 김미경 강사는 유명 강사이면서 베스트셀러 작가로, 여성 팬들에게 특히 인기가 많다. 유튜브 채널과 연계하여 만든 '유튜브 대학'은 콘텐츠에 대한 충성도를 높인다. 유튜브대학은 〈김미경TV〉에 업로드되는 영상을 꾸준히 보고, 자기계발과 관련된 과제를 제출하면 수료할 수 있다. 충성도 높은 팬들이 김미경 강사가 소개하는 책을 사서 본다. 그래서 영상에서 소개된 책이 베스트셀러가 되는 것은 자연스럽다.

따라서 이 채널의 핵심 경쟁력은 팬덤으로 중무장한 김미경 강사의 매력이라고 할 수 있다. 게다가 자신의 인맥을 잘 활용하여 전문적이고 다양한 콘텐츠를 만든다. 〈김미경TV〉는 김미경이라는 유튜버 개인의 존재감을 불려나가며 앞으로도 승승장구할 거라고 예상한다.

❹ 〈신사임당〉

〈신사임당〉 채널을 운영 중인 유튜버 신사임당은 한국경제TV PD 출신인데, 재직 당시 월급이 200만 원도 채 안되었다고 한다. 몇 년 동안 일해도 희망이 보이지 않아 부업을 찾다가 1000만 원을 들고 스튜디오 대여 사업을 시작했는데, 월 매출이 1000만 원이 되자 퇴사를 했다. 그가 퇴사 후에 시작한 것이 유튜브 채널 〈신사임당〉이다. 지금 〈신사임당〉은 구독자 수가 50만 명이 넘는 경제·재테크 분야의 대표적인 채널이다.[1] 이 채널 콘텐츠의 주된 내용은 신사임당이 경제 방송 PD 시절 쌓았던 재테크 관련 지식을 정리해서 알려주는 것이다. 아무래도 사람들의 욕망을 가장 잘 건드리는 주제라 빠른 시간 내에 많은 구독자가 모였다. 최근에는 여러 방면의 전문가 인터뷰 영상을 통해 채널의 전문성을 강화하고 있다.

〈신사임당〉 채널의 가장 큰 장점은 구독자의 니즈를 정확하게 파악하는 동시에 돌려 얘기하지 않는다는 것이다. 채널에 올라오는 영상 제목만 봐도 알 수 있다. 누구든 흥미를 느낄 만한 내용을 솔직하게 제목에 드러낸다. 〈신사임당〉 채널에서 조회 수가 높은 영상의 제목은 '매달 1000만 원을 만드는 가장 현실적인 방법'이다. 내용에 실망하게 되는 자극적인 제목이라는 비판도 있지만, 아무래도 한 번쯤은 클릭해보고 싶은 제목이다. PD 시절 갈고닦은 그의 감각이 제목 짓기에도 드러나는 것이 아닐까 싶다.

❺ 〈이상훈TV〉

개그맨 이상훈 씨가 개설한 채널이다. TV를 통해 데뷔한 코미디언들은 보통 유튜브에서 코믹한 모습으로 재미를 주는 콘텐츠를 주로 만드는데, 독특하게도 〈이상훈TV〉는 피규어 수집·리뷰 채널이다. 피규어 모으는 것을 취미로 하게 된 지 18년이 넘었다는 이상훈 씨는 그야말로 피규어 덕후다. 채널을 시작한 이유도 결혼 후에 피규어에 돈을 쓰는 것이 눈치가 보여 그 지출을 메꾸기 위해서였다고 한다. 그렇게 시작한 유튜브 채널은 지금은 30만 명이 넘는 구독자를 확보할

〈신사임당〉(위)과 〈이상훈TV〉(아래)
에 업로드된 콘텐츠. 해당 채널의
특징이 선명히 드러난다.
출처: 〈신사임당〉, 〈이상훈TV〉 유튜브

만큼 성장했고, 이 채널로 이상훈 씨는 많게는 한 달에 중형차 한 대
정도의 수익을 낼 때도 있다고 밝혔다.[2]

　〈이상훈TV〉 영상들을 보면 이 사람의 '덕심'이 실제로 느껴진다.
다른 피규어 수집가의 집을 방문했을 때의 리액션이라든가, 피규어
에 대한 지식을 막힘없이 보여주는 것에서 확실히 피규어를 좋아하
는 티가 난다. 이런 콘텐츠는 피규어를 모으는 다른 사람들의 공감을
이끌어내기 마련이다. 그렇게 구독자들과 취향과 정서를 공유하면
채널을 지속할 수 있다. 또한 어떤 대상을 순수하게 좋아하는 모습에
서 느껴지는 진정성은 같은 덕후가 아닌 사람도 감화시키고는 한다.
나는 피규어에 그다지 관심이 없는데도 다른 사람이 수집한 피규어를
보며 좋아하는 이상훈 씨의 모습에 반해 영상을 가끔 찾아본다. 〈이상

훈TV〉의 핵심 장점은 확실한 분야의 취미와 정보를 공유한다는 것
인데, 여기에 피규어에 대한 그의 진심이 더해져 더욱 매력적인 캐릭
터를 보여주고 있다. 코미디언 특유의 유려한 진행 역시 또 다른 장
점이다.

➏ 〈단희TV〉

〈단희TV〉는 구독자가 1000명 이하였던 때부터 내가 눈여겨보던 채
널이다. 솔직히 말하면 〈단희TV〉의 콘텐츠는 내 취향에 맞지 않다.
내가 이렇게 말할 수 있는 것은 그만큼 〈단희TV〉의 타깃이 굉장히 명
확하기 때문이다. 유튜버 단희쌤에게 붙은 '행복주치의'라는 타이틀
에서도 알 수 있듯이 〈단희TV〉는 은퇴자나 은퇴 준비자를 주요 타
깃으로 한 채널이다. 콘텐츠에서도 은퇴 전후의 재테크, 건강관리 등
50세 이후의 장년층을 위한 내용을 다룬다. 영상의 메시지나 제목도
채널의 정체성에 정확히 부합된다. 이 채널에서 가장 많이 조회된 영
상은 '은퇴한 50~60대는 하지 말아야 할 것 5가지'다. 이렇게 타깃이
확실하게 정해지면 그 자체로 경쟁력이 된다. 내용이 구독자에게 맞
춤으로 제작되기 때문에 영상이 흡입력 있고, 이러한 콘텐츠를 보길
원하는 시청자라면 〈단희TV〉를 구독하지 않을 이유가 없다.

　〈단희TV〉 채널은 부동산 컨설팅이 처음에는 주된 콘텐츠였는데,
구독자들의 나이와 정체성에 맞춰 '행복'으로 주제의 폭을 넓히고 있
다. 수요에 따라 적절하게 채널 정체성을 전환해서 맞춤 정보를 제공
하는 것으로 보인다. 이렇게 타깃이 명확하면 피드백도 명확하기 때

〈단희TV〉의 콘텐츠. 타깃층이 명확
한 것이 눈에 띈다.
출처: 〈단희TV〉 유튜브

문에 이에 따라 영상의 결이나 채널의 방향성도 조율이 가능하다.

❼ 〈시한책방〉

잘나가는 채널 사이에 내 채널을 끼워 넣는 게 조금 민망하기는 하다. 그래도 뒤늦게 시작한 것치고는 '북튜브' 카테고리 안에서 구독자 수로 봤을 때 3위 안에는 드는 것 같아, 기간 대비 성장 속도에는 비교적 자신이 있다. 〈시한책방〉의 핵심 경쟁력은 인사이트를 제공하는 것이다. 쉬운 말로 설명을 하되, 요약하는 것에만 그치지 않고 리뷰에 나름의 통찰을 덧붙여서 이미 읽은 책이라도 한 번 더 생각해볼 수 있도록 한다는 장점이 있다. 이는 〈시한책방〉 채널 구독자들이 가장 좋아하는 특징이기도 하다. '제가 생각하기에는'으로 시작하는 이야기는 개인적인 생각과 해석이지만 이를 통해 구독자들은 책에 대한 색다른 시각이나 정보를 얻는다. 이처럼 제공하는 인사이트에서 콘텐츠와 유튜버의 매력이 나온다고 할 수 있다.

책 내용을 깔끔하게 정리하고 그것을 7~8분 안에 풀어낸다는 것도 좋은 점이다. 리뷰를 단순한 사실로만 채우지 말고 자신의 주관을

〈시한책방〉의 콘텐츠들. 콘텐츠 업
로드뿐만 아니라 구독자와의 소통
에도 꾸준히 노력을 기울이고 있다.
출처: 〈시한책방〉 유튜브

담아내면 그에 호응하는 사람들이 조금 더 쉽게 구독하게 된다. 다른
북튜브 채널 〈유투북〉에서 북튜버가 자주 보는 북튜브 채널 중 하나
로 〈시한책방〉을 언급한 적이 있다. 해당 영상에서는 구독자와 소통
을 잘한다는 것을 〈시한책방〉의 장점으로 꼽았다. 그런데 이건 사실
구독자에 비해 댓글이 많지 않은 편이어서 가능하지 댓글이 영상마다
몇 백, 몇 천 개씩 달리면 지속하기 어렵긴 하다. 그래도 구독자의 댓
글에 꼬박꼬박 답글을 달며 소통하는 것은 유튜버의 호감도를 높이는
강점이 될 수 있다.

**지금 모르면 안 되는
7가지 유튜브 트렌드**

앞서 유튜브를 1세대와 2세대로 구분을 했었는데, 2세대 유튜브의 특
징을 정리할 필요가 있다. 그래야 시대적 흐름과 상황적 변화를 인지
하여 자신의 콘텐츠를 기획할 때 뒤처지지 않을 수 있기 때문이다. 최
근 들어 생긴 유튜브 경향성을 크게 7가지로 정리해보았다.

1. 전문가의 유입

1세대와 2세대를 구분하는 핵심이 바로 전문가들의 유튜브 채널 개
설이라고 할 수 있다. 변호사, 강사, 의사, 회계사, 요리사 등 다양한
전문직 종사자들이 유튜브에 채널을 개설했다. 전문직 중에서도 특히
유튜브에 다수 등장한 직업군은 일차적으로 더 많은 소비자를 만나

영업의 기회를 넓히면 도움이 될 직업이다. 그런데 이 같은 전문가들 뿐만 아니라, 마케터나 편집자, 승무원 등 영업이 필요하지 않은 전문 가들도 직종의 특성을 살린 콘텐츠로 유튜브를 시작하는 경우가 많아 졌다. 특정 직업에 대한 전문적인 정보를 가진 이들은 그 직군 종사자 로서의 여러 가지 얘기를 해준다. 대표적인 채널 중에는 전직 은행원 의 경험을 살려 실생활에 유용한 금융 지식을 알려주는 〈댈님〉이 있 다.[3] 이 채널에는 '6%대 적금 리뷰', '전세 1억 원짜리 집 월 10만 원 에 사는 법' 등의 콘텐츠가 올라온다. 일반인들은 알기 힘든 금융 정 보를 다루고 있어 좋은 반응을 얻고 있다.

이런 경향과 함께 유튜브에 올라오는 콘텐츠의 퀄리티가 전반적 으로 높아지고 있다. 유튜브는 광고를 집행하는 플랫폼이므로 콘텐츠 의 질이 높아지는 이런 분위기를 당연히 환영한다. 앞으로도 질이 낮 은 영상들은 점점 외면받고, 질 좋은 정보를 제공하는 콘텐츠들이 유 튜브의 지지를 받을 것이다.

2. 방송꾼들의 등장

한때는 지상파 방송만이 진정한 방송이라며, 방송인들이 종편 방송에 출연하는 것도 꺼리던 분위기가 있었다. 하지만 지금은 너도나도 유 튜브 진출에 목을 매고 있다. 일정한 시간에 일정한 장소에서만 시청 이 가능한 TV는 적극적이고 활동적으로 영상을 소비하는 요즘 세대들에게는 적합한 플랫폼이 아니다. 반면 유튜브는 대중의 선택을 받으며 점점 기존의 TV 방송이 가진 영향력에 근접한 힘을 가진 매체로 거듭나고 있다. 그러다 보니 방송인도 방송인이지만 PD나 프로그램 기획자들의 본격적인 유튜브 진출이 눈에 띈다. JTBC는 연예인 박준형을 앞세워 〈와썹맨〉이라는 채널을 개설해 1년 만에 200만 명의 구독자를 가진 채널로 키운 저력이 있다. 이 기세를 몰아 앞서도 소개했던 〈워크맨〉은 더 짧은 기간에 구독자 300만 명이 넘는 채널로 키워냈다. 역대급 인기를 누리고 있는 펭수 캐릭터를 만들어낸 〈자이언트 펭TV〉 역시 사실상 EBS 방송국의 결과물이다.

이렇듯 요즘 잘나가는 채널을 만든 사람들은 모두 방송 전문가들인데, 이와 같이 소위 '방송꾼'들이 앞으로 유튜브 콘텐츠 제작에 더 진지하게 접근했을 때 어떤 결과가 만들어질지 무서울 정도로 그 기세가 대단하다. 방송꾼들이 방송국의 지원을 등에 업고 파상공세를 펼치면 기존의 가내수공업 유튜버들은 맥을 못 추고 떨어져나갈 수밖에 없다. 특히 요즘은 연예인들의 유튜브 채널 개설 소식이 속속 들리고 있다. 이제 일반인들의 애매한 연예인 흉내 콘텐츠는 더 이상 통하지 않는 시대가 온 것인지도 모른다.

3. 유튜브 러닝

조금 더 고도화된 정보들은 아예 강의 형식으로 유튜브에 올라오기도 한다. 기존에는 동영상 강의 시장의 진입 장벽에 부딪힌 신규 강사들이 유튜브에 무료 강의처럼 콘텐츠를 올렸는데, 요즘은 스타 강사들도 유튜브 활동에 나서기 시작했다. 그래서 이제는 현역 프로 강사들의 강의도 유튜브에서 흔하게 만날 수 있다.

유튜브의 기존 교육 채널들은 어느 정도 자리를 잡았고, 새로운 채널들이 늘었다. 〈혼공TV〉 채널 같은 경우는 강의 경험이 풍부한 현직 영어 교사가 운영하는 영어 교육 채널이다. 유튜브 이전에는 이런 강의를 듣기 위해서 수업료를 내는 것이 당연했다. 하지만 이제는 다르다. 지금 유튜브에는 정말 다양한 교육 채널들이 존재한다. 영어 같은 경우는 얼마든지 혼자 커리큘럼을 구성해서 유튜브로 학습이 가능할 정도다.

무엇보다 중요한 것은 '유튜브로도 공부가 되겠다'는 사람들의 인식이다. 실제로 10대부터 60대까지 연령을 불문하고 유튜브의 러닝 콘텐츠를 활용하는 사람이 늘었는데, 이 중 50.15%가 유튜브 덕분에 학원의 필요성이 줄거나 아예 사라졌다고 밝혔다.[4] 게다가 유튜브에서는 국경이 의미가 없어서 구독자 수가 200만 명이 넘는 외국 채널 〈Rachel's English〉를 보며 영어를 공부할 수도 있다. 훨씬 더 '고급스러운' 선택이 가능한 것이다. 영어를 예로 들었지만, 앞으로도 유튜브에는 여러 가지 분야에서 양질의 강의가 올라올 것이다. 그러니 이제는 필요한 강의를 들을 수 없는 게 문제가 아니라 검색하면 나오는 그 많은 무료 강의 중에서 나에게 잘 맞는 강의를 어떻게 찾느냐가 화두가 될 것이다.

4. 기업의 유튜브 채널 운영

기업들이 자사의 이름을 내건 유튜브 채널을 개설하기 시작했다. 기업은 늘 개인보다 한발 늦기 때문에, 죽어가는 페이스북을 계속 붙잡고 애쓰다가 이제야 "가야 할 때를 분명히 알고 가는 이의 뒷모습은 얼마나 아름다운가"를 깨달은 모양이다. 그러나 지금은 유튜브가 2세대로 넘어간 상황이라 구독자 모으기가 쉽지 않다. 특히 SNS의 속성이 강한 유튜브의 유저들은 기업 채널을 구독하는 것에 인색하다. 최근 기업들은 페이스북에 대한 미련을 버리고 유튜브 채널을 만들거나 예전에 개설했지만 활용하지 않았던 채널을 활성화하기 시작했는데, 생각보다 성과가 안 나와서 담당자들이 당황스러워하는 중이다.

페이스북이나 블로그라면 정보를 텍스트와 사진으로 간결하고 재미있게 전달하는 것이 중요하다. 이와 다르게 유튜브는 영상을 찍고 편집할 수 있어야 하며, 무엇보다 기획력이 필요하다. 그래서 기업의 입장에서 유튜브 채널을 운영한다는 것은 새로운 인력을 뽑아야 한다는 것을 의미한다. 아무튼 여러 가지 이유로 기업이 개설한 유튜브가 인기를 얻은 예는 아직 많지 않고 채널의 영향력도 크지 않다.

5. 중·장년층의 유입

유튜브에서 일어나는 가장 특징적인 현상 중 하나가 50대 이상의 폭발적인 유튜브 사용이다. 2019년 4월 기준으로 50대는 51억 분의 사용 시간을 보였는데 이는 20대의 사용 시간(53억 분)과 거의 맞먹는 수치다. 예상외로 30대나 40대보다 더 많은 시간 동안 유튜브를 사용하는 것이다.[5] 높은 연령의 사람들은 스마트폰이나 인터넷의 사용에 익숙하지 않을 거라는 생각 때문에 유튜브 1세대에서는 50대 이상의 사용자가 그다지 주목받지 못했다. 그런데 이제는 스마트폰 사용이 정말 전방위로 대중화되었고, 중·장년층이 유튜브에서 그들이 원하는 것들을 찾기 시작했다.

예전 보수 정권에서 진보 인사들이 목소리를 낼 수 있는 활로를 팟캐스트에서 찾았듯이, 보수 진영이 미디어 활동을 하는 차세대 플랫폼으로 유튜브가 선택된 것이다. 보수적인 성향을 가진 사람들은 아무래도 연령대가 높기 때문에, 보수의 정치적 창구가 된 유튜브에 이들 사용자가 몰리는 것은 당연하다. 은퇴 후에 채널을 시작한 유튜버가 많아진 것도 한몫한다. 5060세대가 공감할 수 있는, '볼 만한' 콘텐츠가 많아진 것이다. 은퇴에 대한 이야기, 은퇴 후 행복을 찾아가는 방법, 자산 관리 방법, 상속에 대한 이야기 등 여러 가지 내용을 유튜브로 접할 수 있다.

사실 그동안 문화 소비의 주체는 40대 이하의 사람들이라고 인식됐다. 그래서 기존에는 50대 이상의 문화 소외가 심했다. 그러나 생산자와 소비자가 일치하는 유튜브에서 50대 이상은 스스로 맞춤형 콘텐츠를 쌓아가며 영역을 확장하고 있다. 지금 최첨단의 IT 기술이 익숙한 사람들도 점점 나이를 먹는다. 중·장년층의 유튜브 사용량은 앞으로도 무조건 늘어날 수밖에 없고, 이 세대를 위한 콘텐츠들도 더 많이 쏟아져 나올 것이다.

6. 대안 언론으로의 부상

유튜브가 대안 언론의 역할을 하는 경향이 심해진 지는 이미 오래다. 과거 진보 진영을 중심으로 팟캐스트에서 정치·사회 평론 콘텐츠가 많았는데, 그 경향이 유튜브로 이어져 최근 우파적인 성향을 띠는 채널들이 활발히 활동 중이다. 〈신의한수〉 같은 보수계의 대표 채널은 100만 명이 넘는 구독자를 가지고 있다. 이렇게 정치색을 강하게 띠는 채널은 가짜뉴스 논란이 거세다. 그런데 사실 유튜브 정치 채널의 구독자들은 팩트에 목마른 사람이라기보다는 자기 입맛에 맞는 뉴스를 듣고 싶어 하는 사람들인 경우가 많다.

문제는 TV 뉴스보다 유튜브의 뉴스 콘텐츠를 신뢰하는 사람이 점점 많아진다는 것이다. 이는 실제로 유튜브 뉴스의 신뢰도가 높아졌다는 의미가 아니라, 기존 언론에 대한 신뢰도가 현저히 낮아졌음을 의미한다. 옥스퍼드대학교 부설 로이터저널리즘연구소의 〈디지털 뉴스리포트 2019〉에 따르면 한국의 언론 신뢰도는 22%로 조사되어 조사 대상 38개국 중 꼴찌를 차지했다. 38개국 평균 신뢰도가 42%인 데 비하면 매우 낮은 수치다.[6] 기존 언론에 대한 사람들의 기대가 이렇게 바닥인 상황에서, 대안 언론으로서의 유튜브의 역할이 쉽게 없어질 것 같지는 않다. 그런 만큼 유튜브에서 만들어지는 가짜 뉴스 문제도 계속 불거질 전망이다. 특히 선거가 있는 해에는 더욱더 뜨거운 감자가 될 것으로 보이는데, 정치적인 사안인 만큼 유튜브 측에서도 개입하기가 쉽지는 않다.

7. 플랫폼 규제 강화

유튜브 2세대에 들어서 달라진 점은 유튜브가 유튜버들을 규제하기 시작했다는 것이다. 특히 아동용 콘텐츠와 관련해 유튜브는 규제를 통한 자정에 힘쓰고 있는데, SBS의 대표적인 사회 고발 프로그램인 〈그것이 알고 싶다〉에서 키즈 유튜버의 명과 암을 다룰 정도로 사회적 관심도 높은 만큼 키즈 채널 유튜버의 자유는 점점 축소될 것으로 보인다. 키즈 채널에 대해서는 미국에서도 문제가 되어 아동에 관한 콘텐츠를 올리는 유튜버에 대한 가이드라인이 강조되고 있다. 키즈 채널 말고도 유튜브는 저작권을 침해한 콘텐츠나 퀄리티가 현저하게 떨어지는 영상을 올리는 채널을 임의로 삭제하기도 한다(유튜버들은 이를 '채널 폭파'라고 부른다). 수익 창출을 막아서 유튜버가 스스로 문제가 되는 영상을 삭제하도록 유도하는 경우도 많다. 그래서 아예 요즘은 처음부터 문제가 될 만한 영상을 만들지 않는 분위기가 형성되고 있다.

또한 크리에이터로서 유튜버들의 수준이 전반적으로 점점 향상되는 추세다. 유튜버들이 스스로 유튜브 생태계 내에서 자정 노력을 하기도 한다. 아프리카TV BJ가 문제를 일으켜 크게 언론에 보도되는 경우에 이 논쟁이 유튜브로 이어지긴 해도, 유튜브 콘텐츠가 사회적으로 큰 문제가 되는 사례는 보기 드물다. 예전에는 이른바 '저격 영상'이라고 하여 다른 사람을 공개적으로 비난하는 자극적인 영상으로 조회 수를 챙기는 경우도 있었는데, 이 역시 점점 줄어드는 추세다. 속셈이 뻔히 보이기 때문이고 저격하는 당사자 역시 남들에게 다시 저격당하기 십상이어서 그렇게 채널을 키워봤자 '모래 위에 쌓은 성'이라는 것을 인지했기 때문이다.

2세대에도 변하지 않는
유튜브의 2가지 핵심

▶

유튜브를 1세대와 2세대로 나눠서 최근 2세대가 되면서 일어나는 변화와 특징들에 대해서 살펴보았다. 그런데 사실 1세대에서 2세대로 넘어오는 와중에도 변하지 않은 것들이 있다. 이미 바뀐 것보다는 바뀌지 않은 부분이 조금 더 중요하다. 지금 유튜브를 시작하는 사람이 꼭 알아야 할 본질적이고 핵심적인 내용이다.

2세대에도 바뀌지 않은 대표적인 유튜브의 특징으로는 2가지가 있는데, 첫 번째는 유튜브 콘텐츠의 경쟁력은 결국 기획력이라는 것이고 두 번째는 누구나 인정할 만큼 완벽한 기획을 해도 실행하지 않으면 아무 일도 일어나지 않는다는 사실이다. 한마디로 압축하면 이렇다. **기획하고 바로 시작하라.**

유튜브는 기획이 90%다

유튜브 채널을 운영하는 데 있어 제일 중요한 것은 무엇일까? 유튜브를 하는 입장이 아니라 보는 입장에서 보자면 외모, 말발, 영상 편집 기술, 장비, 유명세 등 여러 요소들이 전부 중요한 것 같지만, 사실 이 모든 것은 부차적인 요소다. 유튜브의 전체 요소를 100이라고 한다면 이런 것들은 다 합쳐도 10도 안된다. 심지어 요즘은 얼굴이 잘 알려진 연예인이 유튜브를 해도 구독자 몇 만 명을 넘기가 힘들어지고 있다. 일례로 대중에게 익숙한 방송인 서경석의 유튜브 채널 〈서경석TV〉의 구독자는 7만 명이다. 1년 동안 구독자 7만 명을 모으는 것은 일반인들이 결코 쉽게 달성할 수 있는 일은 아니지만, 방송을 통한 채널의 홍보가 가능하고 펭수를 비롯해 화려한 라인업의 게스트 동원한다는 점을 감안하면 엄청난 숫자는 아니다. 이는 이제 연예인들이 채널을 개설한다고 무조건 구독 버튼을 누르는 시대는 갔다는 것을 증명한다.

구독자를 끌어들이고 유지하는 것은 90%가 기획이다. 이 '기획'이라는 말은 그 채널의 목적, 가치, 콘텐츠 계획, 구성, 커뮤니티 운영 방안 등의 요소를 다 고려해야 함을 의미한다. 그래서 우리가 흔히 유튜브 기획이라는 말을 할 때는 '한 채널의 철학이며 그에 따른 구체적인 운영 계획' 정도의 의미로 쓰게 된다. 그리고 이 정도는 담고 있어야 비로소 채널 기획이라는 말을 쓸 수 있다. 가령 오늘은 어떤 콘텐츠를 올리고, 다음 주에는 어떤 것을 올리고, 다음 달에는 어떤 것을

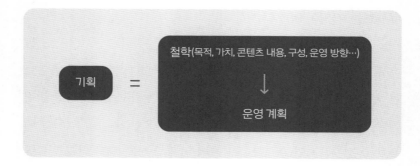

올릴까를 결정하는 것은 기획이라고 하기에는 모자라다. 이는 콘텐츠 업로드 계획 정도로 볼 수 있을 것이다. 기획이 잡혀 있으면 무엇을 올릴지 고민하는 것이 아니라 무엇부터 올려야 할지 고민하게 된다. 할 만한 게 없어서 걱정이 아니라, 할 게 너무 많아서 걱정을 하게 된다는 얘기다.

기획의 가장 큰 역할은 채널의 방향성을 잡아주는 나침반이 되는 것이다. 예를 들어서 자신의 일상을 브이로그로 올리고 싶어 하는 유튜버가 있다고 해보자. 이 사람은 처음에는 의욕이 충만해서 유튜브를 시작하는 이야기부터 산책하기, 맛집 가기, 쇼핑하기 등 일상 속 에피소드들을 영상으로 만든다. 그리고 적당히 구독자가 모이면 구독자 100명 달성 기념 이벤트, 200명 기념 선물 나눔 등의 영상을 만들 것이다. 그런데 1년 후에는 어떨까? 1년이라는 시간 동안 이 유튜버의 일상의 모든 것이 콘텐츠에 활용됐다. 한 바퀴 트랙을 다 돈 것이므로 더 이상 일상에서 새로운 콘텐츠가 나오기 힘들다. 구독자가 많으면 무리해서라도 브이로그 외에 이런저런 시도를 하겠지만, 구독자 수는 정체되어 있다. 사실 1년까지 갈 것도 없다. 채널을 만든 지 몇 개월만 지나도 이미 여행이라든가 먹방, 책 소개 같은 영상으로 콘텐츠의 결이 달라져 있을 확률이 크다. 일상이라는 주제는 한계가 너무나 분명하기 때문에 지속 가능한 소재들을 찾다 보면 웬만한 사람들이 모두 한 번씩 눈길을 주는 소재를 건드리게 되어 있다. 하지만 원래 채널 정체성과는 관계가 없는 이런 소재들은 브이로그를 보고 채널을 구독한 사람들에게는 흥미로운 주제가 아니니 이 채널은 정체성이 애매해진다. 결국 나중에는 영상이 한 달에 한 번이나 올라올까 말까 하는 그런 좀비 채널이 될 것이다.

그냥 '기획'이라고만 하면 여러 가지 함의들이 있다 보니 이것을 조금 더 분석적으로 볼 필요가 있다. 유튜브 채널을 기획하는 행위에는 크게 콘셉트, 플래닝, 구성안, 커뮤니티 운영 계획 등을 생각할 수 있다. 조금 구체적으로 살펴보도록 하자.

기획할 것	=	콘셉트+플래닝+구성+커뮤니티 운영

❶ 콘셉트

채널의 콘셉트는 채널의 목적이자 그 채널의 존재 가치다. 채널에 올라오는 영상은 그것이 만들어진 목적이 분명하게 드러나야 한다. 정보를 전달한다든가, 재미를 준다든가, 평소에 먹는 걸 자랑하겠다든가, 투병기를 기록하겠다든가 하는 식으로 목적이 명확해야 시청자가 구독 버튼을 누를지 말지 판단할 수 있는 근거를 제공할 수 있다. 자신이 정한 목적에 맞게 실제로 영상이 만들어지고 채널이 운영되는지의 여부가 그 채널의 가치라고 보면 된다. 예를 들어 '중고차 관련 정보를 정확히 전달함으로써 중고차를 매매할 때 사기당하지 않도록 도움을 주겠다'는 것이 채널의 콘셉트라고 해보자. 그러면 '중고차 정보를 정확히 전달'하는 것이 채널의 목적이고, '중고차 사기를 예방하는 데 도움을 준다'는 것이 가치가 되는 것이다.

기획을 할 때 먼저 생각해야 할 채널의 목적과 가치는 함께 가는 것이다. 그 채널의 목적이 그 채널이 지향하는 가치가 되기 때문이다. 다른 예를 들면, 어떤 채널의 목적이 '아빠의 육아를 가감 없이 보여주겠다'는 것일 경우 그 채널이 비슷한 상황에 놓인 다른 아빠들과 실패를 줄이는 효과적인 육아법을 공유하고 공감대를 형성할 수 있는

‖ ▶‖ 🔊   유튜브 지금 시작하시나요?

장이 될 것이라 예측할 수 있다.

요리처럼 이제는 다소 흔해진 주제라도 사용자의 관심을 끌 수 있는 방법이 분명히 있다. 그냥 무조건 이것저것 요리하지 말고, 'TV 레시피 따라쟁이' 같은 이름으로 요리 채널을 만들면 된다. 말로 하면 막연한 레시피를 현실에서 따라 할 때 생기는 애매한 상황을 영상에서 생생하게 보여줄 수 있다. 설탕 한 스푼이라고 하면 그 한 스푼이 밥숟가락으로 한 스푼인지 찻숟가락으로 한 스푼인지 헷갈리는데, 영상을 보면 이 정도 숟가락으로 이만큼 넣으면 된다는 것을 알 수 있다. 레시피의 애매함을 해결하고 TV에 나왔던 바로 그 요리를 똑같이 완성하게 도와준다는 가치가 생기게 된다. 이런 경우는 가치가 먼저고 그 가치를 실현시키는 구체적인 방법이 목적이다. 이런 것을 채널의 콘셉트라고 부른다.

콘셉트를 만드는 시작은 공란을 채우는 것이다

브이로그 → "초보 직장인" 브이로그, "육아하는 아빠의" 브이로그
요리 콘텐츠 → "TV 레시피 따라 하는" 요리 콘텐츠, "글로 배운" 요리 콘텐츠

앞서 좀비 채널이 된 브이로그 채널을 운영하던 유튜버의 이야기를 다시 생각해보자. 주제가 일상이라 하더라도 처음부터 분명한 콘셉트가 있다면 사정은 나아졌을 것이다. '초보 직장인의 일상', '육아

아빠의 일상'이라면 똑같이 브이로그를 찍어도 더 선명한 콘텐츠가 나온다. 초보 직장인 채널이라면 신입 사원이 겪는 여러 가지 상황들이 전부 콘텐츠가 될 수 있다. 주체가 '나'가 아니라 '초보', '직장인'이기 때문에 소재도 다양하게 확장할 수 있다. 책을 한 권 읽어도 '초보 직장인의 독서', '3개월 차 직장인에게 추천하는 책' 같은 콘텐츠를 만들 수 있는 것이다. 캐릭터의 틀이 이미 잡혀 있기 때문에 브이로그가 아닌 다른 내용의 영상을 올려도 채널의 정체성에서 벗어나지 않는다. 육아 아빠 채널이라면 여행을 가도 '아빠와 아이가 함께하는 여행'이라는 타이틀을 붙일 수 있다. '여행 전에 아이와 짐 싸는 법'이라든가, '지루한 차 안에서 아이와 할 만한 놀이' 같은 영상을 찍어도 육아하는 아빠라는 방향성은 여전히 같기 때문에 구독자들도 헷갈려 하지 않는다.

어떻게 보면 채널의 콘셉트란 내가 이 채널에서 무엇을 보여줄지에 대한 구독자와의 약속이다. 그렇기 때문에 처음부터 약속의 내용을 분명하게 밝혀두어야 구독자를 모으기도, 그 구독자를 유지하거나 확장하기도 쉬워진다.

❷ 플래닝

〈편집요정 도비〉는 유튜브 편집자가 일하면서 느낀 점, 노하우, 편집자의 생활이나 작업 환경 등을 나누는 채널이다. 이 채널을 운영하는 유튜버 도비는 편집자인 동시에 유튜버로도 활동하고 있다. 그녀는 유튜브 영상 편집 작업 의뢰를 받을 때 채널의 콘셉트와 10개 이상의 콘텐츠 계획을 요구한다. 이에 대해 영상 3~4개만 올리고 포기하는 '꼴'을 너무 많이 봐서 정한 룰이라 밝히기도 했다. 영상 편집 의뢰를 받으면 그에 맞춰 작업 시간을 빼놓아야 하고 월 단위로 계획도 세워야 하는데, 용두사미가 되는 채널 때문에 생기는 차질을 최소화하고 싶은 것이다. 이 이야기를 뒤집어보면 10개 정도의 콘텐츠 계획이 없는 유튜버는 결국 유튜브를 접게 된다는 뜻이 된다.

콘셉트가 정해져 있는 상태에서 10개의 콘텐츠가 구상되면 채널을 계속할 수 있다. **즉, 콘텐츠 계획을 세운다는 것은 곧 그 채널이 일관성과 연속성을 가지게 된다는 말이다.** 사실 꼭 10개가 아니라 9개의 콘텐츠만 계획할 수 있어도 괜찮다. 9개 콘텐츠가 있는데 10개, 11개 계획이 떠오르지 않겠는가? 하지만 대여섯 개 정도의 영상을 구상하기도 벅차다면 유튜브 준비를 일단 멈춰야 한다. 그런 콘셉트와 기획으로는 결코 유튜브를 오래 지속할 수 없다. 시작해봤자 3개월이 지나면 좀비 채널로 전락할 가능성이 높다.

얼마 전 은퇴한 모 대학의 부처장님이 이제 유튜버가 되고 싶다며 내게 문의를 해온 적이 있다. 그동안은 학교에 매여 있느라 여행을 제대로 못 가봤기 때문에 국내의 좋은 곳을 돌아다니며 여행 영상을 찍겠다는 나름의 계획도 있었다. 나는 주제가 너무 광범위하니 이를 좁히는 게 좋겠다는 조언을 드렸는데, 그분은 여행할 때 숙소는 따로 잡지 않고 캠핑장을 이용할 생각이라고 했다. 그러면서 "그럼 일단 서울의 난지캠핑장부터 시작을 하는데, 거기는 예약하려면……" 하고 술술 이야기를 쏟아내는 것이 아닌가. 이게 바로 콘텐츠다. 당장 전국

의 캠핑장 리스트만 뽑아도 금세 10개의 계획을 세울 수 있다. '서울에
도 캠핑장이?'라는 시리즈가 하나 나오고, 전국의 가성비 좋은 캠핑장
을 소개하는 '가성비 캠핑장' 시리즈도 나온다. '겨울철 캠핑은 어디에
서?' 시리즈도 좋겠다.

그렇다면 채널 운영을 시작할 때 100개쯤 계획을 세워놓는 게 더
좋지 않은가 하는 사람도 있겠지만, 채널을 시작한 다음에는 구독자
의 피드백이나 트렌드에 따라 콘텐츠에 조금씩 변화를 줘야 한다. 그
래서 너무 장기적인 계획을 마련해두는 것도 딱히 바람직하지 않다.
내가 운영하는 〈시한책방〉은 책을 소개하고 리뷰하는 채널이기 때문
에 시류를 타지 않을 거라 생각하는 사람들이 많다. 그러나 다수가 한
데 모이는 뉴미디어의 특성상 사회의 흐름과 상관없는 콘텐츠란 없
다. 예를 들어 일본의 경제 보복 때문에 일본 상품의 불매 운동이 벌
어진 상황에서 일본 소설을 소개하기는 어렵다. 유튜버라면 트렌드나
사회적 상황을 기민하게 파악하면서 채널을 운영해야 한다. 방송사도
시대 흐름에 발맞추기 위해서 1년에 두 번은 개편을 하는데, 유연함
과 자유로움이 최고의 장점인 유튜브에서 굳이 공무원 마인드로 콘텐
츠를 만들 필요는 없지 않을까?

❸ 구성

여기서 구성이란 기획한 내용을 영상에서 어떤 형식으로 보여줄 것인
지 구조를 짜는 것을 말한다. 전자 기기를 리뷰하는 채널을 만든다고
해보자. 유튜버 혼자 등장해서 제품을 보여주면서 할지, 제품과 관련

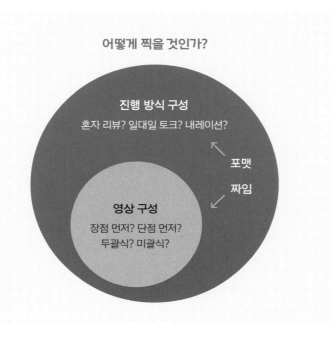

어떻게 찍을 것인가?

진행 방식 구성
혼자 리뷰? 일대일 토크? 내레이션?

포맷
짜임

영상 구성
장점 먼저? 단점 먼저?
두괄식? 미괄식?

자막을 보여주며 내레이션만 깔지, 두 명이서 진행하는 토크 형식으로 갈지 등 영상을 구성하는 방법이 매우 다양하다. 그러니 무슨 콘텐츠를 할지 정해졌다면 영상을 찍기 전에 먼저 진행 방식을 정해야 한다. 일종의 포맷을 정하는 거다.

그다음은 영상 구성이다. 영상의 구성은 짜임새 있게 만들기가 은근히 어렵다. 방송 작가는 분야에 따라 크게 드라마 작가와 구성 작가로 나뉜다. 드라마 작가가 드라마를 기획하고 스토리를 만드는 일을 한다면, 구성 작가는 시사·교양이나 예능 프로그램에서 프로그램 얼개를 만들고 그에 맞는 대본을 쓰며 프로그램 구성에 따라 출연자를 섭외한다. 이처럼 방송의 구성을 잡는 것은 전문가를 따로 두어야 할 만큼 생각보다 쉽지 않은 일이다. 노트북 리뷰를 한다고 해도 장점부터 이야기할 수도 있고 단점부터 이야기할 수도 있다. 언박싱으로 보여줄 것인가? 2개월 정도 사용해보고 보여줄 것인가? 아니면 쓰면서 틈틈이 영상을 찍어놓고 몇 개월 치를 편집해서 한 번에 보여줄 것인가? 이게 모두 영상 구성의 문제다.

구성은 한번 잡아놓으면 그대로 틀이 되어서 콘텐츠를 이어가기에 좋다. 안정적으로 운영되는 채널에 고정적으로 올라오는 영상들의 구성을 보면 하나같이 큰 틀을 갖추고 있다. 유튜브뿐만 아니라 예능 같은 TV 프로그램도 마찬가지다. 전체 구성은 정해두되, 출연자나 내용을 바꿔가며 다양한 시도를 할 수 있다. 정형화된 틀이 식상하지는 않을까 걱정할 수도 있겠으나 채널에 올라오는 영상을 꼬박꼬박 봐주는 고마운 구독자는 생각만큼 많지 않다. 가끔 영상을 몇 개 챙겨보는 일반적인 시청자들은 오히려 고정적인 구성에서 친숙함을 느낄 것이다. 다음에는 어떤 영상이 올라올지 어느 정도 예측할 수 있어 채널의 정체성도 안정적으로 구축할 수 있다. 따라서 정기적으로 올리는 영상은 그 구성을 미리 정해두는 것이 좋고, 가끔 변화를 주고 싶다면 코너 영상이나 특별 영상을 만들어 올리면 된다.

❹ 커뮤니티 운영 방안

유튜브 커뮤니티를 만들라고 하니 네이버 카페를 만들어야 하는 것으로 오해하는 사람들도 있다. 유튜브 커뮤니티란 별도의 플랫폼이나 온라인 공간을 가리키는 것이 아니다. 구독자가 채널을 마치 커뮤니티처럼 느끼게 하는 것이다. 단순히 그렇게 느낌만 줄 수도 있고 다른 온라인이나 오프라인 모임으로 연결할 수도 있다. 유튜버가 감당할 수 있는 범위에 따라서 운영 방식은 다양하다. 유튜브 최고 비즈니스 책임자^{CBO}인 로버트 킨슬이 쓴《유튜브 레볼루션》에서는 성공한 유튜버들의 비결 중 하나로 커뮤니티 조직 능력을 꼽았다.[7] 구독자를 만드는 것도 중요하지만, 구독자에게 구독에 대한 가치를 제공하는 것이 더 중요하다고 한다. 유튜브는 SNS 같은 성격이 강하기 때문에 이 특성을 염두에 두지 않을 수 없다. 다시 말해 '소셜'을 고려한 계획이 필요하다. 유튜버와 구독자 간의 유대감을 형성할 수 있는 여러 가지 활동들을 생각해보자. 구독자들과 다 같이 오프라인에서 만나거나 함께 할 수 있는 활동을 기획하는 적극적인 커뮤니티 운영도 있을 수 있지만 이런 오프라인 모임은 구독자가 몇 만 명 단위로 확보되어야 추진해볼 만한 사항이고, 이제 막 시작하는 경우라면 온라인상에서 할 수 있는 현실적인 일부터 시도하는 것을 추천한다.

가장 쉽게 할 수 있으면서 필수적으로 해야 하는 일이 하나 있다. BTS의 팬클럽을 아미라고 부르고, 트와이스의 팬클럽을 원스라고 부르듯이 내 채널을 구독해주는 사람들에 대한 애칭을 정하는 것이다. 애칭을 정해두면 구독자로 하여금 '우리'라는 소속감을 느끼게 할 수 있다. 처음 영상을 보고 구독한 사람이라면 애칭을 비롯해 해당 채널 구독자들끼리 관용적으로 사용하는 표현을 잘 모를 수 있다. 이런 걸 기존의 다른 구독자들이 알려주기도 하면서 점차 유대감을 쌓는 것들

구독자가 생겼을 때 꼭 해야 하는 2가지

내 채널의 구독자 애칭 정하기
구독자의 댓글에 댓글 달며 소통하기

이 하나의 커뮤니티 형성 과정이다. 나는 〈시한책방〉 구독자 분들을 '지구인'이라고 부른다. '지식구독인'을 줄인 말인데, 처음에는 조금 손발이 오그라들 수도 있지만 계속하다 보면 나중에는 오히려 단순하게 '구독자님들'이라고 부르는 것이 더 어색해질 것이다.

채널 운영자의 활발한 댓글 활동도 필요하다. 댓글을 달면 2가지 효과를 얻을 수 있다. 우선 구독자들과 직접 교감할 수 있어서 커뮤니티의 충성도를 높일 수 있고, 또 유튜버가 영상에 달린 댓글을 일일이 확인하고 답글을 달 경우 그래도 악플이 조금 덜 달린다. 물론 처음부터 악의를 가지고 댓글을 다는 악플러들이야 유튜버가 그러든 말든 아랑곳하지 않고 나쁜 말을 쓴다. 그런데 악플이라고 보기는 애매하지만 신경은 쓰이는, 투덜투덜하는 정도의 댓글을 쓰는 사람들이 있다. 이들은 대개 유튜버가 보지 않을 것이라 여기고 별생각 없이 댓글을 단다. 유튜버가 직접 댓글 활동을 하면 이런 댓글들은 확연하게 줄어든다. 부정적인 댓글이 줄면 악플 수도 적어진다. 사실 커뮤니티 운영에는 많은 시간과 정성이 필요하다. 어느 정도까지 할지는 자신의 채널 운영 목적에 따라 정해야 할 것이다.

가장 중요한 것은 '시작'하는 것이다

사용자에게 내 채널의 구독 이유를 만들어주는 것이 기획이다. 하지만 아무리 기획을 잘해도 유튜브를 시작하지 않으면 아무 소용이 없다. 조상님이 하늘의 일급 기밀을 훔쳐다가 누설해준 로또 당첨 번호를 꿈에서 보고도 로또를 사지 않는 것과 마찬가지다. 당연한 말이지만 가장 중요한 것은 시작하는 것이다. **기획이라는 단계를 거치면 바로 시작으로 들어가야 한다.** 말하자면 이런 모양이다.

사실 이 모형은 지나치게 단순하다. 현실은 조금 다르다. 시작하기 전에 완벽한 기획을 하는 것은 불가능하기 때문이다. 유튜브 채널을 열기 전의 기획에는 구독자가 빠져 있다. 채널 운영 과정에서 구독자들의 반응과 피드백을 조금씩 반영해야 채널이 보다 건강해질 수 있다.

유튜브의 가장 큰 특징은 사용자들과 한 공간에서 거의 직접적으로 만날 수 있다는 점이다. 시청자의 의견을 가감 없이 들을 수 있고 필요하면 바로 다음에 올릴 영상에서 그 의견을 더할 수 있다. 지상파 방송이라면 적어도 3~6개월이 걸리는 일이다. 시청자들의 반응을 직접 듣기도 힘들다. 몇몇 방송 전문가들의 의견을 피드백으로 삼아야 하는데, 전문가란 '어떻게 하면 일반인들과 다른 의견을 낼 것인가'를 고민하는 사람들이므로 현실의 진짜 반응과는 더욱 멀어지기 쉽다. 게다가 방송 프로그램 하나를 제작하는 일은 결코 만만치 않다. 제작진과 출연진을 세팅하고 세트를 만들고 외부 섭외까지 하는 진행 과정에는 품이 무척 많이 든다. 그렇다 보니 일반적으로 TV 예능 프로그램을 새로 론칭할 때는 4주 정도의 방영분을 미리 만들어놓는다. 요즘에는 드라마도 사전 제작을 하는 경우가 많다. 이렇게 일단 완성된 분량이 있으니 시청자들의 반응이 안 좋더라도 과감하게 손쓰기 어려운 것이다. 방송국 결정권자들의 나이가 많다는 것 역시 TV 프로그램의 경쟁력이 떨어지는 또 다른 이유다. 방송국은 기업과 다름없으니 당연히 방송물 하나를 만드는 데도 복잡한 결재 과정을 거쳐야 할 것이며, 그중에는 방송이 아니라 기업을 위한 결정을 하는 사람도 반드시 있기 마련이다. 기존 TV 방송국들이 개인이 하는 유튜브 채널과의 경쟁에서 가장 불리한 이유가 바로 여기에 있다.

유튜브 방송이 유연하고 가볍다고 해서 그 경쟁력까지 가벼운 것은 아니다. 2019년 7월 25일, MBC 노동조합 페이스북에 '주저앉아 종말을 기다릴 수는 없다'라는 글이 올라왔다. 글은 이렇게 시작됐다. "어제 하루 MBC 광고 매출액이 1억 4000만 원을 기록했다. 손이 떨려 아침마다 광고 실적을 확인하기 두려울 정도다. 임직원 1700명의 지상파 방송사의 광고 매출이 6살 이보람 양의 유튜브 방송과 비슷해

유튜브 지금 시작하시나요?

졌으니, MBC의 경영 위기가 아니라 생존 위기가 닥친 것이다." MBC 라는 브랜드가 가진 광고 경쟁력이 〈보람튜브〉라는 유튜브 채널 하나 와 같아졌다는 이야기다. 매출이 같다면 순이익 면에서 MBC는 당연 히 〈보람튜브〉의 상대가 될 수 없다. 유튜브 콘텐츠가 기존의 TV 프 로그램보다 가볍다고 여기는 사람들이 많은데, 수익을 내는 경쟁력은 결코 가볍지 않음이 드러난 사례였다. 수익 측면에서만 보면 오히려 방송보다 유튜브가 훨씬 효과적일 수 있다.

유튜브의 라이트한 느낌은 1인 방송 시스템에서 나온다. 유튜브에 서는 프로그램을 새로 만들고 론칭하고 피드백을 얻고 수정하기가 굉 장히 쉽다. 좋은 콘텐츠가 생각났을 때는 완성도를 높이려 혼자 끙끙 대지 말고 러프하게 만들어 자신의 채널에 올려라. 금방 피드백을 얻 을 수 있다. 그러므로 유튜브 시작의 바람직한 모형은 위와 같은 4단 계다. 일단 기획을 하고 시작한 후에 피드백을 받아서 그것을 바탕으 로 보다 더 자세하게 기획을 수정하는 것이다. 즉, 시작 이전에 있는 기획은 큰 틀과 방향성이라고 할 수 있다. 앞서 설명한 대로 10~20개 정도의 콘텐츠 계획을 세운 채 시작을 하면 되지, 100개의 준비를 해놓고 시작할 필요는 없다는 말이다. 유튜브에서 완벽하게 하려고 하지 마라. **중요한 것은 시작을 해야 그에 대한 피드백도 나온다는 것이다.** 나한테 유튜브를 하고 싶다고 이야기를 꺼내는 사람들은 많은데, 그중에 실제로 유튜브를 시작한 사람은 100분의 1 정도다. 100분의 99는 만날 때마다 '하긴 해야 하는데'라고 말만 할 뿐이다. 그래서 지금은 '하긴 해야 하는데 시간이 없어서'라고 말하는 사람은 그냥 할 생각이 없는 사람으로 간주하고 정성 들여 조언하지 않는다. '채널을 오픈했는데 한 번 들어가서 보고 얘기 좀 해달라'는 요청이 훨씬 더 진정성 있다.

정말 유튜브를 하고 싶어 이 책을 읽고 있는 독자라면 책을 다 읽을 즈음에는 유튜브 채널을 개설하고, 시험 삼아 영상 하나 정도는 올린 상태였으면 한다. 그리고 지인이 아닌 유튜브의 시청자들로부터 콘텐츠 기획에 대해 평가받자. 그래야 성공하는 콘텐츠가 나오고 채널이 잘될 가능성이 커진다. 로또에 당첨되기 위해서 가장 먼저 해야하는 일은 일단 로또를 사는 일임을 잊지 말자.

(((●)))
채널 설계를 위해 참고해야 할 사이트

채널 기획에 도움이 되는 사이트들을 몇 가지 소개하고 싶다.

1) 다른 채널을 참고하고 싶다면: WATCHIN'TODAY(watchin.today/ko)

이 사이트는 유튜버나 채널 이름을 입력하면 개별 채널에 대한 분석 결과를 보여준다. 채널의 월별 수익까지 예측한 수치까지 알 수 있는데, 범위가 넓어서 아주 정확한 것은 아니지만 전체적인 동향을 읽기 좋다. 각 채널의 성장세나 조회 수, 구독자 수의 등락을 계산해서 최근에는 어떤 채널이 인기 있으며, 또 어떤 채널이 문제가 있는지 짐작해볼 수 있다.

2) 키워드 공부는 여기에서: Keyword Tool(keywordtool.io/youtube)

키워드를 검색하면 관련 유튜브 키워드를 확인할 수 있다. 영상 제목을 짓거나 채널 이름을 지을 때도 그렇고 설명에 들어갈 키워드를 적을 때 이 사이트를 이용하자. 여기에서 검색해본 뒤 이왕이면 검색량이 많은 연관 키워드를 선택하는 것이 훨씬 유리하다.

3) 유튜브 맞춤형 트렌드 읽기: Google Trends(trends.google.com/trends/?geo=US)

영상 아이템을 선정하거나 다른 시리즈를 기획할 때 전 세계적인 트렌드를 먼저 찾아보자. 유튜브를 하고는 싶은데 무엇을 해야 할지 전혀 모르겠을 때도 구글 트렌드에서 아이디어를 얻을 수 있다. 키워드별 검색량을 통해 전 세계의 유행과 흐름을 읽을 수 있다.

Chapter **3**

잘되는 콘텐츠를
기획하려면?

채널 기획 전
5대 필수 점검 사항

본격적으로 채널에 대한 세부 기획을 세우기 전에 짚어봐야 하는 것들을 5가지로 정리해봤다.

1. 수익이 1순위라면 콘텐츠 선정부터 신경 쓰자

유튜버가 되려는 누구나 돈을 벌고 싶어 하지만, 하고 싶은 콘텐츠를 즐겁게 만들면서 수익을 얻는 것과 처음부터 수익만을 목적으로 하는 것에는 큰 차이가 있다. 만약 수익을 만든다는 목적이 유튜브를 시작하게 된 계기의 90% 이상을 차지한다면 처음부터 수익성이 클 만한 콘텐츠를 찾아서 하는 것이 좋다.

예를 들어, 내가 하는 북튜브는 수익성 면에서는 최악인 아이템이다. 일단 평균적인 조회 수나 구독자 수가 적다. 채널이 정말 잘돼서 출판사의 협찬을 끌어낸다고 해도 책 한 권의 단가 자체가 낮으니 결코 큰돈이 되지 않는다. 유튜브로 당장 돈 버는 게 중요하다면 손대서는 안 되는 것이 책 소개 콘텐츠인 셈이다. 반면에 게임이나 화장품 리뷰는 수요가 많다. 관련 콘텐츠를 소비하는 사용자가 많아서 어떤 콘텐츠 하나가 빵 터지면 조회 수와 구독자 수가 폭등해 정신이 없을 정도로 바빠지고, 들어오는 협찬 금액의 단위가 다르다. IT 제품이나 자동차 리뷰는 상품의 단가가 비싸기 때문에 협찬 규모가 더 큰 분야다. 그러니까 수익만을 목적으로 한다면 처음부터 수익화가 손쉽거나 산업 자체가 큰 분야에서 판을 벌여야지, 시장이 작은 데에서는 아무리 잘나가봤자 한계가 있다.

다만 이런 분야는 당연히 치열할 수밖에 없다는 것을 염두에 두어야 한다. 그리고 오로지 수익성만 보고 전혀 관심 없던 분야에 손을 대면 영상 하나를 만들기 위해 엄청나게 많은 공부를 해야 하므로 콘텐츠 만드는 것이 그야말로 노동이 될 수 있음을 유념하자. 그래도 그로 인해 어마어마한 수익이 들어온다면 그 노동을 즐기게 될 테니, 수익성을 고려해 콘텐츠를 선정하는 것이 꼭 나쁘다고 볼 수는 없다.

2. 오래가고 싶다면 출연자가 아닌 PD가 되어라

최근 10여 년간 TV 예능 프로그램 시장은 MC 유재석의 세상이었던 것 같다. 지금까지도 최고의 영향력을 가진 방송인이라고 할 수 있는데, 그럼에도 불구하고 유재석이 이끌던 인기 프로그램 〈무한도전〉은 지난 2018년에 막을 내렸다. 김태호 총괄 PD가 지속적으로 콘텐츠를 생산해내는 것에 한계를 느꼈기 때문이었다. **프로그램을 운영할 때는 출연자의 능력과 영향력도 필요하지만 장기적인 관점에서는 PD의 역량이 더 중요하다는 것을 상징적으로 보여준 사례다.** 유튜브 채널은 몇 년 혹은 몇 십 년 너머를 바라보며 운영해야 한다. 따라서 'PD 마인드'가 무엇보다 중요하다. 코믹한 내용으로 사람들의 일회적인 관심을 끄는 데 힘을 쏟지 말고 장기적인 콘텐츠의 일관성과 방향성을 계속 고민하며 채널의 톤을 그에 맞춰가는 것이 필요하다. 어떤 때는 좀 과장하고, 또 어떤 때는 힘을 뺄 줄 알아야 한다. 채널의 전체적인 분위기, 영상의 맥락과 흐름, 해야 할 아이템과 하지 말아야 할 아이템의 선정, 비즈니스와 연결할 만한 그림 등 PD가 고려해야 할 사항들은 생각보다 아주 많다.

박막례 할머니는 구글 최고경영자CEO 순다르 피차이도 만나고 싶어 할 만큼 이름난 시니어 유튜버다. 그런데 〈박막례 할머니〉 채널을 박막례 할머니가 운영한다고 말하기는 어렵다. 박막례 할머니는 '출연'하고 있다는 표현이 더 적절하다. 채널의 운영은 박막례 할머니의 손녀인 김유라 PD가 맡고 있다. 박막례 할머니가 가진 캐릭터 자체도 참 좋긴 하지만 그런 인물을 메인 출연자로 삼아 대중에게 효과적으로 노출시킨 김유라 PD의 능력이 없었다면 지금의 영향력도 없었을 것이라 본다.

유튜브 지금 시작하시나요?

3. 유튜버의 외모가 중요할까?

유튜브를 시작하는 사람들이 상대적 박탈감을 많이 느끼는 부분이 외모다. 어느 정도 구독자를 확보한 채널은 유튜버의 외모와 상관없이 콘텐츠로만 승부할 수 있는데, 외모에 따라 그 정도를 달성하기까지 걸리는 시간이 다른 것처럼 느껴지기 때문이다. 유튜버의 외모와 구독자가 늘어나는 속도가 정비례한다고 할 수는 없지만 그래도 일정 부분 관계가 있는 것 같다. 평범한 외모의 사람과 잘생긴 사람이 비슷한 시기에 비슷한 아이템으로 채널을 만들었다고 가정하자. 볼 것도 없이 당연히 잘생긴 유튜버의 채널에 구독자가 더 몰릴 것이다.

이에 대해 해줄 수 있는 말은 '어쩌겠어?'다. 그렇게 안 생긴 것을 정말 어쩌겠냔 말이다. 외모로 큰 성공을 거둔 대표적인 유튜버로 노잼봇이 있다. 그는 몇 시간 동안 공부만 하는 영상으로 유명해졌는데, 이렇게 심심한 영상이 화제에 오른 것은 그의 잘생긴 외모 때문이었다. 몇몇 언론은 영상을 통해 구독자와 같이 공부한다는 특이한 콘텐츠로 유튜브 틈새시장을 파고든 것을 높게 평가했지만, 실제로 노잼봇의 콘텐츠를 본 많은 사람들은 '노잼봇은 콘텐츠 천재가 아니라 얼굴 천재'라고 입을 모았다. 아이돌 같은 근사한 외모를 가진 사람이 공부하는 모습을 보고만 있어도 힐링이 된다는 것이다. 노잼봇은 극장에서 팬미팅 같은 오프라인 모임을 가진 적도 있는데, 극장을 가득 채운 팬들 중 대다수는 (당연하지만) 여성들이었다. 이때 '출연자'가 〈노잼봇〉 채널의 유일한 정체성이라는 점을 눈여겨봐야 한다. 이 채널에 먹방이나 음악 콘텐츠가 올라와도 시청자에게 중요한 것은 '노잼봇'이 먹방을 하고, '노잼봇'이 음악을 한다는 사실이다. 하지만 이는 좀 특수한 사례임을 잊지 말아야 한다. 일반적으로 채널의 정체성이 오직 인물인 경우에는 콘텐츠의 확장성이 떨어진다. **출연자의 외모가 초기 구독자를 모으는 마중물이 될 수는 있을지 몰라도 외모로만 채널을 장기적으로 이끌어가는 것에는 한계가 따른다는 것을 알아야 한다.**

유튜브 같은 영상 플랫폼에서는 아무래도 예쁜 외모의 여성이 유리하다. 오죽하면 '여자'가 콘텐츠라는 말이 나왔을까. 대체로 남성 유튜버보다 여성 유튜버의 콘텐츠에 댓글이 훨씬 많이 달린다. 다시 말해 여성 유튜버가 더 활발한 구독자 참여를 끌어낸다는 것이다. 하지만 그 이면을 봐야 한다. 오로지 외모만 보고 채널을 구독하는 사람이 많은 만큼 수준 낮은 댓글이 달리거나 해당 유튜버가 불쾌한 메시지를 받게 되는 일이 많다고 한다. 이로 인한 스트레스를 호소하며 유튜브 채널을 그만둘 것을 고민하는 유튜버도 꽤 있을 정도로 심각한 문제다. 남의 외모는 부러워하지 않는 게 마음 편한 일이다. 그보다는 콘텐츠 기획에서 승부를 거는 것이 더 합리적이고 유의미하다.

4. 하고 싶은 것을 해야 오래간다

출판문화진흥원의 북튜버 지원 사업의 대상자로 선정된 적이 있다. 임명식 날 함께 선정된 북튜버들과 같이 밥을 먹었는데, 한 유튜버가 이제 지원금이 있으니 하고 싶은 콘텐츠를 만들 수 있다고 밝게 얘기했다. 돈을 벌 수 있는 콘텐츠에 집중하느라 정작 하고 싶은 것은 못했다는 말이다. 전업으로 유튜브를 하는 친구라 당연히 그럴 수밖에 없었다.

하지만 콘텐츠를 만드는 게 '일'이 되면 오래 버티기 힘들다. 유튜버가 하고 싶은 콘텐츠를 해야 영상에서도 활기가 느껴진다. 그런 긍정적인 에너지들은 채널들의 매력이 되어 더 많은 구독자를 불러 모으게 된다. 유튜버가 영상에 끌려가면 이런 선순환 구조가 깨진다. 앞서 돈이 되는 아이템을 선정하는 것도 좋다고 하긴 했지만, 수익만을 노리고 전업으로 유튜브를 시작하는 것이 아니라면 더 눈길이 가는 소재, 흥미를 느낄 수 있는 아이템으로 영상을 만들자. 때때로 수익을 위해 어쩔 수 없이 협찬 받은 아이템으로 영상을 제작하더라도 그 분야가 자신이 좋아하는 것일 때는 그나마 큰 정신적인 소모 없이 버틸 수 있다. 잊지 말자. **유튜브 채널 운영은 장기 레이스다.**

5. 첫 구독자, 첫 댓글의 행복을 잊지 말자

유튜브를 하다 보면 언제든지 문제가 일어날 수 있다. 대도서관이나 밴쯔 등의 유명 유튜버들도 구설에 오르거나 논란을 일으킨 적이 있지 않은가. 이제는 방송계에서 더 유명한 유튜버 대도서관은 잦은 지각과 휴방에 대해 해명하려다 오히려 태도 논란에 휩싸였다. 먹방 유튜버 밴쯔는 자신이 론칭한 다이어트 보조제를 허위로 광고한 혐의로 유죄 판결을 받은 이후 구독자가 크게 감소했다. 유튜버가 논란을 겪게 되는 이유는 다양하다. 유튜브 채널의 인기를 사업으로 이용하려다, 영상 안에서 던진 한마디 말 때문에, SNS에 노출된 모습 때문에⋯⋯. 원인이 이렇게 다양함에도 논란이 확대되는 양상은 비슷하다. 문제가 되는 한 가지 사안이 있다. 유튜버가 사과나 해명을 영상으로 올리면 거기에 태도 논란이 뒤따라 일어나면서 이슈가 확대된다. 이렇게 되는 근본적인 이유는 유튜버는 연예인 마인드를 가지고 있지 않은데 유튜버의 직업적 형태가 연예인과 닮아가고 있기 때문이다.

유튜버는 자신이 대중들에게 일정한 영향력을 미칠 수 있는 사람이라는 것을 스스로 의식할 필요가 있다. 언제든지 적의를 드러낼 수 있는 대중의 이중성도 유념하고 있어야 한다. 자신의 구독자들이 전부 호의로 가득할 것이라는 생각도 버리자. 그래야 말 한마디를 하더라도 신중을 기하게 된다. 어쩌면 이런 이야기가 뻔하고 식상한 말로 들릴지도 모르겠다. TV 프로그램은 치열하고 경쟁적인 환경에서 만들어진다. 쟁쟁한 출연진들 사이에서 한마디라도 더 하려면 잠시도 긴장을 놓을 수 없다. 이에 비해 스스로 콘텐츠를 만들고, 그 결과물은 내 편이나 다름없는 구독자들에게 보여주고, 그중에서도 큰 호의가 있어 라이브 방송에 들어온 사람들과 채팅을 하는 유튜브 방송 환경은 천국이나 마찬가지다. 때로는 이렇게 편리하고 접근성이 쉬운 유튜브의 제작 환경이 유튜버를 제멋대로 자란 아이처럼 만들어놓기도 한다. 스스로 경계하며 늘 마음을 다잡지 않으면 구독자 귀한 줄 모르고 아무 말이나 찍찍 뱉는 유튜버가 되고 말 것이다.

구독자 수가 1만 명 이상인 채널이라면 이미 그 채널의 주인은 유튜버가 아니라 구독자들이다. 아직 시작 단계에 있는 입장에서 이런 이야기는 그저 부럽고 먼 이야기처럼 느껴질 수도 있다. 하지만 하루아침에 몇십만 명의 구독자를 얻어 파워 인플루언서가 되기도 하는 것이 바로 유튜브 세상이다. 그러니 마음의 준비와 다짐은 미리 해놓을수록 좋다. 문제를 겪는 유튜버들은 이런 얘기를 몰라서 논란에 휩싸이는 게 아니라, 이런 생각을 하지 않고 준비하지 않다가 곤란한 상황에 처하는 것이다. 구독자가 한 명 늘 때마다 눈물 나게 고맙고, 영상 잘 보고 있다는 댓글 하나에 온종일 행복했던 그 경험을 잊지 말아야 채널 구독자가 100만 명이 넘어도 한결같은 채널의 진정성을 유지할 수 있다.

클리커는 언제
구독자가 되는가?

▶

한 번은 페이스북 피드에 어느 페북 친구의 절절한 호소가 올라온 적이 있었다.

"정말 너무들 하시네요. 제 페친이 5000명이나 되는데 이 분들 중에 10%만 유튜브 구독을 해도 500명이 넘지 않습니까? 제가 유튜브를 한 지 반년이 넘어가는데 지금 구독자가 200명 정도밖에 안 됩니다. 그렇게 계속 구독 좀 부탁한다고 했는데 페친들은 다 어디 가신 겁니까? 구독 하나 누르는 게 그렇게 어려운 일입니까?"

나한테는 그 채널의 구독을 누르는 게 어려운 일이었기 때문에 슬그머니 스크롤을 내려버렸다. 하지만 사실 별로 미안한 마음은 들지 않았다. 유튜브에서 다른 채널에 구독을 누르는 일은 인스타그램에서 누군가의 계정을 팔로우하는 것과는 근본적으로 다르다. 인스타그램은 누구를 팔로우해도 무작위로 뜨는 수많은 피드 덕에 크게 티가 안 나지만, 유튜브는 한번 구독하면 그 콘텐츠가 계속 추천 영상에 올라올 수 있다. 그리고 그와 비슷한 채널들이 메인 화면에 계속 뜨기도 한다. 그런데 유튜브에서 콘텐츠를 소비하는 시간은 인스타그램과는 비교할 수 없을 만큼 길다. 유튜브에서 영상 하나를 볼 시간에 인스타그램 페이지 100개를 볼 수 있다.

또한 유튜브는 쌍방향 SNS와는 다르다. 유튜브에도 댓글 기능이 있어 소통이 가능하긴 하지만 소통을 할지 말지는 전적으로 유튜버의 마음에 달려 있다. 인스타그램이나 페이스북은 서로의 피드에 각자의 소식이 뜨니까 소통이 쌍방향적이라고 할 수 있는데, 그에 비해서 유튜브는 일방향적이다. 핵심 정보와 메시지를 전달하는 방식이 영상이라는 점은 말할 것도 없다. 그래서 가끔 현실에서 페북 친구를 만나면 '이런 인연이 다 있네요'라는 말을 듣는데, 채널 구독자를 만나면 '연예인 보는 것 같아요'라는 말을 듣는다. 유튜버가 얼굴을 드러내놓고 하는 유튜브 채널의 경우 구독자가 팬이 된다는 개념이 더 강하다. 그래서인지 같은 소재라도 유튜버가 얼굴을 공개한 채널은 그렇지 않은 채널보다 구독자 수가 적은 경향이 있다. 영상에 인물이 드러나면 구독자는 팬이 되지만, 영상에 인물이 없으면 오로지 정보를 구독하는 것이기 때문이다.

누군가의 팬이 된다는 것은 그렇게 쉽게 결정할 일이 아니다. 대신 얼굴을 공개하고 채널을 운영하는 유튜버의 영향력은 훨씬 강력하다.

그래서 구독자가 된다는 것은 페이스북의 친구 맺기와는 다르다. 자신에게 영향력을 줄 수 있는 채널을 선택하는 것이니 그만큼 신중해질 수밖에 없다.

20대 전문 연구기관인 대학내일20대연구소가 2018년에 발표한 〈15~34세 유튜브 크리에이터 영상 이용행태 및 인식 연구 보고서〉에 따르면 유튜브 사용자들이 구독하는 채널의 개수는 평균 9.5개다.[1] 하루 평균 이용 시간은 2시간 2분으로 조사되었는데, 잠을 8시간 잔다고 치면 깨어 있는 시간의 8분의 1을 유튜브 세상에서 머무는 셈이다. 그런 사람들이 구독하는 채널의 개수는 10개가 채 안된다는 것에서 유튜브 사용자들은 구독에 인색하다는 것을 알 수 있다. 그래서 구독자를 늘리는 것은 결코 쉬운 일이 아니다. 과장을 좀 섞어 체감하는 바를 말하자면, '좋아요'와 구독의 무게는 100배 정도 차이가 난다. 조회 수와 '좋아요'의 무게도 그 정도의 차이가 난다고 보면 된다.

조회	=	좋아요	=	구독
1만		100		1

그만큼 구독자 한 명 확보하기가 참 어렵다. 조회 수와 구독자 수가 늘 비례하는 것도 아니다. 지난 2017년, 가수 백예린이 야외무대에서 'Square'라는 노래를 부르는 직캠(직접 카메라로 촬영한 동영상을

유튜브 지금 시작하시나요?

줄여서 이르는 말) 영상은 현재 유튜브에서 850만 회에 가까운 조회 수를 기록하고 있는 히트 영상이다. 이 영상이 게시된 채널은 2012년에 개설된 것으로, 이 영상을 비롯해 여러 직캠 영상이 올라와 있고 각 영상의 조회 수가 많은 편이다. 그런데 이 채널의 구독자는 3만 7000명이 좀 안된다. 높은 조회 수의 영상을 다수 보유한 채널치고는 채널 구독자 수가 적다. 이는 구독자 수와 조회 수가 단순 비례 관계에 있지 않다는 사실을 잘 보여준다. 또 다른 예로 〈Taewoong Hwang〉이라는 채널에는 '방송사고내는 아이유'라는 영상이 있는데 이 영상의 조회 수는 거의 200만 회 가까이 된다. 하지만 이 채널의 구독자는 200명 정도다.

이런 예들을 보면 자연히 영상 조회 수와 채널 구독자 수의 상관 관계에 대해서 의문을 품게 된다. 도대체 클리커^{clicker}는 언제 구독자가 되는 것일까? 구독자를 모아서 채널을 운영하려는 사람은 이 질문에 큰 관심을 가질 수밖에 없다. 게다가 이를 모르는 상태에서 유튜브를 시작한다면 영상 몇 개는 빵 터트릴 수 있을지 몰라도 그것을 구독자 수 증가로 연결시키지 못할 수도 있다. **클리커들을 구독자로 전환시키는 2가지 가치가 있으니, 바로 재미와 정보다.**

유튜브 1세대 시절 사용자들이 유튜브를 시청하는 가장 핵심적인 목적은 재미였다. 이 시기의 유튜브에서는 말초신경을 건드리는 자극적인 영상의 소구력이 컸다. 개그나 먹방, 게임, 키즈 등 오늘날 유튜브를 대표하는 콘텐츠들이 많은 구독자를 확보한 시기이기도 하다. 이 콘텐츠들은 주로 시청자가 보면서 대리 만족할 수 있는 것들이다.

건전한 방법으로 웃음을 주는 콘텐츠도 많았지만 오직 재미를 얻기 위해 일반인을 대상으로 몰래카메라를 하거나 엽기적인 행위를 하는 콘텐츠도 많이 나왔다. 이런 콘텐츠들은 유튜버를 향한 부정적인 인식이 형성되는 데 한몫했다.

오늘날에도 '재미'는 사람들이 유튜브를 찾아오는 중요한 목적 중 하나다. 무엇보다 재미있는 영상이 안정적으로 올라오는 채널은 구독자가 많다. 계속 볼 만한 가치가 있다고 느끼기 때문이다. 하지만 1세대 때처럼 '특이하고 재미있는 채널은 구독을 누르고 본다'는 자비로움은 많이 사라졌다. 이제 유저들은 웬만큼 재미있지 않고서는 구독 버튼을 누르지 않는다. 어느 정도 수준의 재미를 주는 채널은 이미 구독 중이기도 하다. 그래서 요즘의 유튜브 이용자들은 가끔 압도적이거나 참신한 재미를 주는 채널을 새롭게 발견했을 때만 구독 버튼을 누른다.

유튜브 2세대로 오면서 유튜브로 얻을 수 있는 '정보'가 조금 더 강력한 구독 동기로 작용하게 되었다. 뷰티 채널은 1세대 때부터 정보를 얻기 위한 구독이 이루어지는 콘텐츠였다. 먹방 채널은 대리 만족의 재미를 넘어 음식을 먹을 때의 팁, 맛집 소개 등 정보를 제공하기도 한다. 요리 채널은 1세대 때부터 꾸준히 구독자를 끌어온 콘텐츠다. 요리를 하려는 사람들은 '소금 적당히'와 같은 불명확한 블로그 레시피보다 재료부터 음식이 만들어지는 과정을 직접 보고 따라 할 수 있는 유튜브를 선호하기 때문이다. 〈백종원의 요리비책〉 채널은 개설 며칠 만에 구독자 100만 명을 돌파하며 유례없는 성장 속도를 보였다. 백종원은 **실버 버튼과 골드 버튼**을 동시에 받았다며 자신의 채널에 공개하기도 했다.

물론, 백종원의 유튜브 채널이 단기간에 구독자를 끌어모을 수 있었던 것은 그가 '백종원'이기 때문이다. 사업가이자 요리 연구가인 그는 비연예인 중에서도 핫한 유명인이다. 하지만 요즘은 연예인이 유튜브를 개설한다고 해서 사람들이 우르르 몰려가 맹목적으로 구독 버튼을 눌러주는 시대가 아니다. 〈백종원의 요리비책〉과 비슷한 시기에 개설해서 함께 관심을 받았던 김태호 PD의 〈놀면 뭐하니?〉 채널은 실제 방송으로도 이어지며 순식간에 구독자들을 모았지만 지금 〈놀면 뭐하니?〉 채널의 구독자 수는 40만 명이 조금 넘는 수준이다. 유재석과 김태호 PD의 '믿고 보는' 조합인 데다 방송과 연계되는 장점이 있음에도 채널 구독자가 40만 명 정도인데(물론 일반적인 신생 유튜버들에게 이 구독자는 어마어마한 수이긴 하다), 〈백종원의 요리비책〉은 같은 기간 동안 340만 명에 가까운 구독자를 모았다.

그러니 '백종원이니까'라는 말로 그의 채널의 초고속 성장을 모두 설명하기는 힘들다. 백종원이라는 인물이 실생활에 필요한 '정보'를 전해주기 때문에 이 채널이 순식간에 성장했다고 봐야 한다. 〈백종원의 요리비책〉에서 가장 인기 있는 영상은 670만 회 이상의 조회 수를 기록한 '초간단 김치찌개'이며, '제

실버 버튼과 골드 버튼
정식 명칭은 유튜브 크리에이터 어워즈 YouTube Creator Awards다. 열심히 활동해 좋은 성과를 내고 일정 구독자 수를 달성한 유튜버에게 플랫폼이 수여하는 일종의 훈장이다. 구독자 수가 10만 명이상이면 실버 버튼을, 100만 명이상이면 골드 버튼을, 1000만 명 이상인 경우에는 다이아 버튼을 받는다.

육볶음 100인분 만들기', '김치밥 레시피', '만능 양파볶음 대작전' 등
이 그다음이다. 여기에서 이 채널의 인기 비결을 알 수 있다. 간단하
고 쉬우면서 어느 정도 맛을 보장하는 요리를 '만드는 법'을 알려준다
는 것이다. 이런 정체성은 백종원이 방송에서 보여주는 것과 일치하
기 때문에 백종원 채널에 들어온 사람들은 콘텐츠의 성격에 대한 큰
고민 없이 구독 버튼을 눌렀을 것이다.

2세대 유튜브 구독의 핵심은 '정보'다. 자신에게 유익한 정보가 구
독을 결정하는 핵심 유인이 된다. 1세대 때는 뷰티나 요리 같이 실생
활에 관한 정보 위주였다면 2세대에는 정보의 폭이 주식, 부동산,
법률, 책, 영화 등으로 확대되고 있다. 그리고 그런 세분화된 정보들
이 자신에게 유익하다고 판단한 이용자들은 그 채널을 구독하게 된
다. 예를 들어 〈시한책방〉은 전반적인 영상 조회 수에 비해 구독자
수가 많은 편이다. 우연히 이 채널에 들어온 사용자들이 전체적인 콘
텐츠 구성을 보고 언젠가는 이 채널을 활용할 수 있겠다는 생각이 들
어 구독해두기 때문이다. 많은 사람이 '책을 읽어야 하는데……'라는
마음의 빚을 지고 살고 있는데, 〈시한책방〉은 언젠가 책을 읽을 때 도
움이 될 거라는 생각으로 미래를 위해 저축하듯이 구독을 하는 것
같다.

재미있는 콘텐츠는 연일 쏟아져 나오고, 심지어 지상파나 케이블
방송도 마케팅 전략으로 드라마나 예능 장면들을 잘라 유튜브에 업로
드하고 있으니 그런 콘텐츠는 그 자리에서 소비하고 말지, 굳이 구독
할 필요가 없다. 유튜브 2세대인 지금은 자신에게 유익하다고 판단되

‖ ▶‖ 🔊   유튜브 지금 시작하시나요?

는 정보성 채널에 구독자가 몰리고 있다. 정보 위주의 채널이 아닌데도 구독이 이루어지는 경우는 팬심 때문인 경우가 많다. 이미 아프리카TV나 파워 블로그 등으로 팬층을 확보한 사람이 유튜브를 개설할 경우 이런 구독이 이루어지기도 한다. 자신이 일정한 분야에서 영향력을 가지고 있는 사람이라면 그런 영향력을 활용해서 유튜브 구독을 만들어야 하겠지만, 이런 형태의 구독자 유입은 누구나 할 수 있는 것은 아니므로 우리 입장에서는 참고만 할 뿐이지 지향할 수 있는 것은 아니다.

그러니 이제 유튜브 채널을 기획해서 만들고 운영하려는 사람들은 자신의 채널이 분명히 차별화된 정보를 제공하는지에 대해서 고민해야 한다. 취향을 다루는 콘텐츠도 결국은 그 취향에 대한 자세한 정보를 다뤄야 하는 시대가 되었다. 자신의 직업, 혹은 자신의 경험, 취향 등을 고려해서 제공할 수 있는 정보를 차별화한 콘텐츠를 기획하는 것이 좋다.

구독을 유도하는
7가지 차별화 요소

▶

세상에는 잘 알려진 몇 가지 거짓말들이 있다.

- 밑지며 판다는 장사꾼의 말
- 예전에 사람 키만 한 물고기를 잡았었다는 낚시꾼의 말
- 국민의 뜻을 대신할 뿐이라는 고위 공직자의 말
- 한번 둘러보고 다시 오겠다는 손님의 말
- 다시 연락드리겠다는 면접관의 말
- 그냥 정치인들의 말

그리고 최근 이 목록에 추가될 만한 거짓말이 하나 생겼다. 유튜브 채널을 개설하면서 '돈에는 관심이 없다'고 하는 유튜버의 말이다. 여기에는 다양한 버전이 있는데, 대표적인 예로는 다음과 같은 것들

이 있다.

"협찬을 받지 않고 내 느낌 그대로만 리뷰를 하는 비상업적인 채
널을 운영하겠다."
"영상에 광고를 붙이지 않고 상업적이지 않게 운영을 하겠다."

첫 번째는 협찬 대신 사람들의 신뢰를 얻어 조회 수로 유튜브 광고
수익을 극대화하겠다는 이야기이고, 두 번째는 유튜브 광고를 안 하는
대신 협찬을 통해 채널 수익을 만들겠다는 이야기다. 그러니까 유튜브
광고와 협찬이라는 2가지 수익 창출 방법을 다 얻으면 좋지만, 이제 시
작해서 결과가 미미할 때는 한쪽 수익원을 포기하면서 다른 쪽 수입을
극대화하려는 전략이 더 효과적일 수 있다.

그런데 협찬을 얻으려면 기본적으로 구독자 수가 많은 것이 유리
하다. 반대로 유튜브 광고에 의존하는 방법은 조회 수가 많은 것이 유
리하다. **둘 다 하면 좋겠지만, 둘 중에 하나를 선택해야 할 경우 조회 수 우
선 전략으로 갈 것인지 아니면, 구독자 우선 전략으로 갈 것인지를 먼저 정
해야 한다.** 조회 수가 늘어나면 자연스럽게 구독자 수도 늘어나고, 구
독자 수가 늘어나면 조회 수가 오른다. 이 두 지표는 비례적이다. 하
지만 안타깝게도 그 비례 관계가 일정하지는 않다. 1:1의 비율인지,
1:100의 비율인지, 아니면 100:1의 비율인지 정해져 있지 않다. 그래
서 어떤 채널은 영상의 조회 수가 많은 데 비해서 구독자가 없고, 반
면 어떤 채널은 구독자 수에 비하면 조회 수가 적은 편이다. 처음부터

2가지를 다 잡으려고 하면 2가지 다 손가락 사이로 빠져나가기 쉽다. 현실적으로 우선순위를 정하고 그 방향을 따라가면서 다른 한 가지는 뒤따라오게 해야 한다.

　개인적으로는 조회 수와 구독자 수 중에서 하나를 우선순위로 두어야 한다면 구독자 수를 먼저 늘리는 방향을 선택하는 것이 좋다고 생각한다. 요즘은 기업들이 새로운 서비스를 론칭할 때 수익보다는 우선 사용자 확보에 더 집중한다. 페이스북이나 카카오톡처럼 일단 많은 사용자를 확보하면 그것을 수익화하는 것은 어렵지 않은 반면 처음부터 수익을 강조하면 사용자 확보가 어렵고 결국 사업을 확장하기가 쉽지 않게 된다.

　구독자는 내 채널의 정체성에 공감하는 사람들이기 때문에 구독자가 확보된 다음에는 영상을 너무 무리해서 자극적으로 찍을 필요가 없다. 이런 구독자들의 존재는 안정적인 조회 수를 창출해줄뿐더러 팬덤이나 브랜드 구축으로 연결된다. 구독자를 확보하기 위해서 유튜버는 구독자의 입장에서 '내가 왜 이 채널을 구독해야 하나?'에 대한 답을 고민해봐야 한다. 1세대는 이런 고민이 별로 필요 없었고, 유튜브 내에서 추천만 잘되면 쉽게 구독자를 얻을 수 있던 때였으므로 다른 것보다 추천 알고리즘에 걸리게 하는 것이 중요했다. 사실 지금도 채널을 키우려면 추천 알고리즘에 걸리게 하는 것이 필수다. 그래서 유튜브 영상을 분석해서 효과적으로 해시태그를 달거나 새롭게 제목을 만드는 등 여러 가지 시도를 한다. 그런데 문제는 2세대에는 추천으로 사람들에게 자주 영상이 노출되더라도 그것이 구독자 수의 증가로 이

‖ ▶‖ ◀))　　　　　　　　　　　　유튜브 지금 시작하시나요?

어지지 않고 그냥 개별 영상의 조회 수만 높아지고 마는 경우가 생긴다는 것이다. 영상이 추천을 받아 화면에 노출되는 것은 조회 수를 확보하는 데 큰 도움이 되긴 하지만, 사실 구독까지 이어지는 프로세스는 두 번째 단계에서 설계된다. 다른 채널도 많은데 굳이 한 채널을 구독해야 하는 이유는 그 채널만이 가진 차별화다. 이렇게 차별화된 요인이 제목, 섬네일뿐만 아니라 내용 등 모든 면에서 뿜어져 나오면, 일단 구독으로 이어지는 통로는 갖춘 셈이다. 다양한 차별화 요소들 중 몇 가지를 나열해보면 다음과 같은 것들이 있다.

❶ 정보

유튜브 콘텐츠의 구성을 크게 나눠보면 내용과 형식인데, 역시 중요한 것은 내용이다. 2세대 이후 유튜브 구독의 핵심은 정보가 되었다. 재미를 책임지는 채널은 이미 많고 이용자는 그런 채널 중에서 마음에 드는 것을 이미 구독하고 있기 때문에 굳이 구독 채널을 더 늘리지는 않는다. 그래서 자신에게 필요한 정보나 언젠가는 활용할 정보들이 담겨 있는 채널을 구독하게 된다. 유튜브의 인기 동영상 중 하나는 '하우투How to' 동영상이다. '~하는 방법'처럼 어떤 스킬을 공유하는

외국 유튜버들이 만든 각종 '하우투' 영상들. 소재는 무궁무진하지만 콘셉트의 지속성을 고려해야 한다.
출처: 〈Life, Love and Sugar〉, 〈Curbly〉 유튜브

것인데, 이런 콘텐츠는 일회적인 성격이 강하다. 방 정리하는 노하우 영상은 한 번 보면 끝이고 굳이 해당 채널을 구독할 필요까지는 없다. 하지만 만약 내가 인테리어에 관심이 있는 사람이고 이런저런 인테리어를 실제로 시도해보고 싶다면 비슷한 채널들을 살펴보다가 유용한 이야기를 가장 쉽고 재미있게 알려주는 채널을 구독하게 된다. 다시 말해 구독은 유용한 정보가 나의 이해 수준에 맞춰서 제시되었을 때 누르는 것이다.

자신이 다른 사람에게 줄 수 있는 정보의 유용성과 지속성을 고려하여 이를 자신 채널의 메인 정체성으로 내걸어보자. 정보가 정확하고 실용적이라면 폭발적이진 않더라도 관련된 정보를 찾는 구독자들의 구독을 이끌어내는 가장 확실한 콘텐츠가 될 수 있다.

❷ 재미

재미는 사실 1세대와 2세대를 아우르는 유튜브 구독의 핵심이긴 하다. 예를 들어 인테리어를 실제로 따라 할 생각은 없더라도 평소 인테리어에 관심이 있는 사람은 관련 채널의 영상에 재미를 느끼고 구독하게 된다. 내 채널 역시 책을 소개하는 채널이지만, 그렇다고 해서 모든 구독자들이 꼭 책을 읽겠다거나 지식인이 되겠다는 의지를 다지며 내 채널을 구독하지는 않는다. 그저 책 소개 내용에 재미를 느껴서 구독 버튼을 누르는 것이다. 이를 알게 되니 듣는 사람이 지루하지 않도록 전문적인 설명은 배제하고 영상의 길이는 7~8분 정도로 맞춘다는 가이드를 저절로 얻게 되었다.

참고로 자극적인 재미를 추구하는 채널은 논란의 중심에 설 가능성이 크다. 유튜버들이 대중적인 존재가 아니었을 때는 아무리 자극적인 내용이라도 어차피 소비하는 사람들 또한 비슷한 사람들이니 유튜브 밖의 세상에서 크게 문제 될 것이 없었는데, 최근 유튜브에 일반인들의 관심이 쏟아지기 시작하고부터는 유튜버의 부주의한 말과 행동에 비난이 따르고 있다. 자유로움이 장점인 유튜브에 TV 프로그램의 잣대를 들이밀 수는 없지만 상식적인 수준은 지켜야 한다. 예전에 어떤 아프리카TV BJ는 차를 타고 일산 자유로 위를 시속 200~300km로 질주하는 라이브 방송을 진행하다가 사고를 낸 적이 있다. 당시 사고가 나는 모습이 실시간으로 중계되어 시청자들에게 큰 충격을 주었다. 지금 이런 콘텐츠를 유튜브에 올리면 즉시 신고당할 것이다. 따라서 재미를 추구하되 지나치게 자극적인 재미는 지양해야 한다. 평소에 재미있는 아이디어가 풍부하다는 사람들도 막상 흥미 위주의 콘텐츠를 개설하면 얼마 지나지 않아 소재가 고갈되어 힘들어하곤 한다. 처음 영상 한두 개는 올릴 수 있지만, 갈수록 영상 만드는 것이 버거워질 것이다. 특히 평소에는 재미없던 사람이 유튜브 콘텐츠를 위해 억지로 재미를 추구하게 되면 반복되는 스트레스와 압박 때문에 원형탈모를 겪을 가능성이 많다. 자신의 평소 성향을 생각해야 한다.

❸ 취향

취향 콘텐츠들은 가벼운 취미 생활부터 그야말로 '덕후'라고 할 수 있는 마니악한 수준의 것까지 무척 광범위하다. 그렇다 보니 취향 콘텐츠가 정확히 무엇을 일컫는 것인지 헷갈려 하는 경우가 많다. 게임, 먹방, 요리, 뷰티 이런 것들도 결국 다 취향 콘텐츠가 아닌가 하는 사람들이 많은데, 소재만 보면 취향 콘텐츠라고 할 수 있겠으나 무엇을 전달하느냐에 따라 조금씩 다르다. 게임이나 먹방 같은 것들은 재미 위주의 채널이 되기 쉽고, 요리나 뷰티 같은 것들은 정보 위주의 채널이 되기 쉽다. 그래서 게임, 요리, 먹방, 뷰티 같은 경우는 하나의 취향이 발전해서 한 장르를 형성했다고 보는 것이 맞다. 여기에서 취향으로 분류되는 것은 보다 작은 규모의 취향이라고 보면 된다.

사실 취향 콘텐츠로 유튜브를 시작하는 것이 제일 안전하다. 정보 전달 위주의 채널만 해도 정보 자체가 틀리면 안 되니 꽤 신경을 써야 하는데, 취향 콘텐츠는 보통 구독자들과 이야기를 공유하는 것이기 때문에 정말 동호회에서 마음 맞는 사람들과 담소를 즐기는 기분으로 채널을 운영할 수 있다. 구독자 역시 취향을 공유하는 '내 편'들이기 때문에 웬만한 실수에는 눈을 감아주는 편이다. 물론 구독자들이 덕후들이기 때문에 취향에 관계된 잘못된 정보가 있을 때는 서슬 퍼런 내공 대결이 벌어질 수도 있다. 하지만 '나는 언제든 틀릴 수 있고 그러한 정보를 같이 나눠주면 고맙겠다'는 오픈 마인드를 보여주면 이런 사람들은 든든한 지원군이 되기도 한다.

취향 콘텐츠는 정보가 강화되는 형태와 인물이 강화되는 형태로 나뉘기도 한다. 낚시를 예로 들면 12만 명이 넘는 구독자를 보유한 〈크크민TV〉 같은 경우는 낚시할 때 필요한 장비나 기술 등 여러 정보

〈크크민TV〉(위)와 〈아잉2 TV〉(아래)에 업로드된 낚시 콘텐츠. '낚시'를 소재로 한 취향 콘텐츠라는 점은 동일하지만 그 콘셉트와 내용이 매우 다르다.
출처: 〈크크민TV〉, 〈아잉2 TV〉 유튜브

를 알려주는 채널이다. 대부분의 영상에 크리에이터의 얼굴이 나오지 않고, 심지어 음성도 없이 화면과 자막으로만 정보를 전달한다. 반면 〈아잉2 TV〉는 캐릭터 중심의 취향 채널의 전형적인 예라고 할 만하다. 크리에이터 아잉2는 채널 소개 글 그대로 '수다스러운 낚시 방송'을 제공하는 '초보 낚시꾼의 여러 가지 유쾌한 경험담을 보여주고 소통하는 채널'을 표방한다. 낚시 채널의 경우 구독자가 많으면 1만 명 정도인데, 〈아잉2 TV〉는 6만 명이 넘는다. 구독자 수가 많다 보니 아잉2는 업계에서 스타처럼 여겨지고 있다. 그래서인지 낚시터에서 그녀를 봤다는 제보들이 종종 올라오고는 한다.

취향 채널에는 그 취향을 가장 잘 파악할 만한 사람들이 모이기 마련이다. 따라서 취향을 '가장'하는 경우 이를 간파당하기 아주 쉬운 채널이라는 사실을 유념해야 한다. 어설프게 아는 척하면 배신감을 느낀 구독자들의 공격을 받게 될 수 있다. 차라리 '초보 입문기' 정도의 콘셉트를 잡고 채널을 운영하며 관련 취향에 대해 조금씩 알아간다는 개념으로 접근하는 것을 권한다.

❹ 독특함

유튜브 콘텐츠에서 독특함을 유지하는 것은 보통 힘든 일이 아니다. 조금만 잘되면 '따라쟁이'들이 붙기 때문이다. 따라서 단순히 독특하기만 해서는 의미가 없다. 독특함은 매력이나 재미로 승화될 수 있어야 구독으로 이어진다. 좀 특이한 옷을 입고 나왔다고 해서 시청자들이 무조건 구독 버튼을 누르지는 않는다는 말이다. 독특함을 바탕으로 구독자를 확보하려면 개성 있는 스타일로 기존의 매력을 배가시키거나 아예 '병맛' 유머로 재미를 주는 등 부가적인 노력이 필요하다. 병맛의 대표 주자는 〈장삐쭈〉 채널이다. CG 툴이 보편화 되어 고퀄리티 그림들이 넘쳐나는 요즘, 소위 '발로 그린' 듯한 〈장삐 쭈〉 특유의 그림체는 오히려 신선한 느낌을 준다. 그 그림체에 어울리 는 더빙 스타일 역시 이 채널이 구독자 200만 명의 대형 채널로 성장 하는 데 큰 역할을 했다.

내용 면에서 독특함을 추구하는 채널 중에서 가장 일반적인 것 은 외국인 유튜버들의 채널이다. 외국인이 보는 한국 사회는 언제 봐도 흥미롭다. 잘 알려진 외국인 유튜버 조쉬가 운영하는 채널 〈영 국남자〉는 370만 명에 가까운 구독자를 보유하고 있다. '삼겹살을 처음 먹어본 영국인들의 반응!?!'이나 '한국음식을 먹어본 어벤져스 배우들의 반응?!'과 같은 영상들이 큰 인기를 끌었다. 2019년 여름 에 개설된 〈소련여자〉 채널도 최근 화제다. 개설한 지 6개월 만에 60만 명이 넘는 구독자를 모았는데, 러시아라는 한국인에게 다소 생소한 나라에 관련된 콘텐츠와 대 놓고 **국뽕**을 내세운 독특한 콘셉트 가 결합되어 사람들의 흥미를 끌고 있다.

이렇듯 내용 면에서 독특함을 얻 으려면 출연자가 독특해야 한다. 때 문에 평범한 한국인이 내용적인 독

국뽕
'국가'와 필로폰을 속되게 이르는 '히로 뽕'의 합성어다. 자국에 대한 자긍심에 과도하게 도취되어 무조건적으로 한국 을 찬양하는 행태를 비꼬는 단어로 국수 주의나 민족주의와 같은 말이지만, 풍자 적인 어조가 강하다. 행위나 사람에게도 쓸 수 있는 말이다.

한국에 거주하는 러시아인이라는 독특함을 내세운 〈소련여자〉(위)와 미스터리 이야기라는 독특한 소재를 활용한 〈디바제시카〉(아래).
출처: 〈소련여자〉, 〈디바제시카〉 유튜브

특함을 추구하기는 쉽지 않다. 대신 참신한 소재를 발굴하는 방법이 있다. 보통 독특한 소재들은 그것을 선호하는 마니아층에게 한해 어필되지만, 이를 넘어서는 경우도 있다. 예를 들어 무섭고 미스터리한 이야기를 전문으로 들려주는 〈디바제시카〉는 구독자 수가 190만 명이 넘는다. 독특함은 눈길을 끄는 요소일 뿐 구독 버튼을 누르게 만드는 요소는 아니라는 점을 기억하자. 내용을 먼저 철저하게 설계한 다음 독특함을 가미하는 것이 좋다. 일반적인 유튜버들이 쉽게 시도할 수 있는 것은 분장이나 의상 같은 것들이다. 채널에서 독창성을 추구하고자 한다면 소재를 먼저 연구하자. 이때 자신이 하고자 하는 독특한 소재의 콘텐츠를 이미 선보인 기존 채널이 있는지 체크해봐야 한다.

❺ 품질

TV 프로그램 수준의 퀄리티 높은 콘텐츠를 말한다. 하지만 개인적으로 이런 콘텐츠를 추구하는 것은 권하지 않는다. 퀄리티가 높은 만큼 비용이 많이 들기 때문이다. TV 프로그램 제작에는 PD, 작가, 편집자, 촬영자 등 많은 인력이 붙는다. 그렇게 완성된 콘텐츠는 편집은 말할 것도 없고 기획이나 내용이 알찰 수밖에 없다. 사실 기존의 TV 프로그램들이 좀 고루한 면이 있는 것은 실무진의 감각이 떨어져서라기보다 임원진 등 윗선의 선택 때문인데, 방송의 일선에서 활동 중인 감각 있는 실무자들이 제약 없이 유튜브 콘텐츠를 만들면 그야말로 정보와 재미를 모두 갖춘 고퀄리티 영상을 생산해낼 수 있다.

하지만 유튜브 사용자들이 유튜브에서 기대하는 것은 TV 프로그램 같은 퀄리티가 아니다. 좋은 퀄리티를 갖춰서 나쁠 것은 없지만, 기본적으로 사람들은 기존에 TV에서 볼 수 없는 것들을 보기 위해 유튜브를 찾는다. TV 프로그램과 별 차이 나지 않는 포맷을 보고 싶었다면 그냥 TV를 보면 될 일이다. 게다가 요즘은 방송국들도 적극적으로 유튜브 진출을 꾀하고 있다. 〈와썹맨〉이나 〈워크맨〉처럼 오리지널 콘텐츠를 제작하기도 하고, 기존 방송된 프로그램들을 조각 영상으로 잘라서 그것만 전문으로 올리는 채널을 만들기도 했다. tvN의 〈tvN ENT〉나 MBC의 〈오분순삭〉 같은 채널이 예전 예능 프로그램의 조각 영상들을 업로드하는 채널이다. 심지어 SBS는 이걸 더 세분화해서 채널을 구성했는데, SBS의 예능 프로그램 중 백종원이 등장한 장면만 모아서 올리는 〈스브스밥집〉이란 채널을 론칭한 것이 대표적인 예다. 이 경우 퀄리티 면에서 일반 유튜버가 이들과 경쟁해 우위를 차지하기란 어렵다. 그러니 고퀄리티만 추구하며 이들과 정면 승부하려 하지 말고 가능한 한 측면 승부나 후면 승부를 노리자.

❻ 팬덤

팬덤은 퀄리티보다 더 장벽이 높은 차별화 요소다. 기존에 팬덤을 가지고 있는 사람들이어야 추구할 수 있기 때문이다. 평범한 초보 유튜버가 팬덤을 바탕으로 차별화를 시도하기란 거의 불가능에 가깝다. 보통 연예인이나 다른 플랫폼에서 팬덤을 구축한 사람들이 유튜브 채널을 만들 때 팬덤을 이용하는데, 이 경우 초기부터 구독자가 급증한다는 것이 특징이다. 하지만 당장 팬덤을 얻을 수는 없더라도 유튜브에서 꾸준히 구독자를 모으며 자신의 팬덤을 형성할 계획을 짜두는 것은 좋다. 팬덤을 형성하는 열쇠는 커뮤니티 관리다. 댓글에 빠르게 응답하거나 유튜브가 아닌 다른 SNS를 통해 자신의 일상을 공유하는 등의 활동이 이에 해당한다.

❼ 편집

영상을 만드는 과정에서 편집에 지나치게 집착하는 사람들이 있다. 이들은 화려한 편집 기술, CG, 심지어 모션그래픽까지 활용해 마치 영화나 TV 프로그램처럼 영상을 만들고 싶어 한다. 하지만 앞서 언급했듯 유튜브에서 편집은 '기왕이면 다홍치마'인 것이지 필수 요소가 아니다.

나는 2018년에 올린 《국화와 칼》 리뷰 영상을 계기로 이를 깨달았다. 원래 나는 영상을 만들 때 직접 컷을 나눠 대강의 얼개를 만든 다음 편집자에게 세부 편집을 맡긴다. 그러면 편집자가 영상에 자막과 약간의 효과, 미디어 삽입 등을 추가해 콘텐츠를 완성한다. 《국화와 칼》 리뷰 영상을 올릴 때 마침 급한 볼 일이 있어 편집자로부터 완성본을 받아 서둘러 예약 업로드를 설정해놓았었다. 그런데 영상이 업로드되고 3시간쯤 지난 후에 유튜브에 들어가보고 깜짝 놀랐다. 실수로 완성본이 아닌 내가 만든 가편집본이 올라간 것이다. 부랴부랴 완성본으로 다시 올렸는데, 더욱 놀라웠던 것은 평소와 완전히 다른 영상이 올라왔음에도 구독자들의 반응에는 아무 차이가 없었다는 것이다. "오늘은 왜 자막이 없어요?" 같은 댓글도 보이지 않았다. 이 사건 이후로 나는 유튜브에서 편집이라는 것은 있으면 좋은 것이지 필수적인 것은 아니라는 것을 알게 되었다. 예전에는 공지 영상 같은 것에도 꼬박꼬박 자막을 붙였는데 이제는 간단한 영상은 자막이나 별다른 편집 없이도 올리고 있다.

물론, 내용이 좋은데 편집까지 화려하다면 구독자를 끌어오는 좋은 요소가 될 것은 확실하다. 시간적·금전적 여유가 된다면 편집을 강화하고 멋진 화면을 만들어서 나쁠 것은 없다. 특히 협찬이나 광고를 얻으려면 아무래도 멋진 화면을 가진 채널이 유리하다. 아무래도 광고주 입장에서는 화려한 겉모습에 더 눈이 가기 마련이니 말이다.

따라서 추후 브랜디드 콘텐츠나 협찬 콘텐츠 같은 수익 구조를 갖출 생각이라면 처음부터 편집이 화려한 영상을 추구하는 것도 좋다. 다만 본말이 전도되어서 내용 없이 편집만으로 승부하는 콘텐츠는 피해야 한다.

채널을 든든하게 뒷받침해줄
단 하나의 설정

채널의 차별성이란 곧 그 채널의 개성이며, '왜 다른 채널이 아닌 이 채널을 구독해야 하는가?'라는 질문에 대한 답이다. 이때 개성은 정보나 재미와는 조금 다르다. 예를 들어 어떤 이성이 마음에 들었을 때 그 이유로 외모를 꼽을 수도 있고 지적 수준이나 취향을 꼽을 수도 있다. 이런 이성적인 요소로는 설명이 안 되는 또 하나의 요소가 있는데 그런 것들을 흔히 '매력'이라고 부른다. **채널 혹은 크리에이터가 매력을 가지면 보다 쉽게 구독자를 모을 수 있다.** 그런데 매력이라는 말은 상당히 추상적이다. 매력을 조금 단순화하여 '특별한 장점' 정도로 말해도 될 것 같다.

구독자의 니즈를 충족시켜주는 매력적인 내용에 크리에이터의 매력이 더해지면 한층 더 흥하는 채널이 될 수 있다. 다소 일차원적이지만 영화 리뷰를 하는 크리에이터의 목소리가 좋다거나, IT 리뷰를 하는 크리에이터의 외모가 뛰어난 경우들을 예로 들 수 있겠다. 〈겨울서점〉은 북 리뷰 분야에서는 넘사벽급인 10만 명 이상의 구독자를 보유한 채널이다. 북 리뷰라는 장르 자체가 인기 장르가 아니기 때문에 구독자 수가 몇 만 명만 넘어도 이른바 '대기업' 소리를 듣는데, 10만 명이 넘는 〈겨울서점〉은 그야말로 '초국적기업'인 셈이다. 우선 이 채널에서는 상당한 진정성이 느껴진다. 말투도 그렇고 라이브 방송을 진행하는 것도 그렇고, 콘텐츠의 내용들을 보면 '크리에이터가 정말 좋아서 하는 채널이구나' 하는 느낌이 들곤 한다. 그런데 〈겨울서점〉의 콘텐츠를 가만히 분석해보면 책에만 집중한다고 보기는 어렵다. 브이로그, 라이브 방송, 라디오, 굿즈 언박싱 등 북 리뷰가 아닌 다른 콘셉트의 영상들도 많이 올라와 있다. 그래서 〈겨울서점〉은 책이 아닌 '김겨울'이라는 인물이 테마인 채널이라고 보는 사람들도 꽤 많다. 이때 김겨울이라는 인물의 캐릭터는 '책을 좋아하는 친절한 옆집 언니' 정도로 볼 수 있다.

이처럼 〈겨울서점〉은 본래 북 리뷰로 시작된 채널이지만 이제는 크리에이터의 매력만으로도 구독자를 끌어들일 수 있을 만큼 인물에 대한 관심이 높아졌다. 드라마에 빗대어보자면 주제에 흥미를 느껴 그 드라마를 보는 사람도 있지만 어떤 배우가 출연하기 때문에 보는 사람도 있는 것과 같다. 사실 책 소개 콘텐츠만으로 10만 명이 넘는 구독자를 얻는 것은 정말 어려운 일이다. 자신이 한 해 동안 보는 영화나 드라마, 예능 프로그램의 양과 책의 양을 비교해보면 왜 그런지 짐작할 수 있을 것이다. 그러니 〈겨울서점〉이 북튜브 같지만 사실은

유튜브 지금 시작하시나요?

〈겨울서점〉에 올라오는 콘텐츠 중
에는 북 리뷰가 아닌 것도 많다. 이처
럼 흔한 소재의 콘텐츠에 크리에이
터의 매력이 더해지면 특별해지기도
한다.
출처: 〈겨울서점〉 유튜브

인물 중심의 브이로그와 흡사하게 채널을 운영하는 것은 매우 영리한
전략이라 하겠다. 이를 굳이 장르로 구분해보자면 '북로그' 정도가 될
것 같다.

    채널의 매력은 크리에이터가 스스로 설정하기도 하지만 구독자
들이 발견해주기도 한다. 채널을 운영하며 여러 가지 방법으로 다양
한 콘텐츠를 꾸준히 만들어 올리다 보면 구독자들이 피드백을 통해
자신의 매력을 알게 될 수 있다. 유튜브는 아니지만 북 리뷰 콘텐츠를
업로드하는 팟캐스트 〈이동우의 10분 독서〉의 이동우 대표는 처음에
는 아무런 콘셉트나 목적 없이 책을 리뷰했다고 한다. 그러던 중 "책
을 읽고 싶은 마음은 굴뚝같지만 서점에 갈 시간도 없고 책 읽을 시간
도 부족해서 시작조차 못하고 있었는데, 작가님 덕분에 책 읽는 시간

을 줄일 수 있었어요"라는 청취자의 피드백을 듣고 '책 읽기 시간을 줄여주는 시간 다이어트'라는 콘셉트를 살려 시간을 효율적으로 쓰게 해주는 콘텐츠를 지향하게 되었다. 〈시한책방〉의 경우에는 댓글에 깔끔한 정리, 균형 잡힌 시각, 흡입력 있는 소개 등에 관련된 칭찬이 자주 등장한다. 무엇보다 리뷰를 보니 책을 읽고 싶어진다는 내용이 많다. 그래서 독서 시간을 줄여주는 것이 목적인 이동우 대표의 콘텐츠는 책의 내용 요약과 핵심 정리에 집중하는 반면, 내 콘텐츠는 책에 얽힌 이야기, 책과 관련된 인사이트를 알려주며 취향에 맞는 독서 욕구를 일으키는 데 초점이 맞춰져 있다.

책을 소재로 한 것은 같지만 각 콘텐츠의 매력이 다른 것이 보이는가? 구독자들은 저마다 필요한 매력을 가진 콘텐츠를 선택해서 구독한다. 나와 비슷하거나 조금 더 이른 시기에 개설된 북튜브 채널들이 꽤 있는데 그중에는 잘되지 않는 것들도 많다. 2017년까지는 북튜브라는 장르 자체가 흔치 않아 2017년 이전에 개설된 채널들은 어느 정도 구독자를 모을 수 있었는데도 말이다. 그런 채널들의 콘텐츠를 들여다보면 인터넷 검색 한 번으로 얻을 수 있는 정보들을 다시 정리해주거나 단순한 줄거리 요약에 그치는 경우가 많다. 그렇다 보니 사용자 입장에서는 해당 채널을 지속적으로 구독할 이유가 딱히 없다.

채널을 차별화하려면 매력이 필요하다. 크리에이터에게서 자연스레 우러나오는 매력이라면 더할 나위 없이 좋다. 그런 것이 없다면 설정을 해서라도 채널의 매력을 확보해야 한다. TMI^Too Much Information가 정체성이 될 수도 있고, 자상한 조언이 정체성이 될 수도 있다. '남극에서 와서 EBS 연습생이 된 10살짜리 펭귄'이라는 설정을 잡은 펭수처럼 캐릭터 플레이를 해도 된다. 물론 펭수는 2030세대의 마음을 대변한 사이다 발언으로 통쾌함을 안겨준다는 매력도 가지고 있긴 하지만 말이다.

한 가지 명심할 것은 채널의 정체성은 자신이 유튜브를 통해 얻고 싶은 가치와 같은 지향점에 기반해야 한다는 점이다. 예를 들어 '강의를 위한 채널'이라고 정체성을 잡았다면 콘텐츠에서 전문가로서의 신뢰도 높은 정보를 제공해야 한다. 단, 그저 인기 있는 것이라고 해서 자신에게 맞지도 않고 추구할 수도 없는 매력을 억지로 끼워 맞추는 것은 조심하길 바란다.

2세대 유튜버만의
경쟁력을 기억하라

▶

앞서 독특함에 대해 이야기하면서 내용 면에서 독특함을 지니려면 결국 소재를 세분화하여 거기서 독특함을 찾는 수밖에 없다고 말한 바 있다. 이에 따라 3세대의 유튜브에서는 마이크로화된 채널들이 넘치게 될 것이라 예상한다.

자신의 채널에 어떤 매력을 부여해야 할지 정하기 어렵다면 우선 콘텐츠부터 세분화하는 것이 현실적인 방법이다. 내용을 좁히면 그만큼 타깃층이 분명해지고 그 타깃에 맞는 콘텐츠가 무엇인지 알 수 있다. 1세대 때는 '영화 리뷰 채널'이라는 것 자체만으로도 사용자들이 구독 버튼을 눌렀다면, 2세대 때는 그 영화 채널들이 전문적으로 세분화되어야만 구독을 이끌어낼 수 있게 되었다. 공포 영화 전문 리뷰나 로맨스 영화 전문 리뷰, 마블 영화 전문 리뷰처럼 말이다. 아직 3세대 유튜버의 시대는 시작되지 않았으나 앞으로는 아이언맨 전문 리뷰, 스파이더맨 전문 리뷰와 같이 더욱 마이크로화된 채널들이 등장할 것이다.

물론 3세대 때도 다양한 장르를 아우르는 채널이 만들어지겠지만, 이는 마이크로화된 채널이 다른 영역으로 확장되는 개념일 것이라 본다. 처음부터 광범위한 내용을 다루는 채널로 시작해 많은 수의 구독자를 모으기는 확률적으로 어려워지고 있다. 그래서 콘텐츠를 기획할 때 너무 넓지도 좁지도 않은 중간 정도의 범위를 상정하는 것이 현실적이다. 이 범위를 미들 레인지middle range라고 부를 수 있다. 세간에는 지금은 마이크로 레인지까지 도달하지 못했기 때문에 유튜브의 시대는 아직 시작되지도 않았다고 말하는 사람도 있다. 다음 표를 보며 조금 더 구체적으로 유튜버의 세대 분류를 이해해보자.

매크로 레인지 시대의 콘텐츠가 키즈, 뷰티, 게임, 먹방 등 큰 카테

유튜버의 세대 분류와 콘텐츠 세분화

	1세대	2세대	3세대
범위	매크로 레인지	미들 레인지	마이크로 레인지
세분화 예시	K-POP 영화 재테크 뉴스 책	보이 그룹 공포 영화 부동산 정치 뉴스 인문/고전	트레져 13 알프레드 히치콕 강남 지역 부동산 국회 소식 전문 뉴스 셰익스피어

고리로 구분되었다면 미들 레인지 시대의 2세대 유튜버는 게임을 캐주얼 게임, 슈팅 게임 등으로 세분화했다. 앞으로 마이크로 레인지 시대가 도래한다면 슈팅 게임을 다시 배틀그라운드, 오버워치 등으로 마이크로화할 것이다. 실제로 샌드박스 네트워크를 설립한 유튜버 도티는 '마인크래프트'라는 하나의 게임을 중심으로 지금의 구독자를 모은 케이스다. 세계적으로 큰 인기를 끌고 있는 게임에 집중한 것이 본인의 전략이었다고 직접 밝히기도 했다.[2] 콘텐츠는 하나의 게임에 집중했으나 마인크래프트를 즐기는 전 세계인을 타깃으로 삼은 것이기 때문에 구독자의 범위를 매우 넓게 설정할 수 있었던 것이다. 이 전략은 성공했고, 덕분에 현재 도티는 다양한 영역으로 콘텐츠를 확장해나가고 있다. 여기서 중요한 시사점이 드러난다. 콘텐츠를 마이크로화할 경우 구독자를 많이 모으기 어려울 것이라고 생각할 수 있겠으나, 전문성을 갖추는 대신 구독자의 범위를 한국인이 아닌 전 세계인으로 넓히면 된다는 사실이다. 그러기엔 언어의 장벽이 높다고 지적할 수도 있겠다. 하지만 자동 번역 기술이 빠르게 발전하고 있으므로 앞으로 언어는 큰 문제가 될 것 같지 않다. 이미 시중에 영상 속 언어를 다양한 언어로 번역해주는 유료 서비스가 등장했다. 이런 서비스들이 고도화되고 무료화되는 데는 그리 많은 시간이 필요하지 않을 것이라 본다.

아직 유튜브는 2세대인 미들 레인지의 시대다. 더 구체적으로는 미들 레인지의 초입에 들어선 상태다. 이제 막 전문가들이 유튜브 시장에 진입해 채널을 개설하는 중이니 말이다. 하지만 유튜브 세상은 변화의 속도가 어마어마하게 빠르기 때문에 마이크로 레인지의 시대는 예상보다 빨리 찾아올지도 모른다. 벌써부터 많은 사람들이 유튜버에서 구독자 모으기가 예전만큼 쉽지 않다는 것을 체감하고 있다. 그러니 지금 콘텐츠를 기획하고 새롭게 진입하려는 사람은 현재 유튜브는 미들 레인지의 시대라는 것을 명심해야 한다.

내 지인 중 한 사람은 벌써 수년째 '올해'에는 자녀들과 함께 유튜브를 찍겠다고 이야기해오고 있다. 하지만 아직도 시작하지 못했다. 아마 내년에도 그는 똑같을 것이라 본다. 내가 보기에 그의 가장 큰 문제는 '어떤 내용을 찍을 건데?'라는 질문에 제대로 된 답을 내놓지 못한다는 것이다. 그냥 아이들과 노는 모습을 브이로그 형식으로 올리겠다는 것이 계획의 전부다. 만약 초창기의 키즈 채널이었다면 그런 콘텐츠를 꾸준히 올릴 경우 괜찮은 성과를 얻었을 수도 있다. 그러나 지금은 꽤 많은 키즈 채널이 운영되고 있고, 키즈 채널을 운영해보고 싶다는 아빠들은 그보다 훨씬 많다.

그러니 단순히 '아이들이 나오는 채널'에서 한 단계 나아간 정체성이 필요하다. 아이들을 데리고 근교의 역사 유적들을 찾아보는 채널, 매주 키즈 카페에 다녀와 체험 후기를 전하는 키즈 카페 전문 리뷰 채널, 전시회나 체험전을 찾아다니는 채널과 같이 전문성을 갖춘 하나의 콘셉트를 잡아야 한다. 그 콘셉트와 관련된 정보를 찾는 사람들이 검색을 통해 채널을 방문할 수도 있고, 운이 좋으면 해당 분야의 대표 채널로 자리 잡게 될 수도 있다. 어느 정도 구독자를 확보한 뒤에는 기존 콘셉트에서 조금 벗어나 다양한 시도를 해보거나 아예 새로운 채널로 분화해나갈 수도 있을 것이다. 지금 잘나가는 키즈 채널들을 참고해 '엄마 몰래 라면 끓여먹기'나 '실제 도로에서 장난감 차 운전해보기'와 같은 자극적이고 흥미 위주인 콘텐츠를 만들면 되지 않을까라고 생각할 수도 있다. 그러나 그런 영상들이 조회 수가 많은 것은 콘텐츠 자체의 힘이라기보다는 이미 자리 잡은 채널들이기 때문에 그렇다. 이것을 지금 시작하는 채널에서 그런 콘텐츠를 따라 하면 도리어 욕만 먹게 될 가능성이 크다.

다시 한번 강조하자면 미들 레인지 수준에서 자신의 전문 분야를 개척하는 것이 지금의 유튜브 환경에서 가장 필요한 일이다. 이는 전문성이 있는 사람만 유튜브에 도전할 수 있다는 의미는 아니다. 무엇이든 전문적이고 집중적인 관심을 쏟아야 한다는 이야기다. 물론 어느 정도 채널이 성장했다면 미들 레인지를 벗어나 다양한 시도를 해보는 것이 좋다. 아무래도 미들 레인지는 그 범위에 한계가 있어 구독자 역시 한정될 수 있기 때문이다. 하지만 성급하게 범위를 넓히면 이도 저도 아닌 채널이 될 우려가 있다. 따라서 채널의 영역을 확장해보고 싶다면 시험적으로 영상을 몇 개 올려보며 반응을 살피면서 한 걸음씩 나아가는 것이 바람직하다.

한때는 당신도
구독자였다

▶

유튜브에서 콘텐츠는 대중에게 소구될 때 힘을 발휘한다. **콘텐츠를 구성할 때 중요하게 생각해야 하는 요소는 바로 보는 이의 니즈라는 뜻이다.** 콘텐츠를 기획하거나 구성할 때 크리에이터의 입장에서 편하고 잘 아는 것을 찾기보다 대중들이 궁금해하고 필요한 콘텐츠가 무엇인지 고민해보는 습관을 갖자. 물론 대중들이 원하는 콘텐츠가 자신이 잘 아는 분야라면 더없이 좋을 것이다. 아무도 관심이 없는 내용을 그저 잘 아는 것이라 해서 무작정 영상으로 만들어 올릴 경우 그 채널은 구독자 없는 전문 방송이 되기 쉽다. 특히 이런 경우는 시청자의 눈높이에 맞춰 설명해주지 않아 내용도 어렵다.

따라서 최고의 전문가여야만 유튜브 크리에이터가 될 수 있는 것은 아니다. TV 프로그램이라면 가급적 전문가를 출연시키고자 하겠지만, 유튜브 콘텐츠에서는 보통 사람들보다 조금 더 잘 알고 있는 정도의 사람이 정보를 전달하기에 더 유리할 때도 있다. 전문가들은 일반인들이 궁금해하는 것을 잘 모르는 경우가 많다. 전문가의 기준에서는 당연한 내용이라 사람들이 그에 대해 모른다는 것을 상상하지 못하는 것이다. 심지어 전문 용어를 남발하며 어렵게 말하는 것이 자신의 권위를 지키는 것이라 생각하는 이들도 있다. 때문에 일반인에게 전문가의 콘텐츠는 잘 와닿지 않는다. 영상 속에서 떠드는 이 사람이 똑똑하다는 건 알겠는데 도통 무슨 얘기인지는 모르겠는 것이다. 대학교 강의 시간에 많은 학생들이 교수님들에게 느끼는 감정을 떠올리면 이해가 쉬울지도 모르겠다.

　제주 여행 콘텐츠를 예로 들어 생각해보자. 먼저 유튜브에 제주 여행을 검색해보면 의외로 제주 여행만 다루는 전문 채널이 별로 없다. 여행지로서의 제주만 다루기에는 그 영역이 너무 한정적이다. 여행 크리에이터의 입장에서는 한정된 영역만 보여줄 수는 없으므로 제주에만 맞춰진 전문 채널은 많지 않다. 제주 전문 채널이 있기는 하지만 제주살이를 하고 있는 사람이 운영 중인 것들이 대부분이다. 이 경우 운영자가 여행자가 아니다 보니 여행자 입장에서 궁금한 것을 놓치게 된다는 문제가 있다. 제주 여행을 검색하고 관련 영상을 클릭하는 사람들은 제주도에 거주 중인 사람들이 아니다. 그러니 현지인의 하루하루를 기록하는 콘텐츠는 여행자에게 큰 관심을 끌지 못한다. 그렇다면 이런 채널들은 제주살이를 계획 중인 사람들을 타깃으로 하는 셈인데, 그러면 구독자의 폭이 확 좁아진다. 〈제주살이 쥬리에뜨〉 채널은 구독자가 2만 명이 넘는 정도인데, 채널에 올라온 콘텐츠 중

제주도로 가는 비행기 일등석과 비즈니스석에 탑승해본 경험을 다룬 영상은 조회 수가 무려 110만 회를 돌파했다. 이 콘텐츠가 제주도를 여행하려는 사람들이 궁금해할 만한 것이라는 이야기다. 제주 여행을 소재로 유튜브 채널을 운영하려면 현지인보다는 여행자의 입장에서 생각하고 콘텐츠를 구성해야 한다. 이때 여행자들의 마음을 헤아리는 일이 그렇게 어려운 것은 아니다. 그들이 다른 곳, 가령 부산이나 괌 같은 곳을 여행하려고 마음먹었을 때 제일 원할 만한 것을 제주도에 적용하면 된다.

〈잇섭〉 채널은 IT 리뷰 전문 채널로, 120만 명 이상의 구독자를 보유하고 있다. 이 채널에 올라오는 콘텐츠는 고르게 소비되는 경향이 있는데 IT를 잘 모르는 사람들이라도 흥미를 느낄 만한 지점을 잘 찾아 소재로 삼고 귀에 쏙쏙 들어오게 설명해준다. 눈에 띄는 콘텐츠들의 제목만 봐도 알 수 있다.

- 20만 원 투자로 느려터진 노트북을 웬만한 최신 노트북보다 더 빠르게 만들기! 이, 이게 가능하다니;;
- 개똥같은데…? 35400원짜리 짝퉁 에어팟? 페북에서 유명한 차이팟을 사보았다.
- 진짜 4만 원짜리 초갓성비 태블릿. 아마존 파이어 언빡싱! 할인하면 무조건 사세요. 두 번 사세요.

제목만 봐도 영상 내용이 궁금해지지 않는가? 이 영상들은 모두

150만 회 이상의 조회 수를 기록했다. 제목에 전문적인 내용을 담는 것이 아니라 일반인들이 가질 만한 호기심을 해결해준다는 것에 중점을 두었다. 특히 '4만 원짜리 초갓성비 태블릿'은 태블릿에 관심 없는 사람이어도 눈길이 갈 만하다.

구독을 부르는 콘텐츠의 핵심은 유저의 입장에서 생각하고 구성하는 콘텐츠다. 유저들은 정보, 재미, 취향 등에서 만족을 얻는다. 그런데 그런 큰 줄기를 잡고 채널을 개설해도 실제로는 유저들이 원하는 바와 멀어지는 경우가 종종 있다. 이는 방향은 맞게 설정했으나 그 방향성을 추상적으로만 이해하고 유저들의 니즈를 구체적으로 살피지 않았기 때문이다. 앞서 들었던 제주 여행 예시를 다시 떠올려보자.

초심으로 돌아가라는 말이 있다. 아무것도 몰랐던, 사실상 유저들과 큰 차이가 없었던 때의 자신이 답답해했던 문제가 무엇이고, 그 문제를 해결해준 것은 무엇이었는지 생각해보면 그것이 바로 유저들에게 먹히는 콘텐츠가 될 것이다. 이미 생산자이자 공급자이고 거주자가 된 입장에서 소비자이자 수용자이고 여행자인 입장에 서는 것은 어려운 일이다. 그러니 유저들의 마음을 읽으려면 의식적인 노력이 필요하다.

한 달 만에 그만두는 것을 목표로 하는 사람은 없다

▶

유튜브 콘텐츠가 갖춰야 할 마지막 경쟁력은 꾸준함이다. 좋은 영상들이지만 업로드 주기가 간헐적이거나 길다 싶으면 구독 유인이 떨어지게 될 수밖에 없다. 따라서 처음 채널을 기획할 때부터 업로드 계획을 세우고 이를 공표하는 것이 중요하다. 일주일에 한 번 혹은 두 번, 매주 무슨 요일 몇 시 등 업로드 일정을 정해놓고 채널 대문에 업로드 날짜를 명확히 공지해야 한다. 이 공지는 유튜버가 구독자에게 하는 약속인 동시에 유튜버 자신과의 약속이기도 하다. 아무리 게으른 사람이라도 마감이 있으면 움직이게 되니 말이다.

나는 처음 채널을 열 때 주 1회 업로드를 목표로 했다. 그런데 채널을 운영해보니 일주일에 한 번으로는 유튜브를 한다는 티도 별로 안 나고, 성과도 미미했다. 그래서 유튜브에 약간 익숙해진 후에 주 2회 업로드를 선언하고 매주 화요일과 금요일 저녁 5시로 시간을 정해 콘텐츠를 올렸다. **그렇게 1년을 꾸준히 진행했더니 이제는 채널에 영상이 제법 쌓여 웬만한 책 제목을 검색하면 내 콘텐츠들이 많이 나온다.** 정기적인 업로드는 구독자와 신뢰를 쌓는 방법이자 적금 들 듯이 콘텐츠를 쌓는 동기가 된다. 최근 나는 콘텐츠 확장을 기획하며 주 3회 업로드를 준비 중이다(주 3회 중 2회는 유튜브에, 1회는 네이버 메인 페이지에 업로드하는 것으로 준비 중이다. 네이버와 협약을 맺어 이 책이 나올 때쯤에는 일주일에 한 번씩 네이버 비즈니스판에서 〈시한책방〉을 만날 수 있을 것이다. 아마도!).

콘텐츠 기획에 있어 지속성은 가장 핵심적인 요소라 할 만하다. 반짝하고 잠깐 재미있는 것보다는 꾸준히 끌고 갈 수 있는 기획이 필요하다. 이어서 소개하는 소재들은 일반적으로 많이 하는 지속성 있는 콘텐츠들이다. 이를 참고해서 자신의 콘텐츠에 접목해보자.

문화 또는 엔터테인먼트 콘텐츠

게임, 책, 영화, 애니메이션 소개나 노래 커버 등의 콘텐츠를 말한다. 게임은 원래 '유튜브 4대 천왕'이라고 불릴 정도로 메인 스트림인 소재다. 게임 유튜버들은 하나의 게임만 고집하지 않고 다양한 게임을 소개하는 편이다. 물론 하나의 게임만 다루는 채널도 있는데 그런 경우는 채널 확장에 관심이 없거나 아예 글로벌 확장을 노리며 한 우물을 파는 경우다. 게임은 한 번의 플레이로 끝나는 게 아니라 최종 보스를 깰

때까지 계속해야 하는 데다가 끊임없이 신작 게임이 출시되므로 지속성을 갖기 좋다. 또한 배틀그라운드처럼 여러 명이 참여해서 실시간으로 함께 즐기는 게임은 할 때마다 스토리가 달라지기 때문에 역시 꾸준히 콘텐츠를 만들어내기에 적합하다.

책이나 영화 소개도 지속성 면에서는 좋은 콘텐츠들이다. 책이나 영화는 워낙 많아 매일 한 편씩 소개해도 끝이 없기 때문이다. 다만 짚고 넘어가야 할 것이 있으니 바로 저작권 문제다. 일반적으로 책의 저작권은 그 책의 저자에게 있으나 저자에게 직접 저작권을 문의하기보다는 그 책을 펴낸 출판사를 통해 협의하는 경우가 많다. 책을 리뷰하는 콘텐츠는 그 책에 대한 흥미와 독서 욕구를 일으킬 수 있어 보통 콘텐츠 제작의 동의를 구하기만 하면 만들 수 있다. 출판사가 유명 북튜버들에게 책을 보내주며 리뷰 콘텐츠를 독려하기도 한다. 출판사와 북튜버가 상생을 도모하는 형태라 볼 수 있겠다. 하지만 책을 그냥 낭독하기만 하는 콘텐츠는 문제가 될 수 있다. 그 콘텐츠가 책을 대체할 수 있기 때문이다.

영화 업계는 저작권 문제에 민감하다. 그래서 영화 리뷰 채널들에 들어가보면 '노딱'이 붙은 영상이 종종 보인다. 노딱은 '노란 딱지'의 준말로, 유튜브가 수익 제한 조치를 취한 영상에 붙는 노란색 아이콘을 말한다. 주로 저작권 침해 우려가 있는 콘텐츠, 질이 너무 낮은 콘텐츠, 혐오를 조장하는 콘텐츠에 붙는다. 노란 딱지가 붙은 영상으로는 수익 창출이 불가능하다(참고로 녹색 딱지는 수익 창출이 가능하다는 표시다). 유튜브에 올릴 수는 있지만 그 수익이 저작권자에게 돌아간다. 하지만 노딱이 붙더라도 사람들의 이목을 끌 만한 콘텐츠를 올려 조회 수를 올리고 구독자도 늘리겠다는 유튜버들도 있다. 당장 수익이 없더라도 채널이 어느 정도 자리 잡을 때까지 감수하겠다는 것이다.

노래는 더욱 철저하게 저작권을 따진다. MCN 등에 소속되어 있는 유튜버는 소속사가 저작권자(혹은 협회)와 협의해 저작권 문제를 한꺼번에 해결해주는데, 그렇지 않고 개별적으로 활동하는 유튜버는 노딱을 감수하며 콘텐츠를 올릴 수밖에 없다. 하지만 이런 식의 콘텐츠 업로드가 계속 반복될 경우 자칫하면 채널 정지를 먹을 수도 있다. 그렇다 보니 노래 리뷰 같은 콘텐츠는 잘 찾아보기 힘들다. 다른 가수의 노래를 자신의 스타일로 부르는 '커버' 영상을 올리는 채널은 상당히 많지만 수입이 제한적이다. 대표적인 노래 커버 채널인 〈JFlaMusic〉은 구독자가 1450만 명이 넘는다. 이러한 구독자 수와 콘텐츠의 평균 조회 수를 고려해 〈JFlaMusic〉 채널이 유튜브에서 연간 200억 원에 가까운 수익을 낼 것이라 추정하기도 한다.[3] 하지만 유튜브에서 커버 콘텐츠의 수익은 대부분 원저작자에게 돌아간다. 원곡 반주를 편곡해 사용하는 유튜버 제이플라의 경우 전체 수익의 일부만 받는 것으로 알려져 있다. 그래도 채널의 구독자 수가 워낙 많아 그 액수가 연간 20억 원대에 이르는 것으로 추정된다.[4]

이외에 뮤지컬, 미술, 전시회 등과 관련된 콘텐츠들도 있다. 하지만 뮤지컬이나 전시회는 현장 촬영이 금지되는 경우가 많아 콘텐츠화하기 어렵고, 양적인 면에서도 책이나 영화, 노래에 비해 너무 적어 한계가 따른다. 그림을 그리는 법을 소개하는 콘텐츠는 제법 많지만 미술 작품을 해설해주는 콘텐츠 중에 유명한 것은 아직 없는 듯하다.

(((●))) 영화 전문 유튜버들은 어떻게 영화를 올리는 걸까?

영화를 소개하는 채널에서 영화의 장면을 사용하지 않을 수는 없다. 동영상 캡처 프로그램을 활용해 영상을 만드는데, 영화 장면의 경우 자동으로 저작권에 걸리도록 유튜브 내에 알고리즘이 구축되어 있다. 그렇다면 그 많은 영화 유튜버들은 어떻게 활동하고 있는 것일까? 가장 기본적이고 일반적인 방법은 영화사와 협의하는 것이다. 대형 유튜버라면 영화사로부터 리뷰 의뢰를 받기도 한다. 보통 영화사는 콘텐츠 제작에 동의할 때 '스포일러를 포함하지 않는 범위 내에서'라는 조건을 단다. 저작권을 철저히 관리하는 것으로 유명한 디즈니는 유튜버들의 영화 리뷰에 대해서는 오히려 굉장히 열린 태도를 가지고 있다고 한다. 홍보를 해줘서 고맙다는 마인드를 가지고 있기 때문이다. 그래서 유난히 디즈니에 소속된 마블 스튜디오의 영화들이 유튜브에서 많이 보인다. 마블 영화의 경우 세계관이 꽤 복잡해서 유튜브 콘텐츠를 통해 학습되는 효과가 있어 흥행에 큰 도움이 되었다는 분석도 있다.[5]

하지만 모든 영화사가 디즈니와 같지는 않다. 영화사뿐만 아니라 배급사나 수입사에 따라 기조가 달라 일률적으로 이야기하기는 어렵다. 국내 배급사만 봐도 CJ 엔터테인먼트와 롯데 엔터테인먼트는 2차 콘텐츠에 관대한 편이고, 쇼박스와 NEW는 조금 더 엄격하다고 한다.

상품 리뷰 콘텐츠

주로 화장품이나 IT 기기 관련 리뷰 콘텐츠가 많다. 상품에 대한 리뷰는 확장성도 좋고 협찬으로 이어지기에도 유리해서 유튜브를 시작하려는 사람들이 시작 소재로 선택하는 경우가 많다. 유튜브 내에 화장품이나 IT 기기 리뷰어들이 꽤 많은데, 대부분 일정 수준의 성과를 내고 있다.

상품 리뷰의 경우 신제품이 꾸준히 나오기 때문에 자신이 관심이 있는 분야를 잘 선택하기만 하면 소재가 끊이지 않는다. 핵심 상품을 주로 다루다가 어느 정도 구독자가 생긴 뒤에 주변 상품으로 확장할 수도 있다. 가령 노트북을 리뷰하다가 노트북 주변기기로 확장하는 식이다. '무엇이든 다 리뷰한다'는 것을 모토로, 음식점부터 자신이 쓰는 핸드폰까지 말 그대로 무엇이든 리뷰하는 채널들이 있는데 일반적으로 그런 채널들은 구독자를 모으기가 힘들다. 초창기에는 정말 확실한 전문가적 포스를 풍기면서 한 분야만 깊게 파는 전략이 좋다. 상품 리뷰어가 될 생각이라면 소재를 조금 세분화할 필요가 있다. 이미 분야별로 대표 유튜버들이 존재하고 어느 정도 자리를 잡은 채널들이 많기 때문이다. 예를 들어 〈가전주부〉 채널은 '가전주부'라는 이름 자체에서 드러나듯 지향하는 바가 뚜렷하다. IT 기기와 가정에서 쓰는 물품을 리뷰하는데, 특히 '주부'가 써본 가전제품 리뷰라는 점에서 개성이 있다.

상품 리뷰 채널들은 마케팅과 연결되기 가장 쉽기 때문에 돈을 벌려는 목적으로 하는 경우들이 많은데, 그렇다고 해서 너무 상업적인 분위기가 나면 문제가 생길 수도 있다. 수익을 위해 무조건 덥석덥석 의뢰받지 말고 추천할 만한 제품을 찬찬히 선별해야 한다. 어쨌거나 유튜브 마케팅에 대한 니즈는 꾸준히 늘어나고 있으니 전문적으로 상품 리뷰를 하는 것은 장기적으로 볼 때 수익 면에서 가장 가능성 있는 채널 선택이 될 것이다.

전문 정보 소개 콘텐츠

법률, 의료, 직업 등과 관련된 전문적이고 특수한 정보를 소개하는 채널들이 급격하게 늘어나는 추세다. 대부분의 채널들은 분야별 전문가가 영상마다 주제를 선정해 이를 설명하고 조언해주는 방식으로 운영된다. 살면서 '의사나 변호사 친구가 하나쯤 있으면 좋겠다'라는 생각이 들 때가 있는데, 그러한 '의사 친구', '변호사 친구'를 이 정보 채널들이 대체하는 것이다. 이런 채널들은 자신이 전문가이기만 하면 무궁무진하게 질문을 뽑아내고 영상을 제작할 수 있다.

최근 늘어나는 직장인들의 유튜버 러시에서도 이런 형태의 정보 전달 채널이 대세를 이룬다. 직장인들이 자신의 직무와 관계된 이야기들을 공유하는 방식이다. 주로 승무원, 경찰 등 특수한 직업군에 종사하는 사람들의 이야기가 힘을 얻고 있고, 마케팅 분야도 많다. 아직은 유튜브 겸업이 금지된 직장들이 많아 유튜브에서 모든 직업군의 이야기를 만날 수는 없다. 아는 분 중에 교도소에 근무하는 교도관도 있는데, 그분의 직업 이야기가 유튜브 콘텐츠로 만들어진다면 상당히 성공할 것이라 생각되었으나 아쉽게도 윗선의 허락을 얻지 못했다고 한다.

한편, 최근 교육청이 선생님들의 유튜브 겸업 관련 가이드를 내놨다. 따라서 이제는 이 가이드를 지키는 선에서 선생님들의 유튜브 채널 운영이 활발해질 것으로 예상되며, 교직 생활 및 학교 운영에 관련된 다양한 이야기들을 접할 수 있을 듯하다. 선생님 유튜버가 운영하는 채널 중 눈길을 끄는 것은 35만 명이 넘는 구독자를 보유한 〈달지〉다. 유튜버 달지는 자신의 취미인 랩을 중심으로 콘텐츠를 만든다. 초등학교 교실을 배경으로 한 커버 영상이 독특하다. 랩 영상뿐만 아니라 초등교육과 관련된 콘텐츠도 올려 초등학교 교사라는 자신의 정체성을 유지한다. 직업적인 정보와 개인적인 취미를 잘 결합한 사례인데, 그 결과 달지는 경기도 교육청 홍보대사로 선정되기도 했다.

　이처럼 사회적으로 유튜브에 대한 경계가 풀리고 있기 때문에 직업 관련 콘텐츠는 점점 다양해질 것 같다. 그런 판에서 자신이 잡을 수 있는 콘텐츠를 놓치지 않도록 최대한 트렌드와 환경에 주의를 기울여야 할 것이다. 이런 콘텐츠의 가장 큰 장점은 대부분 앉아서 이야기하기 때문에 영상을 만드는 데 비용과 노력이 크게 들지 않는다는 점이다. 그래서 편집도 간편한 편이다. 그런데 조금 더 생각해보면 자신이 지금까지 인생을 살며 쌓은 경험과 경력이 녹아들어 있으니 그만큼의 비용과 노력이 포함된 콘텐츠라고 볼 수도 있다.

취미 혹은 취향 콘텐츠

자신의 취미 생활과 관련된 아이템은 자신이 가장 잘 알 것이다. 꾸준히 한 취미 생활이기 때문에 어떤 아이템을 해야 지속성이 확보되는지도 알 것이다. 취향 아이템을 할 때 중요한 것은 콘텐츠 내용의 텐션을 어떻게 지속적으로 유지하느냐의 문제가 아니라, 비용이나 시간을 감당할 수 있느냐의 문제다. 낚시가 취미라면 유튜브를 운영하면서 예전에 갔던 곳에 가기보다는 자꾸 여러 군데를 돌아다니고 싶어질 것이고, 바다낚시나 밤낚시 등 다양한 상황을 찍고 싶어질 것이다. **이때, 그 과정에 들어가는 시간과 비용이 감당되어야 한다.**

　얼마 전 등산이 취미인 친구가 유튜브에는 관심이 있는데 얼굴이 나오는 것은 싫다고 해서 아이템을 하나 조언한 적이 있다. 일단 구독자를 많이 모을 생각은 하지 말고 찍기 쉬운 아이템으로 시작하라는 것이었다. 어차피 등산을 자주 하니 산에 오를 때 짐벌을 하나 손에 들고 가면 된다. 조금 더 쉬운 방법을 원한다면 고프로 하나를 배낭에 장착하고 가는 방식도 있다. 그렇게 촬영한 영상을 편집 없이 그냥 '△△산 ×월 ××일, 등반 시간 총 2시간 22분' 같은 식의 제목만 달아 꾸준히 올리는 것이다. 채널 제목은 〈등산하며 힐링하기〉 또는 〈대신 등산〉 정도로 해서 계속 올리다 보면, 혹시 잭팟이 터질 수도 있다고 말해주었다. 품이 들어간 것이라고 해봐야 파일을 컴퓨터에 옮겨 유튜브에 올리는 딱 그 작업밖에 없다. 평소 취미로 등산을 다닐 때보다 특별히 더 하는 것이 없으니 아무 반응을 얻지 못하더라도 큰 손해가 아니다. 친구는 처음 내 말을 들었을 때 '그딴 게 무슨 콘텐츠가 되냐?'며 의아해했는데, 명절에 대학생 조카들을 만나서 이게 콘텐츠가 되냐고 물어봤더니 반응이 꽤 좋았다며 이 콘텐츠를 실천할지 진지하게 고민하는 중이라고 했다. 이처럼 취미를 즐길 때 유튜브 콘텐츠를 염두에 두고 약간만 노력한다면 손쉽게 콘텐츠 기획을 시작할 수 있을 것이다.

호기심 해결 콘텐츠

궁금증을 해소해주는 콘텐츠들은 예전에 방영되었던 TV 프로그램

〈호기심 천국〉의 유튜브 버전이라고 이해하면 된다. 호기심 해결 콘텐츠 중에는 그 영상의 섬네일이나 제목을 보면 원래 궁금하지 않았던 것도 궁금해지게 만드는 것들이 있다. '편의점에 보이는 동전 모금함에 모인 돈은 어디로 갈까?', '정수기에 콜라를 넣으면 깨끗한 물이 나올까?' 같은 식이다. 제목을 잘 뽑고 호기심을 해결해주는 과정을 깔끔하게 풀어내기만 하면 제법 인기 있는 채널을 만들 수 있다.

호기심을 좀 더 세분화하여 명확한 콘셉트를 잡은 채널들도 있다. 예를 들어 〈근황올림픽〉 채널은 과거에 유명했거나 화제에 올랐던 적이 있는 사람들의 근황을 보여준다. 절에 들어간 서울대학교 출신의 배우, 한때 인기를 끌었으나 자취를 감춘 개그맨 등을 만나 이야기를 나눈다. 이 채널에서 소개된 인물들의 이야기가 재조명되며 다른 미디어를 통해 다뤄지는 경우도 있었다. 이런 채널은 아이디어가 고갈될 걱정도 없다. 어느 정도 구독자가 모이면 구독자들이 댓글을 통해 새로운 아이템을 제안한다. 즉, 구독자와 함께 만들어가는 채널이 된다. 다만 이런 콘텐츠의 지속성에 대해서는 고민될 수밖에 없다. 사람들이 궁금해할 만한 인물을 찾고, 그 인물과 접촉하여 출연 허가를 받고, 영상 콘텐츠를 만들기에 충분한 이야깃거리를 뽑아내는 일이 쉬운 일은 아니기 때문이다. 호기심 해결 콘텐츠의 경우 그 호기심을 풀어가는 과정이 복잡하고 어려우면 영상을 계속 제작하는 일이 버거워진다.

과학 실험을 빙자한 병맛 실험을 주로 다루는 〈허팝〉 채널의 경우 이러한 문제를 돈으로 해결해버린다. 이 채널에 올라온 콘텐츠 중물 대신 액체괴물(슬라임)로 채운 수영장을 만드는 영상은 3000만 회에 가까운 조회 수를 기록했다. 거대한 수영장을 슬라임으로 채우는 실험은 일반인들의 상상을 초월하는 스케일이었다. 코코팜 2400캔을 19리터짜리 정수기용 물통에 담아 커다란 빨대로 마시는 영상 같은 것도 아무나 도전할 수 있는 일이 아니다. 워낙 스케일이 크다 보니 시각적인 재미도 상당하다. 350만 명이 넘는 구독자를 보유한 허팝처럼 대형 유튜버가 되어 일정 수준의 돈을 벌어야 그나마 시도할 수 있는 콘텐츠들이다.

호기심 해결 콘텐츠를 기획할 때는 호기심 자체의 지속성보다는 그것을 풀어나가는 과정의 지속성에 더 신경을 써야 한다. 채널 운영을 어떻게 해야 할지 감이 잡히지 않는다면 우선 시작한 다음 방향성을 조절하면서 영상을 올리는 것도 좋은 방법이다.

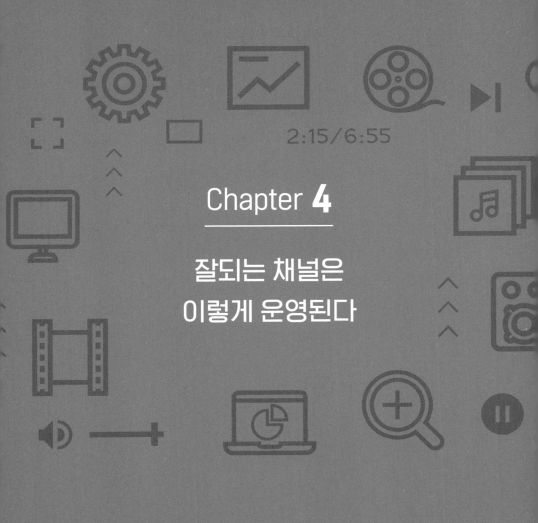

Chapter **4**

잘되는 채널은
이렇게 운영된다

가성비가 아닌
'시구비'의 게임

▶

처음 채널을 운영하는 사람이 구독자를 늘리는 정석적인 방법은 동영상을 가능한 많이 업로드하고, 그중 한 동영상이 유튜브 알고리즘 추천에 뜨고, 그 영상이 뜨면서 다른 동영상의 조회 수도 같이 상승하고, 그 결과 구독자 수까지 증가하는 방법이다. 이것이 가장 잘 알려졌으면서도 가장 평범한 유튜브의 성공 프로세스다.

유튜브 성공의 정석 프로세스

꾸준한 업로드 → 알고리즘의 추천 → 화제성+조회 수 상승
→ 다른 영상 조회 수 상승 → 구독자 수 증가

여기서 중요한 것은 유튜브 알고리즘의 추천을 받아야 한다는 것이다. 그 추천 기준은 조회 수와 시청 시간으로 알려져 있다. 해당 콘텐츠의 조회 수가 많으면서 그 콘텐츠를 조회한 사람이 실제로 시청한 시간도 길어야 한다. 조회 수는 재생 버튼을 누르기만 해도 카운팅된다. 그런데 콘텐츠의 제목만 그럴듯하고 내용은 별로인 경우에는 사용자들이 재생을 중단하고 이탈하기 때문에 영상의 시청 시간이 짧다. 따라서 유튜브 측에서는 시청 지속 시간을 중요시한다. 조회 수만 가지고 콘텐츠를 추천한다면 자극적이거나 낚시성 제목의 영상들이 많이 채택될 수 있기 때문이다. 따라서 단순 재생이 아닌 시청 시간을 기준 삼음으로써 좋은 동영상을 판별한다.

채널을 운영하려고 하는 입장에서 생각해야 하는 것이 하나 더 있다. 바로 영상을 위해 투자하는 시간이다. 처음부터 유튜브를 전업으로 해야겠다고 마음먹고 모든 시간과 노력을 기울이는 사람은 많지 않을 것이다. 처음에는 겸업이나 취미로 유튜브를 한다고 생각하는 것이 바람직하고, 시간이 흘러 어느 정도 비전이 보일 때 전업으로 삼는 것을 고려하는 게 좋다. 그래서 유튜브를 시작할 때부터 유튜브에 얼마나 시간을 투자할지 정해야 한다. 유튜브에 할애하는 시간이 자신의 본업에 필요한 시간을 지나치게 잡아먹으면 이도 저도 아닌 결과가 나올 수 있다. 그러면 유튜브로 얻는 성과도 시원치 않을 뿐만 아니라 자신의 일상도 피폐해질 수 있다. **그래서 유튜브는 '가격 대비 성능비'가 아닌 '시간 대비 구독자비'가 중요하다.** 자신의 인생 중에 몇 퍼센트를 유튜브에 내어줄 것인가는 유튜브를 끝까지 할 수 있는가와 연관된다.

〈진용진〉 채널을 운영하는 유튜버 진용진은 원래 유튜브 편집자였는데, '유튜브 편집자가 유튜버 700명 편집해보고 느낀 점'이라는 영상이 빵 떠서 본격적인 유튜버 활동을 시작해 현재 140만 명이 넘는 구독자를 모은 케이스다. 영상을 꾸준히 올리기는 해도 편집자라는 본업이 있어 유튜브는 보조적인 역할이었는데, 지금은 유튜버로서 탄탄한 입지를 구축하고 있다. '유튜브 편집자가 유튜버 700명 편집해보고 느낀 점' 영상에서 진용진은 초보 유튜버들의 가장 흔히, 그리고 가장 많이 하는 실수가 첫 번째 콘텐츠로 '힘을 빡 준' 화려한 영상을 만든다는 것이다. 온갖 기교에 제작비까지 아끼지 않고 쏟아붓고, 여러 번의 녹화와 수정을 거쳐 정성스럽게 만든 영상을 올렸는데 조회 수는 15회에 그친다면? 이런 일이 몇 번 되풀이되다 보면 그 유튜버는 결국 '제 풀에 나가떨어지게 된다'는 것이다. 이게 유튜브를 하다가 중도 포기하는 사람들의 가장 전형적인 유형이라고 한다.

그래서 처음부터 자신이 유튜브에 투자할 시간의 양을 정하는 것이 필요하다. 유튜브를 시작하기 전에 이러저러한 계획을 세워놓아도 실제로 제작해보면 계획했던 것보다 늘 시간이 모자라다. 유튜브를 막 시작했을 때는 첫 영상을 만들고, 그 영상의 조회 수가 오르고, 처음 보는 사람들이 격려의 댓글을 달아주는 일련의 과정들을 겪으면서 영상에 힘을 주는 경향이 생긴다. 그렇게 조금씩 조금씩 무리하다 결국 자신의 생활 리듬이 깨져 있는 것을 발견하게 된다. 그래서 아예 처음부터 자신이 유튜브에 들일 시간과 노력에 한도를 정해놓아야 이런 일을 방지할 수 있다. 시청자들의 반응에 일희일비하지 말고 일정하게 자신의 페이스를 지키라는 말이다. 모든 일상을 바쳐서 만든 영상의 조회 수는 오를 기미가 보이지 않고 구독자는 내 지인의 수만큼도 모이지 않는다면 어떨까? 의욕이라는 놈이 몸 밖으로 수증기처럼 증발하는 기분을 느낄 것이다. 구독자가 몰려들고 채널이 인기를 끌어도 문제다. 채널이 성장하는 보람에 잠을 줄여서라도 채널을 운영하다가 전업을 고민하게 된다. 물론 유튜브는 시간을 들이는 만큼 성공할 가능성이 높긴 하다. 영상을 업로드하고 사람들의 반응에 따라 그 영상의 제목을 이리저리 바꿔보면서 내 콘텐츠에 최적화된 제목을 만들기만 해도 조회 수를 조금 더 끌어올릴 수 있다. 그러자면 콘텐츠를 올리고 반응을 지켜보며 이런 제목을 달았다가, 또 저런 제목을 달았다가 다시 반응을 지켜보는 시간이 확보되어야 한다. 그 외에도 설명을 바꿔본다든가, 다른 유튜브 채널로 가서 댓글을 달아본다든가 하는 식의 노력들도 기울일 수 있는데 이 모든 일들에 들어가는 리소스는 바로 시간이다. 그런데 그런 식으로 조금씩 시간을 들이다 보면 나중에는 하루 종일 유튜브에 달라붙어 있어도 시간이 부족해진다. 늘어난 구독자 수가 보람은 느끼게 해주긴 할 것이다. 하지만 구독자가 100만 명쯤 되지 않고서는 그 보람이 밥을 먹여주지는 않는다.

나는 개인적으로 80:20의 법칙을 지키려 노력하고 있다. 유튜브 콘텐츠를 만들다 보면 자꾸 아이디어가 떠올라 이것도 찍고 싶고 저것도 찍고 싶은 생각 때문에 이 선을 자꾸 넘게 되기는 한다. 그래서 철저하게 편집은 편집자에게 맡기고 있다. 아무래도 콘텐츠를 기획하고

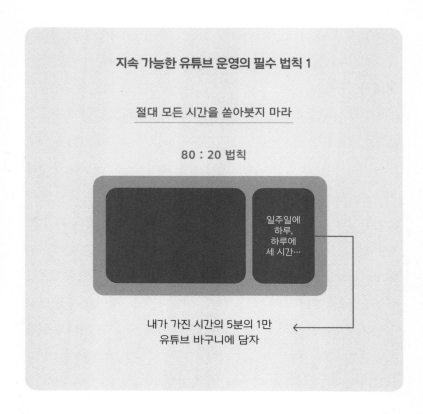

지속 가능한 유튜브 운영의 필수 법칙 1

절대 모든 시간을 쏟아붓지 마라

80 : 20 법칙

일주일에
하루,
하루에
세 시간…

내가 가진 시간의 5분의 1만
유튜브 바구니에 담자

촬영한 사람이 편집도 하는 것이 그 영상을 가장 잘 살리는 방법이기는 할 것이다. 이는 많은 유튜버들이 영상 편집을 전문 편집자에게 맡기지 못하는 이유이기도 하다. 하지만 이런 욕심을 버려야 장기적으로 안정적인 콘텐츠 제작 환경을 구축할 수 있다. 그래서 나는 내 생활의 20%만 콘텐츠를 기획하고 영상을 촬영하는 데 쓴다. 만약 편집까지 하고자 했다면 콘텐츠 자체에 쓸 수 있는 시간은 10% 밑으로 떨어져서 양질의 콘텐츠를 생산하지 못했을 것이다. 처음 시작하는 사람은 전문 편집자를 고용하는 데 비용을 들이기 어렵다고 생각할 수도 있는데, 편집에 들어가는 비용은 천차만별이다. 자막을 달고 각 장면을 매끄럽게 연결하는 정도라면 편집에 그렇게 큰돈이 들지 않는다. 아니면 아예 편집이 필요 없도록 영상 퀄리티에 큰 욕심을 내지 않으면 된다. 단순한 컷 편집은 윈도우 기본 프로그램인 무비메이커 같은 간단한 툴만 사용해도 가능하다. 혼자서도 충분히 편집할 수 있다.

거의 대부분의 유튜버들은 예비 유튜버들에게 가능한 오래 기존 직장과 유튜브를 병행하기를 권한다. 유튜브 시장의 흐름은 시시때때로 변하고, 그 변화를 예측하기도 어렵다. 지금 잘되고 있다고 해서 내년에도 그러리라는 법은 없다. 대다수의 전업 유튜버들은 항상 내일을 걱정한다. 구독자가 33만 명 이상인 채널 〈JM〉을 운영 중인 유튜버 JM은 본인의 채널을 통해 수익을 공개하며 한 달에 1000만 원이 넘는 광고 수익을 내고 있다고 밝혔는데, 그럼에도 여전히 회사에 다닌다. 절대로 회사를 그만두지 않겠다고 여러 번 말하기도 했다. JM의 콘텐츠들을 보면 화려하게 편집되거나 공들인 섬네일이 붙은 것이 없다. 대부분 리뷰 콘텐츠라 카메라 앞에서 혼자 이야기하는 형식이다. **이렇게 해도 사람들에게 필요한 정보를 주면 30만 명이 넘는 구독자를 얻을 수 있다.**

유튜브에 들이는 시간은 개인의 사정에 따라 다르다. 그러나 절대 모든 삶을 통째로 유튜브에 바치지는 마라. 일주일에 1~2개의 영상을 올릴 계획이라면 당신에게 주어진 시간의 10~20%를 유튜브에 투자하자. 요일별로 시간을 분배하는 방법도 좋다. '매주 화요일과 목요일에는 유튜브 콘텐츠 만든다'는 식으로 규칙을 정해놓는 것이다. 주중에는 본업에 종사하고, 주말에만 유튜브에 시간을 쓴다는 계획도 현실적이다.

무엇을 어디까지 보여줄 것인가

▶

유튜브에 어느 정도의 시간을 투자하겠다고 계획을 세운 다음에는 채널 설계를 해보자. 다른 경우라면 우선 설계에 따라 시간을 분배하는 것이 맞지만, 우리는 유튜브를 부업으로 하는 것을 전제하기 때문에

지속 가능한 유튜브 운영의 필수 법칙 2

재미냐 정보냐 한 마리 토끼 먼저 잡아라

재미   정보

일단 하나만 확실히
공략하자

자신의 시간을 먼저 확보하고 그 시간에 맞춰 할 수 있는 채널로 설계하는 것이 맞다.

유튜브 채널의 목적은 정말 다양하지만 아주 크게 보면 재미와 정보라는 두 개의 카테고리로 나눌 수 있다. **자신의 채널이 이 둘 중 어떤 것에 더 포커스를 맞추고 있는지 명확히 해야 한다.** '유익한 정보를 재미있게 전달하겠다'며 야심찬 계획을 세우는 사람도 많은데, 말이 쉽지 실제로 실천하기란 어렵다. 유튜브를 보는 시청자들이 크게 기대하는 바도 아니다. 도리어 '무익한 정보를 재미없게 전달하게' 될 공산이 크다는 것을 명심하자. 두 의자 사이에 걸쳐서 앉으려다 바닥에 떨어질 수도 있으니 처음에는 한 의자만을 공략하는 것이 좋다.

유튜브 초창기에 정할 것 중에 가장 중요한 것이 남았다. 자신의 얼굴을 공개할 것인가 말 것인가 하는 부분이다. 보통 얼굴을 공개한 채널보다 공개하지 않은 채널의 구독자 수가 더 많다. 같은 노력과 시간을 들였다고 전제할 때 2~5배 차이가 나기도 한다. 그러니 개인 정보 보호 차원에서 보아도 그렇고 구독자 수를 늘리는 차원에서 볼 때도 당연히 얼굴을 공개하지 않는 것이 더 유리하다. 그런데 여기에 한 가지 문제가 있다. 크리에이터의 얼굴이 공개되지 않은 채널에는 팬덤이 생기지 않는다는 점이다. **유튜브에서 중요한 것은 팬덤이다.** 이는 우리나라보다는 외국의 유튜브 채널을 운영할 때 더 강조된다. 하지만 그럼에도 팬덤이 형성될 가능성은 얼굴을 공개하지 않은 유튜버보다 공개한 유튜버가 높은 것이 당연하다. 앞서도 언급했지만, 구독자와 크리에이터와의 커뮤니티 형성은 유튜브 성공 비결 중 하나다. 팬

같은 유튜버가 운영하는 채널이지만 〈대도서관TV〉와 〈달콤대도〉의 성격은 확연히 다르다. 두 채널을 모두 구독하는 구독자는 유튜버 대도서관의 '코어 팬덤'일 가능성이 높다.

출처: 〈대도서관TV〉, 〈달콤대도〉 유튜브

덤은 채널을 확장해나가는 데 아주 중요하다. 예를 들어 대도서관은 원래 게임 유튜버지만 게임 리뷰 채널인 〈대도서관TV〉 말고도 디저트 먹방 채널인 〈달콤대도〉도 운영하고 있다. 분야가 확연히 다른데도 〈대도서관TV〉 채널 구독자들이 〈달콤대도〉 채널도 구독하는 것은 대도서관이라는 인물이 연결 고리가 되기 때문이다. 만약 여러 분야를 넘나들 계획이라면 얼굴을 공개하고 채널을 운영하며 캐릭터를 형성하는 것이 유리하다.

인물 중심의 채널 설계는 상업적으로도 중요하다. 유튜버가 콘텐츠에 자주 등장하면 그 유튜버를 향한 구독자들의 호감도는 상승하게 되어 있다. 보통 구독자를 어느 정도 보유한 유튜버들이 오프라인에서 우연히 구독자들을 만났을 때 가장 많이 듣는 말이 "와! 연예인 보는 것 같아요"다. 전문적인 정보를 다루는 채널의 경우 출연자 개인을 향한 호감도가 상승하면 강연이나 이벤트 같은 오프라인 행사를 의뢰받기도 하고, 방송 출연이나 도서 출간으로 이어지기도 한다. 심지어 키즈 유튜버들이 백화점 문화 강좌에 초대되어 키즈 유튜브 채널을 운영하는 법에 대해서 강연하기도 한다. 인물 중심의 유튜브는 유사시에도 유용하다. 자주 있는 경우는 아니지만 유튜브에 의해 채널이 막히거나 다른 새로운 플랫폼으로 진출할 때 팬덤이 있으면 구독자 확보에 큰 도움이 된다.

반면 사람이 등장하지 않고 사진이나 그림, **비디오스크라이브**video-scribe 등으로 영상을 구성하는 경우도 있다. 프로그램을 사용해서 목소리를 바꿀 수도 있다. 이때 좋은 점은 인물이 중심이 되는 유튜브보다 구독자를 모으는 속도가 빠르다는 것이다. 일반적으로 시청자가 구독을 결정할 때는 그 채널의 유효성만 따지는데, 인물이 등장하면 그 인물에 대한 호감도 등 고려할 사항이 많아져 구독 버튼을 쉽게 누르지 않는다. 유튜버의 입장에서는 자신의 얼굴이 드러나지 않으니 사생활 노출이나 개인 정보 유출을 방지할 수 있다.

내가 모르는 누군가가 나를 알아본다는 것이 어떤 사람에게는 즐거운 경험일 수 있으나, 또 어떤 사람에

비디오스크라이브
이미지, 그림, 텍스트를 이용하여 애니메이션을 제작할 수 있는 툴이다. 화이트보드에 그림이나 텍스트를 그리는 방식으로 영상을 만들 수 있다. 복잡하거나 전문적인 지식을 단순하게 전달할 수 있어 북 리뷰나 전문적인 콘텐츠를 만들 때 자주 쓰인다.

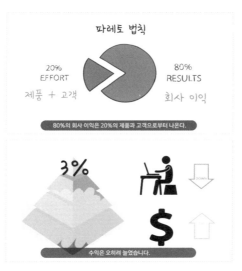

비디오스크라이브를 사용해 만든 영상의 일부. 이처럼 애니메이션 효과만으로 제작한 영상은 책이나 영화 등을 리뷰하는 콘텐츠에 적합하다.
출처: 〈책그림〉 유튜브

게는 부담스럽고 무서운 경험이다. 나는 본래 강의를 하는 사람이고 방송에 출연하기도 해서 타인의 시선에 노출되는 일이 많다 보니 다른 사람이 나를 알아보는 것에 큰 스트레스를 느끼지 않는 편이다. 그런데 강의나 방송만 할 때는 나를 알아보는 사람이 어떤 사람이고, 그런 사람을 어디서 만나게 될지 짐작이 가능했다. 하지만 유튜브는 그렇지 않아 타인이 나를 알아보는 것에 익숙한 나조차도 예상치 못한 곳에서 구독자를 만나면 놀라게 된다. 한번은 이런 일도 있었다. 저자 강연회를 위해 은평구의 교보문고를 방문했다. 잠시 들른 화장실에서 어떤 분이 내게 인사를 건네서 깜짝 놀랐다. 그분은 바로 베스트셀러인 《90년생이 온다》를 집필한 임홍택 작가였다. 내가 그 책을 리뷰한 영상을 본 적이 있어 내 얼굴을 알아보셨다고 했다. 임 작가님과 악수를 나누며 머릿속으로 《90년생이 온다》를 리뷰할 때 안 좋은 이야기를 많이 하지는 않았는지 잽싸게 더듬어봤다. 전혀 예상하지 못한 곳에서의 전혀 예상하지 못한 만남이었다. 다행히 임 작가님과의 만남은 화기애애하게 마무리되었다. 하지만 만약 내가 악평을 한 책을 쓴 작가와 갑자기 마주치게 된다면 어떨까? 게다가 얼굴을 공개한 유튜버 중에는 스토킹을 당하는 경우도 간혹 있다. 특히 여성 유튜버들이 일상을 공개하길 망설이게 되는 이유다.

다음은 유튜버의 등장 여부와 유튜브 콘텐츠의 양대 지향점인 재미와 정보를 기준으로 콘텐츠의 종류를 분류해본 표다. 물론 이 분류가 무조건적이라는 것은 아니고, 해당 카테고리의 일반적인 경향을 소개한 것이니 참고 용도로 살펴보길 바란다.

무엇을 우선시하느냐에 따라 달라지는 콘텐츠 분류

	유튜버 등장 ×	유튜버 등장 ○
재미를 얻기	애니메이션, 음악, ASMR	연예인, 상황, 개그
정보를 얻기	호기심 해결, 이슈	선생님, 큐레이터, 컨설턴트 혹은 선배

‖ ▶‖ 🔊   유튜브 지금 시작하시나요?

$$(((\bullet)))$$

얼굴을 공개하지 않고 콘텐츠를 올릴 때
생각해봐야 할 점

유튜버가 등장하지 않는 채널에서 발생하기 쉬운 문제가 하나 더 있다. 바로 저작권 문제다. 아무래도 유튜브 콘텐츠는 영상이므로 뭐든 움직이는 볼거리가 있어야 한다. 그런 부분을 채우려다가 저작권을 침해하기 쉽다. 최근 들어 유튜브에서 '노딱'이 붙은 영상들이 많이 늘고 있는데, 이는 유튜브가 저작권 문제를 철저히 관리하고 있음을 시사한다.

〈시한책방〉에서도 영화 리뷰에 도전했던 적이 있다. 해당 영화의 몇몇 장면을 편집해 사용했는데, 저작권 문제로 노딱이 붙었다. 처음에는 연속으로 30초 이상 영화 장면이 나와서 그런 것인 줄 알고 조금씩 시간을 줄여봤지만 노딱을 피할 수 없었다. 결국 영화 리뷰 콘텐츠를 포기했다. 괜히 이런 저런 시도를 하느라 시간만 엄청 뺏기고 말았다.

심지어는 채널 자체가 운영 정지되는 일도 있다. 구독자 수가 50만 명이 넘었던 〈이슈왕〉 채널이 대표적인 사례다. 이 채널은 유튜브에서 말하는 이른바 '저품질 동영상'을 주로 만들었다. 저품질 동영상이란 '한 장의 사진을 서서히 확대하거나 움직이는 것으로 채운 영상'을 가리킨다. 유튜버가 말하는 내용이 핵심인 경우 그 내용에 맞춰 영상을 찍기 힘들고 그렇다고 유튜버의 얼굴을 공개하기도 어려워 그런 방식을 택하기도 한다. 하지만 이런 형식의 동영상 가운데 질이 낮은 것들이 많고 유난히 저작권 문제가 많이 발생해 유튜브 측은 내용에 상관없이 이런 동영상에 모두 경고를 날리고 있다.

이러한 사례들은 자신의 얼굴을 공개하지 않기로 결정했다면 그 대신 영상을 어떻게 구성할 것인지를 고민해야 한다는 것을 알려준다. 아무리 내용이 좋아도 사진 한 장으로 대충 때우는 영상은 저품질 동영상으로 처리되고, 영화 등 기존의 콘텐츠를 활용하면 저작권에 걸린다. 결국 유튜버가 스스로 어떻게든 영상을 꾸려야 한다는 것인데, 여러 가지 프로그램이 나와 영상 제작이 편해졌다고는 해도 결코 쉬운 일이 아니다. 프로그램을 잘 익혀서 작업 시간을 줄이든, 평소에 핸드폰으로 조각 영상들을 많이 찍어 두었다가 그것들을 적재적소에 활용하든, 아니면 차라리 얼굴을 공개하든 확실한 계획이 있어야 할 것이다.

유튜브 지금 시작하시나요?

이것만은 갖춰라: 장비의 적정선

▶

캠핑을 시작하기로 결심한 순간 에베레스트에서 하룻밤 묵어도 될 정도로 튼튼한 캠핑 장비를 갖추려고 하는 것이 한국인의 특징이다. 새로운 취미를 시작할 때 장비부터 풀 세팅하는 데서 즐거움을 느끼는 사람도 많다. 이런 한국인들이 장비 천국인 영상의 세계에 입문하면서 장비에 무심할 리 없다. 실제로 유튜브를 하고자 하는 사람들이 제일 먼저 물어보는 것 중 하나가 장비다. 카메라, 마이크, 조명, 짐벌, 액션캠, 삼각대 등등 필요한 장비를 꼽자면 끝이 없다. 요즘은 웬만한 쇼핑몰들은 추천 시스템을 갖추고 있어 마이크에 관심을 가지고 검색을 한 번 하면 즉시 다양한 마이크들을 추천해준다. 이 마이크는 이럴 때 필요할 것 같고, 저 마이크는 저럴 때 필요할 것 같아 갈등이 시작된다.

장비가 많을수록 확실히 편하기는 하다. 걸으면서 영상을 찍을 때 일반 셀카봉을 사용하면 영상이 상당히 흔들리는데 짐벌을 사용하면 안정적이다. 그런데 화면이 안정적이라고 해서 구독자가 늘어날까? 유선 마이크를 쓰다가 무선 마이크로 바꾸면 과연 조회 수가 급증할까? 글쎄, 어느 정도 영향이 있을 수는 있다. 하지만 유튜브 사용자들은 영상을 볼 때 비교적 관대한 편이다. 지상파 방송 프로그램에서 출연자들이 마이크 선을 늘어뜨린 채로 나오면 시청자들이 거추장스러워 보인다며 뭐라고 할 수도 있다. **하지만 사람들은 유튜브에서 TV처럼 완벽한 영상을 보길 기대하지 않는다.**

장비는 자연스러운 영상과 세련된 진행을 위해서 필요한데 유튜브 영상은 그렇게 높은 완성도를 필요로 하지 않는다. 만약 영상의 완성도를 가지고 따진다면 방송국에서 운영하는 유튜브 채널을 이길 수 없을 것이다. 방송국에서 제작한 영상 외에 전문가들의 영상도 많다. '웹드'나 '웹예능'이라는 이름을 달고 나오는 소위 '방송꾼'들의 영상은 인기를 끌긴 하지만, 순수 유튜버의 팬덤을 형성하지는 못하는 경우가 많다. 그러므로 장비에 대한 강력한 열망은 버려야 한다. 채널을 운영해가며 정말 필요한 장비를 하나씩 늘려가는 것이 맞다. 오늘도

지속 가능한 유튜브 운영의 필수 법칙 3

장비는 최소한으로 시작하라

유튜버 ≠ 영화감독, 드라마 PD, 다큐멘터리 VJ

평화로운 중고나라에 가보라. 유튜브 용품들이 널리고 깔려 있다. '딱 두 번 사용한 것', '비닐까지 그대로 있어요', '미개봉 새 상품' 등 중고 제품을 소개하는 문구들을 보면 유튜브 실패의 처참함이 그대로 드러난다.

유튜브를 시작하는 데 필요한 것은 계획이지 장비가 아니다. 장비부터 잔뜩 구비한 뒤에 막상 콘텐츠를 만들려니 무엇을 어떻게 할지 몰라 아예 시작조차 못한 미생의 채널들이 얼마나 많은지 모른다. 유명 키즈 채널 〈마이린 TV〉는 110만 명에 가까운 구독자를 자랑하는데도 여전히 주 촬영 도구로 아이폰을 사용한다. 아이폰으로도 충분히 훌륭한 영상을 찍을 수 있고, 100만 명이 넘는 구독자를 얻을 수 있다. **당신의 채널에 구독자가 없는 이유는 장비 때문이 아니다.** 장비만 바꾸면 모든 것이 해결될 것이라는 도피적 생각을 버려야 한다.

하지만 채널의 특성상 반드시 필요한 장비도 있다. 〈시한책방〉처럼 리뷰 중심의 채널은 소리가 정확히 전달되어야 하므로 마이크가 무척 중요하다. 때문에 나는 영상을 찍을 때 항상 마이크부터 체크하는 편이다. 움직임이 많은 영상은 짐벌 같은 것이 있으면 아무래도 덜 산만할 것이다. **그래서 채널에서 어떤 영상을 다룰 것이냐에 따라 장비의 수준이 달라져야 한다.** 어디에 힘을 줄 것인지 결정해야 한다. 그래도 일반적으로 필요한 장비가 무엇인지 정도는 점검해보자.

❶ 카메라

유튜브 혁명의 중심에는 스마트폰이 있다. 스마트폰으로 영화를 찍을 만큼 오늘날 스마트폰의 카메라 기능은 무척 뛰어나다. 덕분에 유튜브에 수많은 영상들이 올라올 수 있게 되었다. 그러니 스마트폰만으로도 충분히 영상을 촬영할 수 있다. 다만, 그냥 손으로 들고 찍은 영상은 흔들림이 심해서 조금만 큰 화면으로 보면 멀미가 난다. 그래서 흔들림 방지를 위해 삼각대가 필요하다. 이리저리 움직이며 영상을 찍을 경우에는 짐벌을 구비하는 것도 나쁘지 않은데, 생각보다 무거워 오랜 시간 촬영하기 어렵다는 단점이 있다. 짐벌의 가격은 보통 10만 원에서 20만 원 사이이다. 최근에는 기능을 간소화하는 대신 무게를 줄이고 가격까지 낮춘 10만 원 이하의 제품들도 나왔다. 짐벌을 사용해본 입장에서 조언하자면 짐벌은 가벼울수록 좋다. 단, 격렬하게 움직이며 촬영할 경우에는 어느 정도 무게감이 있는 것을 추천한다.

자금에 조금 더 여유가 있고 브이로그처럼 외부적인 움직임이 많은 영상을 찍을 생각이라면 디제이아이[DJI]에서 나온 오즈모 포켓을 생각해볼 수 있다. 이름에서 알 수 있듯 주머니에 들어갈 만큼 콤팩트한 제품으로, 짐벌과 카메라를 결합한 것이다. 한 손에 쏙 들어오기 때문에 가벼운 장비를 원하는 유튜버들에게 폭발적인 인기를 얻고 있다. 특히 브이로그를 하는 사람들은 거의 모두 오즈모 포켓을 사용한다고 보면 된다. 스마트폰에 짐벌을 장착해 들고 다니면 본의 아니게 주변의 시선을 끌게 되는데, 오즈모 포켓은 모르는 사람이 보면 도저히 카메라 같지가 않아 자연스러운 영상을 찍을 수 있다. 사람이 많은 장소에서 카메라를 꺼내 들기 민망할 때도 유용하다. 가격이 30~40만 원

스마트폰에 장착해 들고 다니면서 안정적으로 촬영할 수 있는 장비인 '짐벌'(위)과 콤팩트한 사이즈가 장점인 '오즈모 포켓'(아래).

정도라 그리 싸지는 않지만 브이로그나 여행, 액션 중심의 영상을 찍는 사람에게는 가격 이상의 가치가 있을 것이다.

　스튜디오 등에서 카메라를 고정해놓고 촬영하는 유튜버 중 자금 여유가 있는 이들은 DSLR 카메라를 사용하는 경우가 많다. DSLR 카메라에 동영상 촬영 기능이 추가된 이후 유튜브 촬영에 많이 이용되고 있다. DSLR 카메라의 장점은 방송용 카메라에 비해 센서가 커서 우수한 화질의 예쁜 화면을 뽑아낼 수 있다는 것이다. 캐논의 EOS 200D Ⅱ 같은 카메라에는 '크리에이티브 어시스트'라는 기능이 있는데, 이 기능의 세부 기능 중에는 '예쁜 피부 효과'라는 것도 있다. 피부 톤이 환해지고 잡티도 지워준다니 노골적인 기능이 아닐 수 없다. 실제로 크리에이터들은 이런 DSLR 카메라를 선호한다. 따로 보정하지 않아도 여신 또는 남신의 미모를 연출할 수 있기 때문이다. 당연히 DSLR 카메라는 스마트폰에 비해 훨씬 무거워 이걸 들고 셀카모드로 한참 촬영을 하다 보면 손이 부들부들 떨리는 경험을 하게 된다. DSLR 카메라의 가격은 천차만별이다. 너무 싼 것은 기능 면에서 아쉽고, 그렇다고 비싼 것을 찾으면 한도 끝도 없이 가격이 올라간다. 개인적으로 60~100만 원대 정도가 적절하지 않을까 싶다.

캠코더로 영상을 찍는 경우도 있다. 나 역시 카메라를 고정시켜놓고 찍을 때는 캠코더를 사용한다. 캠코더는 영상에 특화된 장비인 만큼 마이크를 비롯해 영상을 찍기 좋은 기능들이 세팅되어 있는 데다 화질도 좋다. 무엇보다 DSLR 카메라의 경우 보통 시간 제약이 있어서 15~30분 정도 단위로 영상을 끊어서 촬영해야 하는 반면, 캠코더는 메모리와 배터리가 허락하는 한 계속 찍을 수 있다는 것이 강점이다. 캠코더도 가격대가 다양한데, 40~100만 원 사이 제품 정도면 유튜브 크리에이터가 쓰기에 성능이 충분할 것이다. 나의 경우 원래 가지고 있던 캠코더가 있어서 그것으로 유튜브 영상을 찍고 있지만, 그렇지 않았다면 DSLR 카메라를 선택했을 것 같다. 보정 기능이 있는 것이 좋을뿐더러, 어차피 나는 영상을 짧게 끊어가며 촬영하기 때문에 길게 녹화할 일이 없기도 해서다.

자신의 필요와 용도에 맞춰 어떤 촬영 장비를 고를지 결정하면 된다. 처음 시작할 때는 스마트폰을 사용해 영상 만드는 법을 차근차근 익히고, 정 안 되겠다 싶을 때 DSLR 카메라나 캠코더를 구입하는 것이 좋다. 사실 영상 장비가 커지면 불편한 점도 많아 스마트폰을 계속 쓰게 될 확률도 높다.

❷ 마이크

음향은 촬영에서 가장 중요한 요소다. 앞서 예로 들었던 〈마이린 TV〉의 경우만 봐도 촬영은 스마트폰으로 하되 별도의 마이크를 사용한다. 유튜브의 매력은 영상미라든가 편집의 화려함에 있지 않고 콘텐츠가 자신에게 주는 가치에 있는데, 이런 가치들은 대부분 언어로 전달되기 때문이다. **화면이 고르지 않은 영상은 참고 볼 수 있어도 소리가 잘 들리지 않는 영상은 끝까지 보지 않는다.** 그래서 처음 장비에 투자할 때는 다른 것보다 음향에 투자하는 것이 맞다.

스마트폰으로 촬영을 하는 사람들은 스마트폰에 연결해서 쓰는 마이크를 사면 편리하다. 유선이지만 마치 무선 마이크처럼 옷깃에 꽂고 쓰면 된다. 선 길이가 2미터 이상이면 스마트폰을 셀카봉에 장착해 멀리 떨어뜨려 촬영할 때도 큰 지장이 없다. 마이크 가격은 1만 원대부터 몇 십만 원대까지 무척 다양하다. 하지만 방송쟁이도 아닌

데 굳이 몇 십만 원짜리를 살 필요는 없고 2~6만 원대의 제품이면 될 것 같다. 스마트폰용 무선 마이크를 찾는 사람들도 있는데, 무선 마이크는 기본적으로 수신부와 발신부가 나뉘어 있다. 즉, 스마트폰에 수신기를 부착해야 한다. 그렇다 보니 간편함이나 기동성과 같은 스마트폰의 장점이 사라져버린다. 그리고 스마트폰용 무선 마이크는 20만 원 이상인 것이 많아 가격도 비싼 편이다.

그래서 무선 마이크 대신 녹음기를 사용하는 사람들도 있다. 녹음기 가격은 10만 원 내외라 가격 면에서 부담이 그나마 적기 때문이다. 가벼운 녹음기를 옷깃에 꽂고 영상을 찍을 때 동시에 녹음한 다음, 편집할 때 녹음 파일과 영상 파일의 싱크를 맞춰서 하나의 파일로 만들면 된다. 소리와 영상의 싱크를 자동으로 맞춰주는 프로그램이 있어 크게 어렵지 않다. 다만 영상을 자주 끊어가며 촬영하는 경우에는 나중에 싱크를 맞추기가 많이 번거롭다. 따라서 녹음기 사용은 토크쇼 형식이나 리포트 형식 등 호흡이 긴 영상에 적절하다.

DSLR 카메라나 캠코더는 어차피 기동성이 떨어지기 때문에 여러 액세서리를 부착해도 그다지 부담스럽지 않다. 그래서 조금 커 보이는 막대기 형태의 붐 마이크 같은 장비를 함께 사용하기도 한다. 이런 마이크들은 너무 멀리 떨어진 상태만 아니라면 어느 정도 수음 효과가 보장되므로 조용한 환경에서 근거리 촬영을 할 때는 큰 무리가 없다. 조금 먼 거리에서 촬영이 이뤄지거나 보다 깔끔한 음질을 얻고 싶을 때는 무선 마이크가 효과적이다. 내가 쓰는 무선 마이크는 50만 원대의 것으로, TV 프로그램 제작에 사용될 정도로 성능이 좋

ⅠⅠ ▶Ⅰ 🔊　　　　　　　　　　유튜브 지금 시작하시나요?

은 것이다. 지금까지 산 유튜브 관련 장비 중에서 가장 만족스러운 것이 바로 이 무선 마이크다. 하지만 무조건 무선 마이크를 써야 한다는 말은 아니다. 나의 경우에는 인터넷 강의까지 염두에 두고 무선 마이크를 산 것이고, 조용한 환경에서 촬영할 때는 스마트폰의 마이크 기능만으로도 충분한 경우가 많다. 그러니 각자 콘텐츠의 특성에 맞는 마이크를 갖추길 바란다. **영상보다 음향이 더 중요하며 목소리가 정확히 전달될 수 있도록 세팅해야 한다는 것을 잊지 말자.**

❸ 조명

조명은 사실 있으면 좋고 없어도 크게 문제 될 것은 없다. 요즘은 스마트폰이나 일반 카메라도 기능이 워낙 좋아 조금 어둡더라도 저절로 화이트 밸런스가 맞춰져 좋은 색감의 영상을 찍을 수 있기 때문이다. 조명의 효과는 2가지다. 하나는 밝은 조명 덕분에 출연자의 얼굴이 환해지는 일명 '뽀샤시' 효과이고, 나머지 하나는 조명을 밝히고 촬영을 하고 있으면 진짜 연예인이나 모델이 된 것 같은 느낌이 나는 것이다. 그냥 촬영한 것과 조명이 있는 상태에서 촬영한 것을 비교해보면 후자가 훨씬 더 정식 방송 영상 같고, 보다 전문적인 느낌이 들어 유튜버에게 심리적인 만족감을 준다. 그래서 여러 장비 중에 가장 '있어 보이는' 장비가 조명이 아닐까 싶다.

예전에는 유튜브 영상 촬영에 사진관에 가면 볼 수 있는 뚱뚱한 조명을 썼지만, 지금은 LED 조명을 주로 사용한다. LED 조명이 전력 소모량도 적고 자리도 덜 차지하기 때문이다. 그중 가장 많이 사용되는 것은 룩스패드인데, 두 개 정도 갖춰놓고 촬영하면 그럴듯해 보인다. 하지만 그 정도를 갖추려면 보통 40~50만 원의 비용이 들어가므로 무리하게 조명부터 살 필요는 없다. 얼굴을 화사하게 만들려는 목적이라면 편집 과정에서 보정하는 방법도 있다. 따라서 리뷰나 토크 콘텐츠를 주로 만드는 사람이 조명에 큰돈을 투자할 필요는 없다. 그래도 예쁜 영상을 연출하는 데는 조명이 있는 게 유리하기 마련이니 나중에 여유가 되면 조명 구입을 고려해보는 것이 좋겠다. 물론 뷰티, 패션 등 화려하고 예뻐 보이는 것이 중요한 콘텐츠를 제작할 때는 조명이 필수다.

❹ 웹캠

웹캠은 주로 라이브 방송을 할 때 필요하다. 자신의 스마트폰이나 카메라를 연결해서 라이브 방송을 진행할 수도 있지만 그때그때 세팅을 해야 한다는 불편함이 있다. 라이브 방송을 자주 하는 사람은 웹캠을 사서 컴퓨터에 연결하면 세팅의 번거로움을 줄일 수 있고, 유튜브에 연동시켜 자동 스트리밍까지 가능해 아주 편리하다. 웹캠 중에는 마이크가 탑재된 제품도 있는데, 기능은 좀 떨어져도 별도의 마이크를 사용하지 않아도 된다는 장점이 있다. 조용한 공간에서 조금 큰 목소리로 말하면 의사소통에 지장은 없다.

　웹캠의 가격대는 무척 다양한데, 화질이 좋을수록 비싸다고 보면 된다. 하지만 웹캠은 쓸 일이 별로 많지 않아 라이브 방송을 전문으로 진행하는 유튜버가 아니라면 굳이 사지 않아도 될 것이다. 라이브 방송을 많이 하거나 게임 리뷰와 같이 컴퓨터 앞에 앉아 자신의 모습을 중계해야 하는 등 웹캠이 필요한 유튜버들은 주로 로지텍의 제품을 사용하는 편이다. 워낙 다양한 모델들이 있어 용도에 맞춰 구매하면 된다. 개인적으로 굉장히 화질이 좋아야 하는 경우가 아니라면 10만 원이 넘어가는 제품을 살 필요가 있나 싶다. 실제로 유튜버들이 사놓고 잘 안 쓰는 장비 중 하나가 바로 웹캠이다. 중고나라에 웹캠이 많이 올라와 있는 것만 봐도 이를 알 수 있다.

❺ 기타 촬영 장비

그 밖의 촬영 장비로는 드론, 고프로 등의 야외용 장비가 있다. 그런데 유튜브 채널을 만들면서 드론 촬영을 할 일은 많지 않다. 드론 전문 채널 자체가 드물고, IT 관련 유튜버들이 드론을 날려보는 영상을 가끔 올리는 정도다. 여기서 중요한 것은 드론 관련 영상이 그다지 인기가 많지 않다는 사실이다. 드론을 날리며 영상을 찍는 사람이야 신기하고 재미있을 수 있겠지만, 그 영상을 보는 입장에서는 크게 흥미롭지 않다. TV를 보면 훨씬 품질이 좋은 드론 촬영 영상을 볼 수 있기 때문이다. 그렇다고 해서 영상 구성이 재미있는 것도 아니고, 사람들이 궁금해할 만한 지역들은 드론 촬영이 금지되어 있어 흥미를 유발하기 어렵다.

액션에 특화된 장비인 고프로는 야외 액티비티 영상을 올리는 사람들이 자주 사용한다. 짐벌만큼은 아니지만 손 떨림 방지 기능이 있어 고프로를 들고 뛰어다니면서 촬영해도 너무 정신없어 보이지 않

야외용 촬영 장비인 드론(위)과 고프로(아래). 특히 고프로는 야외 액티비티 영상을 찍기에 적합하다.

고 오히려 특유의 현장감이 느껴진다. 방수 기능도 있어서 수중 촬영 등에도 적합하다.

그 외에 필수적인 장비를 꼽자면 삼각대가 있다. 스마트폰으로 찍든 DSLR 카메라로 찍든 장비가 고정되어 있는 것과 손에 들고 찍는 것은 차이가 크다. 액티비티한 콘텐츠가 아니라면 가급적 카메라를 고정시켜놓는 것이 좋다. 삼각대 역시 제품 사양과 브랜드에 따라 가격이 다른데, 비싼 것은 안정적인 대신 무거워서 기동성이 떨어지고 저렴한 것은 무게는 가볍지만 안정성이 떨어지는 편이다. 각자 상황에 따라 잘 고정되는 것으로 구매하면 된다. 한 자리에 완전히 고정해놓고 사용하거나 방송용 카메라처럼 무거운 카메라를 얹을 것이 아닌

초보자가 처음에 갖추어야 할 최소한의 장비

콘텐츠 성격	예시	장비
실내	리뷰, 토크, 대담	스마트폰, 마이크, 삼각대 (+조명)
실외 가벼운 활동	브이로그, 여행, 답사	스마트폰, 오즈모 포켓(또는 짐벌) (+마이크)
실외 역동적인 활동	익스트림 스포츠, 낚시, 등산	스마트폰, 액션캠

경우에는 싼 제품도 충분히 제 기능을 한다.

마지막으로 장비에 대해 총정리를 해보자. 다른 사람들이 산다고 따라 사지 말고, 자신의 콘텐츠를 먼저 정확히 파악한 뒤 그에 필요한 최소한의 장비로 시작하는 것이 좋다. 시작 단계에서는 스마트폰과 셀카봉으로 촬영하고 마이크 정도만 신경 쓰면 된다. 차차 콘텐츠를 확장하며 필요한 부분을 채워나가는 것이 현명하다. 그렇지 않으면 평화로운 중고나라에 딜러로 찾아가게 되는 일이 벌어질 수도 있다.

이것만은 갖춰라:
편집의 적정선

▶

이번에는 편집에 관련된 이야기를 해보자. 앞서 편집 작업은 다른 사람에게 맡기기를 권한 바 있으나, 편집자를 고용하기 어려울 때는 유튜버가 직접 할 수밖에 없다. 이미 프리미어 프로를 마스터해서 더 이상 배울 게 없어 하산한 상태라면야 고민될 것이 전혀 없다. 하지만 이 책을 읽는 이들 중에는 아마 편집에서도 초보 단계에 있는 사람이 많을 것이다.

편집 프로그램

❶ 프리미어 프로
편집 프로그램의 최고봉은 뭐니 뭐니 해도 프리미어 프로다. 더 복잡

　　　　　　　　　　　　유튜브 지금 시작하시나요?

한 편집 프로그램도 있기야 하지만, 유튜브에서는 프리미어 프로 정도면 편집의 끝판왕이라고 봐도 무방하다. **프리미어 프로는 유튜버들이 가장 많이 사용하는 프로그램이기도 하다.** 다만 유료 프로그램이라 비용 부담이 조금 있다. 매달 결제한다면 월 37000원, 1년 약정하면 월 24000원이며, 1년치를 한꺼번에 낸다면 월 23100원 꼴이다. 학생이나 교사는 신분을 증명하면 별도로 마련된 요금제를 사용할 수도 있다. 프리미어 프로만 단일 결제할 수는 없고 애프터 이펙트나 포토샵 등 여러 프로그램을 묶어서 한꺼번에 사용하는데, 1년 약정시 월 23100원이다. 신분을 증명하는 가장 간단한 방법은 학교에서 발급한 이메일 계정으로 인증하는 것이다. 유효한 이메일 계정이 없으면 학교 ID카드, 성적표, 수강료 영수증 등의 서류로 따로 증명을 해야 한다. 결과적으로 어떤 형태로든 프리미어 프로를 사용하려면 한 달에 2만 원 이상은 무조건 써야 되는 것이다. 따라서 프리미어 프로를 쓸 일이 거의 없는 사람은 굳이 매달 2만 원이 넘는 돈을 들여가며 이 프로그램을 사용할 필요는 없을 듯하다.

프리미어 프로는 다양한 편집 효과를 줄 수 있고 비교적 접근하기도 쉽다는 장점이 있다. 가장 좋은 점은 많은 사람들이 사용하는 만큼 사용법을 배울 수 있는 루트도 여러 가지라는 것이다. 상당수의 유튜버들이 다른 유튜버가 올린 튜토리얼 영상을 보고 프리미어 프로를 익혔다. 프리미어 프로를 가르쳐주는 영상은 워낙 많아서 자신의 취향에 따라 유튜버 한 명을 선택해 구독한 다음 영상을 보면서 하나씩 익혀나가면 따로 돈을 들이지 않고도 배울 수 있다. 프리미어 프로 관련 책을 한 권 사서 따라 해보는 것도 괜찮다. 40만 명에 가까운 구독자를 보유한 〈비됴클래스〉 채널의 경우 '비됴클래스 프리미어 프로 강좌' 시리즈가 따로 구분되어 있어 차근차근 배우기에 좋다. 이 채널을 운영하는 유튜버 하췬은 프리미어 프로를 활용해 유튜브 동영상을 편집하는 방법을 알려주는 책을 출간했는데, 유사한 도서 중 가장 잘 나가는 편이다.

❷ 파워디렉터

무료 편집 프로그램 중 쓸 만한 것을 고르자면 파워디렉터가 있다. 버전 17까지 출시되었는데, 버전 16과 17은 유료이고 버전 15만 무료다(버전 15 이전의 것은 서비스가 종료되어 더 이상 사용할 수 없다). 네이버에서 프로그램을 다운로드한 후 함께 제공되는 시디키로 인증하면 된다. 그런데 워낙 많은 사람들이 이 시디키를 사용하는 바람에 간혹 인증이 되지 않는 경우가 있다. 이때는 레지스트리 편집기를 활용해 제품 활성화Prod_Activate 편집창에서 문자열의 값 데이터만 바꿔주면 해결된다. 이와 관련된 자세한 방법은 포털에서 검색해보면 여러 블로그와 카페에 상세하게 안내되어 있으니 이를 참고하길 바란다. 또한 유튜브에는 파워디렉터 사용법 관련 콘텐츠가 많이 올라와 있다.

간단한 편집 기능만 보면 파워디렉터도 프리미어 프로 못지않다. **무엇보다 무료 프로그램이라는 것이 큰 장점이다.** 하지만 무료 버전에는 제한이 있어 그럴듯한 효과를 주기 위해서는 유료 버전을 이용해야 한다. 간단한 편집 작업만 계속할 경우에 파워디렉터를 써도 상관없다. 그러나 간단한 기술부터 시작해서 점점 다양한 효과를 사용해볼 생각이라면 그냥 처음부터 프리미어 프로로 시작하는 것이 좋다. 편집 프로그램들은 서로 비슷한 편이지만 그래도 한번 손에 익은 것을 자꾸 쓰게 된다. 따라서 파워디렉터가 익숙한 사람은 더 다양한 기능의 필요성을 원할 때 파워디렉터의 유료 버전과 프리미어 프로 사이에서 고민하게 될 것이다. 범용성 측면에서 보자면 아무래도 프리미어 프로가 더 나은데, 이미 파워디렉터에 익숙해졌기 때문이다.

❸ 윈도우 무비메이커

간단히 컷 편집 정도만 하는 용도라면 윈도우에서 기본으로 제공하는 프로그램인 무비메이커도 괜찮다. 복잡한 편집은 힘들지만 영상을 자르고 붙이거나 단순한 자막을 넣는 수준은 가능하다. 카카오가 개발한 영상 편집 프로그램인 다음 팟인코더도 쓸 만하다. 지금은 정식 서비스가 중단되었지만, 옛날 버전을 다운로드해서 사용할 수 있다. 나는 무비메이커와 다음 팟인코더를 이용해 컷 편집을 한 다음 편집자에게 나머지 편집 작업을 맡기는 편이다. 별다른 편집이 필요하지 않은 공지나 브이로그 영상을 만들 때는 무비메이커로만 편집해서 올리기도 한다. 무비메이커는 간단하고 직관적이어서 사용하기 편리하다.

❹ OBS 스튜디오

OBS 스튜디오는 라이브 방송에 사용되는 프로그램으로, 이를 활용하면 라이브 방송 중에 자막을 비롯한 여러 효과들을 줄 수 있다. 웹캠을 연결해서 유튜브 내의 라이브 방송 기능을 이용해도 되지만, 이런 프로그램을 사용하면 보다 풍성한 방송이 가능하다. 다만 유튜브에서 라이브 방송은 보조적인 콘텐츠라 OBS 스튜디오를 자주 사용할 일은 없을 것이다.

화면 캡처와 영상 녹화 프로그램

영상을 만들다 보면 모니터 화면을 캡처하거나 영상을 녹화해야 할 때가 있다. 단순히 모니터 화면을 캡처할 때는 윈도우 기본 프로그램인 캡처 도구만 있어도 큰 무리가 없다. 가끔 진짜 초보자 중에는 키보드에 있는 프린트 스크린Print Screen 키를 사용해서 모니터 화면 전체를 캡처한 다음 그 이미지를 잘라서 사용하는 사람이 있는데, 캡처 도구를 비롯한 캡처 프로그램을 활용하면 원하는 범위만 지정해 간편하게 캡처할 수 있다. 네이버에서 '캡처 프로그램'을 검색해보면 다양한 무료 소프트웨어들이 나오니 그중 마음에 드는 것을 골라 사용하면 된다. 캡처 프로그램의 경우 프로그램별로 사용법이나 성능 등이 크게 차이 나지 않아 본인이 편하게 사용할 수 있는 것이면 충분하다.

재생 중인 영상을 녹화하고 싶을 때 가장 일반적으로 사용하는 녹화 프로그램으로는 오캠이 있다. 사용법이 무척 간단해서 녹화할 범위를 지정해놓고 녹화 버튼만 누르면 된다. 직관적으로 설계되어 있어 초보자도 쉽게 사용할 수 있다. 곰캠이나 반디캠과는 달리 녹화 시간에 제한이 없는 것이 가장 큰 장점이다. 광고가 많이 등장해 조금 귀찮을 수는 있지만 무료 프로그램을 사용하려면 그 정도는 감수해야 할 부분이다.

자막 프로그램

브루^{Vrew}가 처음 등장했을 때 유튜버들은 혁명이라는 단어를 떠올렸다. 브루는 인공지능 기술을 활용한 무료 자막 생성 프로그램이다. **영상 파일을 업로드하면 그 영상 속 음성을 인식해서 자막을 자동으로 생성해준다.** 편집할 때 자막을 입히기 위해 투자하는 시간을 생각하면 이 프로그램은 유튜브 편집의 '노가다'를 혁신적으로 줄여주는 기술이다. 게다가 무료로 사용할 수 있어 그야말로 '혜자스러운' 프로그램이 아닐 수 없다. 다만 음성인식이 완벽한 것은 아니라서 결과물을 그대로 쓸 수는 없고, 한번 훑으며 수정하는 작업은 필요하다. 그래도 발음이 정확할 경우 인식률이 70~80% 이상이다. 때문에 자막을 처음부터 만드는 것에 비하면 작업 시간이 확 줄어든다. 아무래도 음성인식 등 기술적인 면에 공력을 쏟다 보니 초기에는 자막 스타일이 한정적이고 디자인이 예쁘지 않다는 아쉬움이 있었다. 이 부분은 업데이트가 계속되며 개선되는 중이다.

외국인 구독자의 확보나 글로벌 유튜브 시장 진출을 노리는 유튜

인공지능 기술을 활용한 자동 자막 생성 프로그램 브루. 영상 속 음성을 인식해 텍스트로 변환해준다.
출처: 브루 공식 페이스북

버라면 영어 자막의 필요성을 느낄 것이다. 이를 도와주는 자막 제작 플랫폼이 있다. 자메이크라는 이름의 플랫폼으로, 영상을 보내면 보통 24시간 안에 영어로 번역된 자막을 영상에 달아준다. 영어뿐만 아니라 중국어, 일본어, 스페인어, 베트남어 등 다양한 언어로 번역이 가능하다. 유료 서비스인 자메이크는 영상 시간을 기준으로 요금을 책정한다. 분 단위로 요금을 계산하는데, 글로벌 패키지, 아메리카 패키지 등 상품에 따라 요금은 조금씩 다르다. 해외 구독자를 염두에 두고 있을 경우 비용이 발생하더라도 이용해볼 만하다. 그래도 비용이 들어가는 일이니 어떤 언어로 번역할지는 신중히 고민해봐야 한다. 뷰

원하는 외국어로 자막을 번역해주는 자막 제작 플랫폼, 자메이크.
출처: 자메이크 공식 유튜브

티, 패션, 한류 등 외국인들이 관심을 가질 법한 콘텐츠를 만드는 유튜버에게 추천한다.

섬네일 제작 프로그램

섬네일은 유튜브 이용자들로 하여금 영상을 재생하게 만드는 매우 중요한 역할을 한다. 그래서 섬네일을 제작하기 위해 따로 사진을 찍거나 디자인 작업을 하는 등 정성을 기울이는 유튜버들이 많다. 디자인 프로그램을 사용할 줄 아는 사람들은 포토샵 등을 활용하고, 그렇지 않은 사람들은 PPT로 간단히 만들기도 한다.

섬네일을 만들 때 유용한 서비스로는 망고보드가 있다. 카드 뉴스, 인포그래픽, 배너, 섬네일 등에 쓸 수 있는 여러 디자인 템플릿과 그것을 쉽게 편집할 수 있는 편집 툴을 제공하는 서비스다. 망고보드를 사용하면 디자인 프로그램을 사용할 줄 몰라도 손쉽게 고퀄리티의 섬네일을 만들 수 있다. 그런데 유료 서비스다. 심지어 학생은 월 15000원, 일반인은 월 29000원으로 가격이 센 편이다. 일반인 요금의 경우 프리미어 프로의 사용료보다 비싸 조금 부담되는 금액이긴 하다. 섬네일 외에 다른 디자인 템플릿도 사용할 예정이거나 섬네일을 아주 많이 만들어야 하는 사람에게는 유용하다. 워터마크와 망고보드 출처 표시가 붙어도 괜찮다면 무료로도 이용 가능하니 그 정도는 고려해볼 만하다. 유튜브 섬네일용 디자인 템플릿만 구분해서 보다 저렴한 가격에 제공하면 어떨까 하는 아쉬움이 남는다.

섬네일과 제목으로
51% 먹고 들어가기

▶

한국에서는 섬네일을 흔히 '섬넬' 혹은 '썸넬'이라고 부른다. 원래는 전체 이미지를 축소하여 보여주는 일종의 견본 이미지를 가리키는데, 유튜브에서는 영상의 대문이라고 보면 된다. 섬네일이 매력적이어야 그 영상을 클릭하게 되고, 일단 영상을 봐야 그것이 좋은 콘텐츠인지 나쁜 콘텐츠인지 알 수 있다. 섬네일이 별로여서 아무도 그 콘텐츠를 재생하지 않는다면 아무리 매력적인 콘텐츠여도 유저들에게 전달될 기회 자체를 얻지 못한다. 그런데 업로드 시간에 쫓겨 영상을 만들어 올리다 보면 섬네일에 소홀해지는 경우가 많다.

특히 1세대 유튜버들은 섬네일의 중요성을 강조하는 편이다. 〈허팝〉 채널을 운영하는 유튜버 허팝은 섬네일을 만들 때 영상의 일부를 잘라서 사용하는 것이 아니라 영상을 촬영할 때 섬네일용 사진을 따로 찍어두는 것이 자신의 비결이라고 밝힌 바 있다. 섬네일에서 영

〈시한책방〉 콘텐츠의 섬네일들. 섬네일은 유튜브 이용자들을 해당 콘텐츠로 끌어들이는 역할을 한다.

출처: 〈시한책방〉 유튜브

상의 내용을 조금 더 과장되고 유머러스하게 표현함으로써 흥미를 유도할 수 있다.

불과 1~2년 전만 해도 수많은 영상들 중에서 자신의 콘텐츠를 돋보이게 만들기 위해 섬네일을 화려하게 만들었다. 그래서 노랗고 빨간 글자들로 유튜브가 도배되고는 했다. 그러자 '스키장 효과'가 나타나기 시작했다. 스키장에서는 안전을 위해 눈에 띄는 색상의 스키복을 많이 입는데, 그렇다 보니 아무리 화려한 스키복을 입어도 눈에 잘 들어오지 않는다. 오히려 화려하지 않은 옷을 입은 사람들이 더 눈에 띈다. 이를 스키장 효과라고 한다. 실제로 예전에 사정이 있어 스키복을 준비하지 못하고 스키장에 간 적이 있었다. 어쩔 수 없이 청바지를 입은 채로 스키를 탔는데 기분 탓인지 사람들의 시선이 내

지속 가능한 유튜브 운영의 필수 법칙 4

스키장 효과에 주목하라

총천연색 스키복들 사이에서 눈에 띄고 싶다면 청바지를 입으면 된다!

게 쏠리는 듯했다. 이러한 스키장 효과가 유튜브 섬네일에도 적용된 것이다. 유튜브 섬네일들이 온통 노랗고 빨갛다 보니 도리어 너무 화려한 섬네일은 눈에 잘 들어오지 않게 되었다. 커다란 글자들이 잔뜩 나열되어 있어 읽기에도 부담스럽다. 그래서 요즘은 섬네일에 별다른 처리를 하지 않고 영상 중 가장 감각적인 장면 하나를 골라 섬네일로 쓰는 경우도 많이 늘었다. 이런 섬네일들은 총천연색 스키복들 사이의 청바지처럼 눈에 확 띈다. 물론, 이 트렌드 역시 언제 바뀔지 모른다. 여기서 중요한 것은 섬네일의 역할이란 첫째도 둘째도 유저의 시선을 끌어서 콘텐츠 클릭 욕구를 불러일으키는 것이라는 점이다. 끊임없이 '다름'을 생각하며 여러 섬네일들 틈에서 돋보일 수 있는 방법을 찾아야 할 것이다.

섬네일이 중요하다고 말했지만 더 중요한 것은 사실 제목이다. 비교적 짧은 기간에 100만 명이 넘는 구독자를 모은 〈진용진〉 채널의 경우 섬네일이 그냥 사진 한 장이다. 간혹 글자가 적혀 있는 것도 있지만 대부분이 그렇다. 그럼에도 구독자는 폭발적으로 늘어나는 중이다.

회사원 유튜버로 유명한 JM은 30만 명이 넘는 구독자를 보유하고 있는데, 전업 유튜버가 아니다 보니 섬네일에 많은 수고를 들이지는 못한다. 그래서인지 〈JM〉 채널 역시 사진 한 장으로 섬네일을 구성한다. 이 밖에 영화 유튜버들도 섬네일을 화려하게 만들기보다는 인상적인 장면 하나만을 섬네일로 삼는다.

섬네일이 화려해지는 것은 유튜버들이 제목을 강조하기 위해 노란색이나 빨간색처럼 눈에 띄는 색에 커다란 글자로 제목을 적어 넣어서다. 그런 글자가 너무 많은 탓에 제목이 눈에 안 들어오니 아예 섬네일에 글자를 넣지 않는 쪽을 택하는 유튜버들이 등장한 것이다. 섬네일을 깔끔하게 구성하는 대신 흥미로운 제목을 달아 시청을 유도한다. 그리고 이런 방법은 상당히 효과적이다. 그래서 섬네일이 단순하고 소박한 콘텐츠도 제목만큼은 소박하지 않다. 제목으로 유저들을 끌어모아야 하기 때문이다. 유저들은 제목을 보고 그 콘텐츠를 클릭할지 말지를 결정한다. 모든 유튜브 사용자들이 특별한 목적이 있어 유튜브를 찾는 것이 아니다. 유튜브 사용자 중 많은 이들이 '그냥' 유튜브에 들어온다. 그러니 이들의 눈길과 손길을 잡아끄는 맛보기 음식이 필요하다. 대형마트의 시식 코너처럼 말이다. 콘텐츠 제목이 그런 역할을 해준다. 유튜브 콘텐츠의 제목이란 없던 궁금증도 생기게 해야 하는 것이다.

유튜브 콘텐츠의 제목들을 살펴보면 몇 가지 특징이 엿보인다. 다음은 그 특징들을 정리한 것이다. 법칙이라고는 할 것까지는 없고, 일반적인 경향 정도라 이해하고 참고하면 되겠다.

구체적 수치를 적어라

도서 시장에서 《정리하는 뇌》라는 책이 베스트셀러 순위에 오른 적이 있다. 출간된 지 4년이나 지난 책이 갑자기 순위권에 등장한 것을 본 사람들은 '어떤 북튜버가 소개했나 보다'라고 생각했다. 하지만 이름이 알려진 북튜버들의 채널을 아무리 뒤져봐도 《정리하는 뇌》를 소개한 콘텐츠를 찾을 수 없었다. 알고 보니 〈라이프해커자청〉이라는 채널에서 소개된 것이었다. 이 채널을 운영하는 유튜버 자청이 '오타쿠 흙수저의 인생을 연봉 10억으로 바꿔준 5권의 심리학 책'이라는 시리즈를 시작했는데, 그 첫 번째 콘텐츠가 '연봉 10억을 만들어준 심리학 책 1편: 정리하는 뇌'였다. 당시 업로드된 영상이 20여 개밖에 없었던 신생 채널에서 다룬 책이 베스트셀러가 될 수 있었던 이유는 무엇이었을까? 그 비밀은 다름 아닌 제목에 있었다. '연봉 10억'이라는 구체적인 수치는 사람들의 뇌리에 정통으로 꽂히는 키워드다. 자청은 이 시리즈 외에 후속 콘텐츠들의 제목에서도 구체적인 액수를 언급하며 돈을 버는 방법을 이야기한다. '일주일 만에 월 1000만 원씩 만드는 아이템', '지난 3월, 월 5000만 원 순수익 내는 사업 구조 만든 이야기' 같은 식이다. 그 결과 〈라이프해커자청〉 채널은 단 2개월 만에 6만 명이 넘는 구독자를 얻었고, 콘텐츠들의 조회 수는 수십만 회를 기록했다.

유튜브 제목뿐 아니라 어떤 제목이든 기억에 남게 하려면 구체적 수치를 이야기해야 한다는 법칙이 있다. 그래서 유튜브 채널 이름 중에도 〈3분

지식〉, 〈1분 과학〉과 같은 것들이 더러 있다. 의외로 역사 분야에서 숫자를 언급한 제목의 수요가 꽤 있는데, '10분 만에 끝내는 중국사'나 '7분 만에 알아보는 2차대전'처럼 구체적인 시간을 넣은 제목이 자주 등장한다. 무엇보다 돈과 관련된 콘텐츠의 제목에 수치를 활용하는 경우가 많다. 실제로 이런 직관적인 제목이 콘텐츠 조회로 이어지는 확률도 높다. 예를 들어 '최고급 아파트를 둘러보았다'라는 제목보다는 '35억짜리 아파트 둘러보기' 같은 제목이 유저를 끌어당기기에 좋다는 말이다.

형용사나 부사 같은 꾸밈 표현을 적재적소에 사용해라

원래 좋은 제목이란 간략하게 내용의 핵심을 전달해주는 것이다. **하지만 유튜브에서는 이렇게 정직하게 제목을 만들면 안 된다.** 그런 제목으로는 절대 높은 조회 수를 얻을 수 없을 것이다. 실제로 유튜브 콘텐츠들의 제목을 보면 형용사나 부사 등을 활용해 화려하게 꾸민 것들이 많다. 유튜브 콘텐츠의 제목에 자주 등장하는 꾸밈 표현으로는 다음과 같은 것들이 있다.

소름 끼치는, 쩌는, 미친, 저세상 텐션의, 진심, 충격적인, 가장, 역대급, 레전드, 필수, 최악의, 차원이 다른, 직접, 도대체, 초희귀템, 최초, 치명적인, 빡친, 현실적인, 간단한 보통 핵심적인 주어와 동사에 이런 꾸밈 표현을 넣어 제목을 완성한다. 예를 들어 'LG 그램 노트북 리뷰'처럼 평범한 제목에 앞의 표현들 중 하나를 골라 추가한다면 다음과 같은 조합으로 제목을 만들 수 있을 것이다.

- LG 그램 노트북의 충격적인 리뷰 결과
- LG 그램 노트북의 역대급 리뷰
- 소름 끼치는 LG 그램 노트북의 리뷰 결과
- 차원이 다른 LG 그램 노트북 리뷰

이런 제목은 항상 채널을 찾아오는 구독자들보다 어쩌다 유튜브 알고리즘의 추천으로 방문하게 된 유저들의 조회를 유도하는 데 조금 더 효과적일 수 있다. 하지만 아무리 제목에 그럴싸한 표현을 넣더라도 다른 콘텐츠와 차별화되는 포인트가 분명해야 한다. 꾸밈 표현만 있을 뿐 콘텐츠가 평범하면 유저들의 신뢰를 잃을 수도 있다.

'물음형'과 '하우투형'으로 맺어라

효과적인 물음형 제목은 없던 의문도 생기게 만든다. 물음형이나 하우투형과 같이 궁금한 것을 끌어내는 형태의 제목을 잘 활용하면 매우 좋다. 앞서 예로 들었던 'LG 그램 노트북 리뷰'라는 제목을 'LG 그램 노트북, 지금까지와 뭐가 다를까?'처럼 살짝 변형하기만 해도 조금 더 호기심을 자극하는 제목이 된다. 조금 더 극적인 효과를 주자면 'LG 그램이 삼성 올웨이스와 다른 결정적 한 가지는?'과 같은 제목으로 바꿀 수도 있겠다. 콘텐츠 내용이 호기심을 해결하는 내용이면 굳이 이렇게 각색하지 않아도 저절로 물음형이나 하우투형 제목을 달게 될 것이다. 하지만 그런 콘텐츠가 아니더라도 물음형이나 하우투형 제목을 적절히 사용해야 한다. 만약 콘텐츠의 내용이 '말을 잘하는 10가지 방법'에 대한 것이라면 제목은 가급적 '지금보다 두 배쯤 말을 잘하게 되는 가장 간단한 방법은?'처럼 만들자. 그러면 유저들이 해당 콘텐츠를 클릭할 확률이 커진다. 물음형 제목은 읽는 순간부터 궁금증을 불러일으키고, 일반적인 유저들은 그 궁금증을 즉각적으로 해소하고 싶어 하기 때문이다.

이때 주의할 것은 '어그로'다. 어그로는 '관심을 끌고 분란을 일으키기 위하여 인터넷 게시판 따위에 자극적인 내용의 글을 올리거나 악의적인 행동을 하는 행위'를 가리키는 말이다. 유튜브 콘텐츠들의 제목을 보다 보면 저절로 '이거 어그로네' 하는 생각이 드는 경우가 많다. 아무래도 사람들의 관심을 끌기 위해 더 자극적이고 과장된 제목을 다는 경향이 있기 때문이다. 하지만 장기적으로 볼 때 어그로는 채널 자체의 신뢰도에 안 좋은 영향을 주므로 유의하길 바란다. 어그로와 흥미 사이에서 균형을 잘 잡아가며 제목을 만들어야 한다.

보통 제목으로 물음을 던져놓고 영상에서 그 답을 알려주지 않거나 알려주더라도 구체적이지 않을 때 유저들은 '어그로에 당했다'라

유튜브 지금 시작하시나요?

고 느낀다. 따라서 제목으로 의문을 제기했으면 영상에서 확실한 답을 주는 것이 좋다. 그런데 영상을 다 만들어놓은 다음 제목을 지으면 영상과는 별개로 조회 수를 높일 제목을 고민하다가 오버하게 되기도 한다. **그러므로 콘텐츠의 제목을 먼저 지은 뒤에 영상을 제작하는 방법을 권한다.** 이렇게 하면 제목으로 던진 질문에 대한 명확한 답을 영상 안에 담을 수 있다.

구독자를 늘리는
가장 쉽고 효과적인 방법

▶

유튜브 구독자를 늘리는 가장 정석적인 방법은 부지런하고 성실하게 영상을 만들다가 유튜브 알고리즘에 걸려 영상 하나가 '떡상'하고, 그에 따라 다른 콘텐츠들도 낙수 효과를 거두어 콘텐츠들의 조회 수가 전반적으로 상승하고 구독자 수도 증가하는 방식이다. 하지만 이런 경우 유튜버가 노력할 부분은 무척 제한되고 모든 것이 운의 문제가 된다. 하지만 가만히 앉아서 행운이 찾아오기를 기다릴 수는 없다.

그렇다면 구독자 수를 늘리기 위해 유튜버가 할 수 있는 일로는 무엇이 있을까? 유튜브의 알고리즘이나 운영 원칙을 알면 좋지 않을까? 안타깝게도 그건 아무도 모른다. 유튜브가 절대 공개하지 않는 특급 영업 기밀인 데다 시기마다 그 원칙을 바꿔가며 비밀을 유지하기 때문이다. 추천 알고리즘이 알려진다면 많은 사람들이 마케팅을 하려고 그 알고리즘을 겨냥하는 콘텐츠를 올릴 것이고, 금세 유튜브 전체가 광고 영상으로 도배될 것이 뻔하다. 그러면 플랫폼 검색 결과의 신뢰성을 잃게 된다는 것을 유튜브 측이 모를 리 없다.

따라서 지금부터 이야기할 '구독자를 늘리는 방법'은 유튜브에서 공식적으로 밝힌 것은 아니다. 유튜브 알고리즘을 경험해본 유튜버들이 공통적으로 내놓은 의견을 기반으로 한 방법들이다. '우리끼리 알고 공유하는 노하우' 정도로 참고하면 좋을 듯하다.

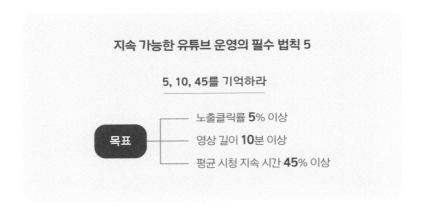

노출클릭률을 높여야 한다

유튜브 채널의 상태를 나타내는 지표들 중에 '노출클릭률^{Click Through} ^{Ratio}'이라는 것이 있다. 유튜브 추천 피드에 영상이 노출되었을 때 유저들이 그 영상을 클릭하는 비율인데, 자신의 유튜브 채널에서 분석 카테고리로 들어가 도달 범위를 클릭하면 이 지표를 확인할 수 있다.

유튜브는 기본적으로 광고를 통해 수익을 내므로 유튜브의 관심은 '유저들이 영상을 얼마나 보는가?'에 있다. 유저들이 영상을 많이 봐야 광고도 많이 보게 되고, 광고를 많이 봐야 수익이 발생하기 때문이다. 그러므로 유튜브 입장에서는 피드에 노출해주었을 때 클릭이 많이 되는 영상을 선호하는 게 당연하다.

그래서 노출클릭률은 생각보다 중요한 지표다. 보통 노출클릭률이 5% 이상이면 효율적인 콘텐츠라고 판단되어 노출 빈도가 늘어난다고 한다. 콘텐츠 자체가 흥미롭다면 전반적으로 노출클릭률이 높을 것이고, 흥미 요소가 적다면 노출클릭률이 낮을 것이다. 그렇다고 콘텐츠를 다시 만들 수는 없으니 이럴 때는 섬네일이나 제목으로 보완해야 한다. 앞서 호기심을 자극하는 섬네일과 제목을 강조한 이유 중 하나다. 영상을 기획하고, 촬영하고, 또 편집하는 데 손이 많이 가더라도 섬네일과 제목을 소홀히 해서는 안 된다. 영상을 만들 때부터 제목을 미리 생각해두고 제목에 맞춰 영상을 찍어 어그로로 오해받는 일을 피하도록 하자. 영상을 올릴 때 즉흥적으로 제목을 정하는 일은 가능한 막아야 한다. 아무 생각 없이 지은 제목으로 인해 공들여 만든 콘텐츠가 사장될 수도 있다.

평균 시청 지속 시간도 중요하다

유튜브가 양질의 동영상을 판단하는 또 다른 지표로는 '평균 시청 지속 시간'이 있다. 콘텐츠를 클릭해 재생한 유저들이 그 영상을 얼마나 보았는가를 알려주는 지표다. 만약 영상이 기대했던 것과 다르다면 유저들은 금방 재생을 멈출 것이다. 따라서 시청 지속 시간이 적으면 영상 자체의 내용이 별로거나 제목으로 어그로를 끈 영상이라고 판단할 수 있다. 유튜브는 평균 시청 지속 시간을 기준 삼아 그런 영상들을 걸러내어 노출을 가급적 줄이는 것이다.

자극적이고 말초적인 제목으로는 조회 수를 높일 수는 있겠지만, 그렇게 조회한 영상의 내용이 제목과 다르거나 수준이 낮다는 것을 알게 된 유저들은 빠르게 빠져나가기 마련이다. 그래서 유튜브는 콘텐츠의 노출클릭률이 높은데 시청 지속 시간이 지나치게 짧은 것을 문제가 있는 영상으로 판단한다. 반대로 노출클릭률은 그렇게 높지 않더라도 시청 지속 시간이 긴 영상은 유익한 영상으로 본다. 대개 평균 시청 지속 시간이 영상 재생 시간의 45% 이상이면 아주 양호한 영상이다. 이것이 우리가 유익하고 흥미로운 내용을 유지해야 하는 이유다.

영상의 길이

앞의 두 지표들은 콘텐츠를 업로드한 다음에 산출되는 것이라서 유튜버가 스스로 조절할 수 없지만, 영상의 길이는 유튜버가 직접 조절할 수 있는 지표다. 콘텐츠의 퀄리티가 낮아도 평균 시청 지속 시간이 높은 경우가 있다. 영상의 재생 시간이 너무 짧은 경우다. 영상이 단 몇십 초짜리라면 그 영상을 조회한 뒤 제목이 어그로였다는 것을 깨닫고 빠르게 재생을 멈춰도 이미 영상이 꽤 진행된 상태일 수 있다. 그렇게 되면 평균 시청 지속 시간이 전체 영상 길이의 50%를 넘기기도 한다. 유튜브는 이런 상황을 좋아하지 않는다. 또한 총재생 시간이 10분이 되지 않는 영상에는 광고를 하나밖에 붙일 수 없다. 9분 30초짜리 영상에는 광고를 하나만 붙일 수 있지만 10분 10초짜리 영상에는 중간 광고를 추가할 수 있다. 따라서 유튜브는 10분 이상인 영상이 더 많이 조회되기를 바라고, 짧은 영상보다는 긴 영상의 평균 시청 지속 시간이 잘 나오는 것을 선호한다. 그러므로 영상의 길이가 너무 짧으면 좋지 않다.

자, 그럼 지금까지의 이야기를 정리해보자. 유튜브 알고리즘의 추천을 받기 위해서는 영상의 길이가 10분 이상 되도록 하는 것이 바람직하다. 하지만 유저들은 영상을 볼 때 재생 시간이 10분을 넘어가면 조금 길다고 느낀다. 경험적으로 보면 유저들의 반응이 가장 좋은 영상 길이는 5~8분 정도다. 이런 시간의 갭 차이는 영상에 재미를 더해 채워야 한다. 아무리 가치 있는 정보도 계속 지루하게 이야기하면 10분 이상 듣기 힘들 것이다. 이때 중간중간 약간의 재미 요소를 첨가하면 생각보다 10분이라는 시간은 금방 흘러간다. **종합해보면, 재생 시간이 10분 이상이고 노출클릭률이 5% 이상이면서 평균 시청 지속 시간이 총재생 시간의 45% 이상인 영상이 유튜브 알고리즘의 추천을 받을 확률이 높다.**

약속의 구독자

사실 채널을 처음 운영하는 입장에서는 노출클릭률 5% 이상이나 평균 시청 지속 시간 45%는 거의 꿈의 숫자와 같다. 그러다 보면 아무리 시간이 지나도 구독자가 늘어나지 않는 채널을 지켜보다 못해 유튜버가 채널 운영을 포기하는 일이 생기기도 한다. 되도록 많은 사람들이 유튜브에 콘텐츠를 올려주기를 바라는 유튜브 입장에서는 난감할 수밖에 없다. 따라서 유튜브 측에서 이런 상황을 관리하는 것으로 알려져 있다. 일정 수준의 구독자를 달성하면 알고리즘을 열어 대대적으로 추천해주는 방식으로 유튜버들에게 '꿈과 희망'을 주는 것이다. 유튜브의 추천을 받으면 이전보다 빠른 속도로 구독자가 증가하고, 이에 희망을 얻은 유튜버들이 심기일전해서 다시 열심히 하게 되는 식으로 말이다.

이때 '일정 수준의 구독자'를 흔히 '약속의 구독자'라고 부른다. 구글 지메일 계정으로 '어느 정도의 구독자가 달성되었다'라는 축하 메일이 올 때가 있는데 그때가 바로 '약속의 구독자'가 찾아온 시점이라는 것이 유튜버들 사이에서는 거의 정설로 굳어져 있다. 물론 약속의 구독자는 공식적인 것이 아니고 지표와도 상관이 없다. 그저 유튜버들의 입에서 입으로 전해지는 이야기다. 그래서 약속의 구독자가 반드시 들어맞는다고 할 수는 없지만 많은 유튜버들이 실제로 경험한 적이 있다고 말하며, 나 역시도 이를 경험했다. **여러 유튜버들의 경험을 종합해 알려진 바로는 구독 수 0명, 100명, 500명, 1000명, 1만 명 선**

에 도달하면 유튜브가 알고리즘을 열어 구독자 수를 '튀겨준다'고 한다. 물론 이는 공식적으로 발표된 기준선 같은 것이 아니기 때문에 모든 사람에게 동일하게 적용되는 것은 아니다. 어떤 사람은 이 수치들에 도달했을 때마다 꼬박꼬박 유의미한 구독자 수 증가가 이루어지기도 하지만, 또 어떤 사람에게는 '약속의 구독자라는 게 정말 있기는 한가?' 싶을 정도로 미미한 변화만 나타나기도 한다. 이 수치들 중 '이것만은 거의 확실하다'고 할 만큼 많은 사람들이 약속의 구독자를 체험한 것은 1000명대다. 이 수치가 가장 중요한 분수령이라고 할 수 있는데, 구독자 수가 1000명이 넘는 시점에 좋은 콘텐츠가 뒷받침될 경우 많으면 며칠 사이에 10배까지 늘어 구독자가 1만 명에 이르게 되는 경우도 왕왕 있다.

나의 경우 구독자 수가 1000명대일 때도 많이 늘었지만, 약속의 구독자를 제대로 경험한 것은 구독자 수가 1만 명 선일 때였다. 7000~8000명 수준이던 구독자가 단 며칠 만에 15000명까지 늘어난 것이다. 자고 일어나면 구독자 수가 1000명씩 늘어 '이러다가는 금방 100만 구독자 유튜버가 되겠는데?' 하는 생각에 기뻐했던 순진한 시절이었다. 이런 행복은 약 일주일 후 끝났고 다시 이전의 구독자 증가 속도로 돌아갔다. 나는 구독자 증가 속도가 줄어든 것이 내 탓인 줄 알고 무척 자책했었는데 알고 보니 이 모든 것은 다 예정되어 있었던 것뿐이었다. 이런 경험을 많은 이들이 공유하는 것을 보면 약속의 구독자는 실제로 존재하는 듯하다.

여기서 중요한 것은 약속의 구독자에 대비해 흥미로운 콘텐츠를 준비해둬야 한다는 것이다. 많은 유튜버들은 구독자 수가 1000명이나 1만 명에 도달했을 때 이벤트 영상을 올린다. 스스로에게도 의미가 있는 숫자이기 때문이다. 그러나 노출 확률이 크게 오를 수 있는 시점에 구독 유인율이 떨어지는 단순한 이벤트 공지 영상을 올리는 것은 어리석은 행동이다. 구독자가 100명에 도달했을 때, 1000명에 도달했을 때, 1만 명에 도달했을 때 올릴 영상들은 퀄리티와 흥미도가 높은 것으로 미리 준비하여 추천 알고리즘의 효과를 극대화하는 것이 좋다.

반면에 구독자를 늘리고자 할 때 지양해야 하는 방법들도 있다. 이 방법들은 단기적 효과는 있을지 모르나 장기적으로 보면 결국 채널에 독이 되는 것들이다.

❶ 어둠의 방법

이는 언론을 통해 보도되기까지 한 방법으로, 마케팅 업체에 부탁해 구독자를 늘리는 것이다. 예전에는 주로 사화된 외국인 계정으로 작업해서 구독자 중에 유난히 동남아시아나 중동 지역 사람이 많으면 구독자 수 조작을 의심해볼 만했다. 그런데 요즘은 아예 아르바이트 직원을 고용해 여러 개의 계정을 만들게 하고 그 계정으로 작업하는 식이라 잡아내기가 더욱 어려워졌다.[1] 하지만 외국인 계정이든 한국인 계정이든 이렇게 조작된 구독자는 모두 유령구독자라는 사실을 기억해야 한다. 이렇게 구독자 수를 늘려 키운 채널들은 일시적으로 잘되는 듯한 느낌을 줄 수는 있으나 구독자 수에 비해 콘텐츠의 조회 수와 '좋아요' 수가 적어 결국 채널 전체가 무너지게 된다.

❷ 맞구독

비슷한 처지의 다른 유튜버를 찾아가 맞구독을 신청하는 방법도 있다. '내가 당신의 채널을 구독해줄 테니 당신도 내 것을 구독해달라'는 일종의 품앗이인데, 이런 품앗이로는 유의미한 수준의 구독자 증가를 이루어내지 못한다. 무엇보다 자신의 취향과는 무관하게 구독한 것이므로 서로의 콘텐츠를 조회할 확률이 낮다. 그러니 앞서의 유령 외국인 계정과 크게 다를 바가 없다.

다른 사람의 유튜브 채널에 찾아가 댓글로 자신의 유튜브 채널을 홍보하는 사람도 있고 그런 것들을 권하는 사람들도 있다. 그 효과가 어느 정도인지는 모르나 나는 부정행위를 하는 듯해 권하지 않는다. 맞구독으로 체감할 수 있을 만큼 구독자 수를 늘리려면 엄청나게 많은 시간을 들여 여러 채널에 댓글을 달며 맞구독을 청해야 하니 부업으로 유튜브를 하는 사람에게는 가능할 것 같지도 않다. 다만 이런 방법이 불법은 아니므로 전업 유튜버라면 시간이 많이 들더라도 해볼 만하다. 이때 자신의 채널과 비슷한 주제를 다루는 채널들을 중심으로 찾아가 댓글을 달아 그 채널의 구독자들에게 자신의 채널을 노출시킨다면 꽤 효과적일 것이다. 이들은 이미 타깃 유저임이 검증된 것이나 마찬가지이며 유사한 채널을 함께 구독할 가능성이 높기 때문이다. 그래도 남의 구독자를 훔쳐오는 느낌에서 벗어날 수는 없을 것이다.

유튜브 성공의 초석, 구독자 관리하기

▶

여러 노력들을 통해 채널 운영이 본격화되고 의미 있는 수준의 구독자들이 생겼으면 그 구독자들을 그냥 놓아두어서는 안 된다. 구독자들과의 소통을 시도하며 관리해야 한다. 다른 미디어와 유튜브의 가장 큰 차이점은 크리에이터의 의지에 따라 자유롭게 소통할 수 있다는 점이다.

지속 가능한 유튜브 운영의 필수 법칙 7

구독자를 모았으면 소통으로 철저히 관리하라

구독자 만들기는 쉽지만 '내 편' 만들기는 어렵다

댓글 관리

유튜버와 구독자들의 가장 일차적인 만남의 장은 바로 콘텐츠 댓글창이다. 구독자들이 남긴 댓글들을 지겨워해서는 안 된다. 구독자가 늘어날수록 댓글도 많아지겠지만 초심을 잃지 말자. 채널의 초창기, 구독자가 거의 없었을 때는 댓글도 없었을 것이고, 어쩌다 하나씩 달리는 댓글을 보며 A+가 찍힌 성적표를 보았을 때보다 더 기뻐했던 기억을 계속 간직해야 한다.

댓글은 콘텐츠에 대한 구독자들의 피드백이므로 다른 콘텐츠의 기획이나 구성에 큰 도움이 된다. 그러니 가능한 댓글들을 읽고 그때그때 답글을 달며 피드백에 대한 피드백을 하는 것이 좋다. 이때 답글 달기를 미루지 말고 가급적 2~3일 이내에 처리하는 것이 중요하다.

댓글을 관리하다 보면 악플과 정면으로 마주하게 된다. 대부분의 유튜버는 연예인이나 공인이 아닌 평범한 사람들이라 악플에 노출되어본 적이 없다. 그래서 처음 악플을 보면 정신적인 충격을 받을 가능성이 크다. 댓글을 관리하지 않거나 아예 댓글창을 닫아놓은 유튜버들 중에는 악플에 대한 두려움 때문에 그런 경우가 많다. 댓글의 내용이나 유튜버의 성격에 따라 악플 대처 방법을 몇 가지로 나눠볼 수 있는데, 지금부터 하나씩 살펴보도록 하자.

❶ 모르는 척형

악플을 직접 접하기 전에야 그냥 넘기면 될 거라고 생각하지만, 이유도 논리도 없는 인신공격성 악플을 보면 기분이 상할 수밖에 없다. 그런데 그런 악플의 내용을 자세히 살펴보면 그 영상을 본 것도 아니고, 해당 유튜버를 잘 아는 것도 아니다. 그냥 자신의 기분을 댓글창에 푸는 것일 뿐이다. 영상을 보지도 않고 제목이나 섬네일만 보고서 악플을 다는 사람들도 은근히 많다. 그렇다 보니 악플들을 모르는 척하고 넘기는 것이 가장 적절한 해결책이 되는 경우가 많은 것이다.

평소 자신을 옹호하던 구독자들이 악플러에 맞서며, 소위 '실드를 쳐줄' 것으로 기대하는 사람도 있다. 하지만 대다수의 일반 구독자들은 문제에 휘말리는 것을 좋아하지 않는다. 웬만해서는 구독자들이 악플러에 맞서는 상황은 일어나지 않으니 그런 기대는 접는 것이 정신 건강에 이롭다. 근거 없는 악플을 남기는 사람들 중 대부분은 사회에 가진 분노를 개인에 퍼붓는 것이다. 사회 전체를 대변할 수 있는 것이 아닌 이상 이에 대해 진지하게 대꾸하며 대응하는 일은 아무런 소용이 없다.

악플의 또 다른 원인을 꼽자면 질투가 있다. 어떤 사람들은 잘나가는 사람을 보고 건강한 자극을 받는 것이 아니라 그 사람을 어떻게 끌어내릴 수 있을지를 먼저 생각한다. 누군가가 자신보다 뛰어나 보이는 것을 참지 못하는 것이다. 그래서 대형 유튜버들을 보면 찬사보다 비난을 보내는 경우가 많다. 이런 악플에도 논리와 이유는 없다. 그저 그 유튜버가 싫은 것이다. 실제로 굉장히 심각하고 직접적인 공격을 쏟아내는 악플들도 자주 보인다. 이에 유연하게 대처하기 어렵다면 차라리 대응하지 않는 것이 낫다. 강경 대응을 하거나 논리적으로 따지는 행위는 악플이라는 불에 기름을 붓는 행위가 되곤 한다. 특히 무논리한 악플러들은 그 기름을 간절히 기다리고 있다.

❷ 현실 인정형

읽었을 때 하루 종일 우울해지는 악플은 논리와 이유가 있는 악플이다. 콘텐츠를 보고 무엇이 잘못되었는지 조목조목 따지고 비판하는데, 그것이 맞는 말이기 때문에 유튜버 스스로 자괴감에 빠지게 된다. 완벽한 콘텐츠를 지향하고 싶어도 시간과 노력, 비용에 한계가 있을 수밖에 없다. 기획 방향을 조정하거나 말하는 방식을 바꿔서 되는 부분이라면 진작 해결했을 문제다. 유튜버의 입장에서는 채널 구독자가 모자란 부분을 따지기보다 감싸주길 바라겠지만 현실은 늘 마음대로 되는 것이 아니므로 어쩔 수 없다.

어떤 댓글을 읽고 속상하고 우울해진다면 스스로도 느끼고 있는 부족한 점을 정확히 지적했기 때문일 것이다. 구독자의 단순한 오해라면 기분이 나쁠 일이지 우울해질 일은 아니다. 그럴 때는 별다른 방법이 없다. 안 되는 것은 안 되는 것으로 인정해야만 한다. 그 구독자에게 해명하거나 그 사람을 설득할 필요도 없다. 어차피 그는 유튜버가 하는 말을 듣지 않을 테니 말이다. 그 정도의 아량과 배려심이 있는 사람이었다면 애당초 공개적으로 아픈 곳을 후벼 파지는 않았을 것이다. 대개 이런 사람들은 진실 혹은 충고라는 이름으로 주위 사람들에게 언어폭력을 휘두르면서 그것이 폭력이라는 것조차 자각하지 못하는 사람들일 수 있다. 자신의 말이 열심히 하는 사람들에게 어떤 상처를 줄지 생각해보는 공감의 정서가 부족한 이들일 가능성이 많다는 얘기다. 그러니 맞서 싸우지 말고, 그냥 놔두자. '죄송합니다. 제 능력이 이것밖에 안됩니다'나 '죄송해요. 더 노력할게요' 정도의 답글은 달아도 좋다. 단, 이때 진심을 담지는 말자. 일일이 진심을 담다가는 한도 끝도 없고, 도리어 위축되어 스스로를 갉아먹게 될 것이다.

❸ '응 너보단'형

슈퍼주니어의 멤버인 연예인 김희철 씨는 KBS 예능 프로그램 〈6자회담〉에 출연해 '여자들한테 김희철이 인기가 있긴 한가? 얼굴 얍삽'이라는 댓글에 '응 너보단'이라고 댓글을 단 적이 있다고 밝혀 화제가 된 적이 있다.[2] 평소 악플에 개의치 않는다는 태도를 보여온 그가 이렇게 직접 대응한 것은 조금 의외다. 재미있는 것은 대중들이 이런 김희철 씨에게 동조한다는 점이었다.

대중들도 악플러들에 대해 감정이 좋지 않다. 그런 사람들과 논쟁을 벌이는 것 자체가 싫어 무시할 뿐인데, 악플러들은 댓글창을 휘저어도 별말이 없으니 자신의 말이 일리가 있어 그러는 줄 안다. 물론 상대 악플러가 진짜 싸움닭이면 귀찮아질 수도 있지만, 때로는 김희철 씨의 사례처럼 유머러스하면서도 강경하게 대응하는 것이 통하기도 한다.

❹ 보살멘탈형

악플에도 선량한 댓글을 달아줄 정도로 멘탈이 강한 유형을 말한다.

유튜브 지금 시작하시나요?

사실 이 유형의 대처법이 가장 좋긴 하다. 2인조 그룹 노라조의 조빈 씨의 사례를 예로 들어보자. MBC 예능 프로그램 〈나 혼자 산다〉에 출연한 조빈은 자신을 향한 악플들을 모아 답글을 단 적이 있다고 말했다. 그 내용이 매우 인상적이라 화제가 되기도 했는데, 그중 몇 가지를 예로 들면 다음과 같다.

이것들 뜨려고 별 생쇼를 다 하는구나
- 맞습니다! 진짜 뜨고 싶습니다. 떠보고 싶어서 그랬습니다.

립싱크하려면 때려치워
- 저희끼리도 입을 못 맞춰 립싱크를 못하고 있습니다.

한심하다
- 맞습니다! 저희 집안에서도 저희를 한심하게 생각하십니다! 부모님께 효도 할 수 있도록 많이 도와주십시오.

가수 맞니?
- 한 놈은 사람들이 개그맨으로 알고 있고, 한 놈은 외국인으로 알고 있습니다! 가수라고 인정해주실 때까지 열심히 하겠습니다!

이 댓글들을 한 네티즌이 정리해서 인터넷에 올렸고, 다른 네티즌들이 이를 보며 '이 형들은 건드리면 안 된다. 너무 열심히 산다'는 반응을 보였다고 한다. 조빈에게는 '보살멘탈'이라는 별명이 있는데, 이 보살의 태도가 네티즌들의 호감을 산 것이라고 할 수 있다.

'꼴 보기 싫어요'라는 악플에 '죄송해요. 얼굴이 이거 하나밖에 없어서……'라고 답하거나, '재수 없어'라는 악플에 '죄송합니다! 저도 굉장히 재수 있고 싶답니다'라고 답하는 것이 바로 보살멘탈형이라 하겠다. 이렇게 대응하면 실제로 악플이 잦아들기도 한다. 자신의 악플을 유튜버가 꼬박꼬박 읽는다는 것을 보여주기만 해도 악플러가 악플 달기를 조금 주저하게 되기 때문이다. 하지만 보살멘탈이 되려면 진짜 보살만큼 넓은 마음을 가져야 한다. 악플을 보고 울컥하는 마음을 차분히 가라앉힐 수 있어야 가능한 일이다. 웬만큼 마음의 여유가 있지 않고서는 실천하기 어려운 방법인 셈이다.

❺ '그걸 왜 봐'형

유튜브 콘텐츠에 악플이 달리면 그 내용 때문에 기분이 상하기도 하지만, 다른 구독자들이 볼까봐 불안한 마음도 든다. 이런 경우 유튜브의 기능을 활용할 수 있다. '댓글에서 숨기기' 기능을 사용하면 악의적인 댓글이 채널에서 가려져 다른 구독자의 눈에 보이지 않게 된다.

이때 댓글을 단 사람은 자신의 댓글이 가려졌는지 알 수 없다는 것이 재미있다. 상습적인 악플러들은 신고해서 차단하고, 그의 댓글은 숨겨버리면 유튜브 채널에서 그 악플러를 고립시켜버릴 수 있는 셈이다. 다만 신고해서 차단하더라도 그 사람이 다른 계정을 이용해 다시 들어오는 것을 막지는 못한다.

❻ '고소미 맛 좀 볼래'형

구독자들의 댓글 활동이 활발한 채널도 있고 저조한 채널도 있다. 솔직히 말해, 여성 유튜버의 채널에는 남성 유튜버의 채널에 비해 댓글이 조금 더 많이 달리는 경향이 있다. 하지만 성적인 내용의 댓글이 상당수를 차지하는 경우가 많고, 그중에는 심각한 수준의 것들도 있다. 남성 유튜버라고 해서 모욕적인 댓글이 달리지 않는 것은 아니다. 가족을 들먹이는 악플과 같이 참기 어려운 것도 있을 수 있다.

이때 최후의 수단은 고소다. 고소를 하려면 해당 악플러의 댓글 내용을 캡처해서 차곡차곡 모아놓아야 한다. 그런데 일반인이 법적 절차를 밟아 조치를 취하기에는 현실적 어려움이 많은 것이 현실이라 안타깝다.

커뮤니티 기능 활용하기

댓글 관리 외에도 구독자와 소통할 수 있는 방법이 있다. 유튜브의 커뮤니티 기능을 통해 구독자들에게 공지나 메시지를 보내는 것이다. 유튜브를 애용하는 사람도 이 기능을 잘 모르는 경우가 많다. 자신의 채널 상단 메뉴의 커뮤니티 탭을 클릭해 들어가면 마치 페이스북에 게시물을 남기는 것 같이 사진이나 글을 올릴 수 있다. 여기에 올리는 게시물은 유튜브 콘텐츠처럼 구독자가 볼 수 있고, 구독자가 아닌 유저도 볼 수 있다. 나를 포함한 많은 유튜버들은 이 기능을 주로 공지나 가벼운 소식을 전하는 데 활용한다.

이렇게 커뮤니티 기능을 활용하면 유튜버와 구독자들 사이에 공유하는 무언가가 생긴 것 같은 느낌을 줄 수 있어 좋다. 유튜버가 구독자에게 은밀하게 말을 거는 듯하기도 하고 유튜버의 사생활을 조금 엿보는 듯하기도 하다. 진짜 '커뮤니티'와 같은 감성을 자아내는 것이다. 페이스북에 올리는 게시물을 유튜브에도 올린다는 생각으로 가끔씩 사용해보자. 사진을 한 장씩밖에 올릴 수 없는 점은 좀 아쉽다.

하지만 커뮤니티 기능을 너무 남용하는 것은 좋지 않다. 새로운 영상이 올라갈 때처럼 커뮤니티에 새로운 게시물이 업로드되면 구독자들에게 알림이 간다. 그나마 영상 업로드 알림은 정기적으로 울리게 되지만 커뮤니티 업로드 알림은 불규칙적이다. 이렇게 시도 때도 없이 알림이 가면 구독자들이 아예 알림 기능을 꺼버리는 역효과가 발생할 수도 있다.

$$(((\bullet)))$$

구독자를 위한 특별 이벤트가 필요할 때는
라이브 방송을 하라

유튜브에 영상을 업로드할 때 클릭하는 카메라 모양의 아이콘(동영상 또는 게시물 만들기 버튼)을 클릭하면 '동영상 업로드'와 '게시물 작성' 사이에 또 하나의 선택지가 있는 것을 볼 수 있다. 바로 '실시간 스트리밍 시작'이다. 이를 누르면 실시간 스트리밍, 그러니까 라이브 방송이 가능하다. 라이브 방송이란 유튜버와 구독자가 댓글창으로 통해 실시간으로 소통하며 방송하는 것을 말한다. 이 라이브 방송을 TV 프로그램으로 만든 것이 MBC의 〈마이 리틀 텔레비전〉이다.

아프리카TV에서는 라이브 방송이 중심에 있지만 유튜브에서는 부차적인 요소다. 유튜브는 기본적으로 완성된 영상을 올려 공유하는 데 적합한 플랫폼이다. 그래서 라이브 방송에 대한 지원도 최소화되어 있다. 광고를 기반으로 하는 유튜브의 수익 구조상 광고를 붙이기에 적절하지 않은 라이브 방송은 선호하지 않는다. 라이브 방송에서 유튜버가 어떤 말이나 행동을 할지 모르는 데다가 저작권 문제가 발생할 수도 있는데 함부로 광고를 붙일 수는 없는 노릇이다. 그래서 유튜브를 할 때는 굳이 지원이 부족한 라이브 방송을 많이 하기보다는 가끔 이벤트성으로 활용하는 것이 좋다. 이를테면 '팬 서비스용'으로 말이다.

구독자 입장에서 라이브 방송은 매력도가 떨어진다. 뉴미디어의 장점은 원할 때 원하는 장소에서 원하는 콘텐츠를 볼 수 있다는 것인데, 라이브 방송은 자신이 원하는 시간에 볼 수 있는 것이 아니기 때문이다. 라이브 방송에 참여하려면 일정한 시간에 준비하고 있어야 한다. 그리고 라이브 방송은 방송 시간도 일반 유튜브 영상 콘텐츠에 비해 꽤 길다. 아프리카 TV의 라이브 방송은 별풍선을 얻기 위해 자극적인데, 그런 면에서 유튜브 라이브 방송은 상대적으로 경쟁력이 떨어지는 것도 사실이다.

그래서 유튜브에서는 주로 팬덤을 형성해서 해당 유튜버의 호감도를 상승시키고자 할 때 라이브 방송을 한다. 물론 팬덤 형성에 효과적이긴 하다. 하지만 이 경우 팬들과 유대 관계가 필수다. 게다가 생방송을 진행하는 것은 녹화 영상을 제작하는 것과 무척 다르다. 순발력, 대범함 등 여러 가지가 필요한 라이브 방송은 익숙하지 않은 사람이 하기에 힘들 수밖에 없다. 라이브 방송에서는 말실수를 해도 돌이킬 수 없다. 그러니 가급적 라이브 방송은 불특정 다수가 아닌 친근한 구독자를 대상으로 하는 것이 낫다. 그들은 당신이 조금 실수한다 해도 이해해줄 수 있다. 그러므로 채널 운영 초기부터 라이브 방송에 도전하지 말고 먼저 댓글 등을 통해 구독자와 친밀감을 형성하도록 하자.

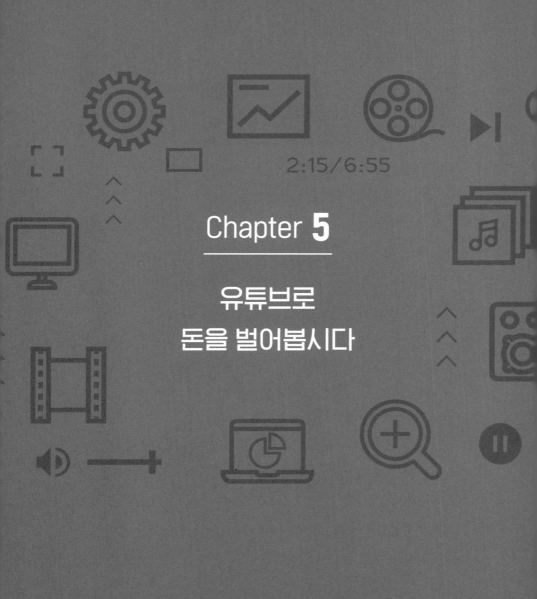

Chapter **5**

유튜브로
돈을 벌어봅시다

누구든 할 수 있지만
누구나 버는 것은 아니다

▶

유튜브 채널을 만들고 운영하는 이유의 99%는 돈이다. 결국 돈을 벌지 못하면 이렇게 책까지 찾아보면서까지 열심히 할 이유가 전혀 없다. "유튜브는 취미로 하는 것이지 돈 벌 생각으로 하는 건 아니에요"라고 말하는 사람도 유명 키즈 유튜버가 90억짜리 빌딩을 샀다는 기사 같은 것은 빼놓지 않고 정독한다. 지금은 취미로 유튜브를 하더라도 나중에 채널이 잘되면 그 채널을 활용해서 수익을 낼 생각을 할 수밖에 없는 것이 인지상정이다.

유튜브는 채널을 개설하면 누구든 돈을 벌 수 있다는 꿈을 심어준다. 자신의 노력에 따라 꿈이 이루어질 수 있다는 메시지를 보내면서 말이다. 하지만 안타깝게도 모두가 꿈을 이루지는 못한다. 어느 정도 수익이 창출되는 채널을 운영하더라도 그 콘텐츠를 만들기 위해 들이는 돈과 투자하는 시간에 대한 기회비용 등을 고려하면 유튜브로 유의미한 수입을 거두는 사람은 오히려 소수다. 누구나 시작할 수는 있지만 누구나 돈을 버는 것은 아니다.

유튜브를 수익으로 연결시키기 위해서는 수익화 설계를 정확히 해야 한다. 수익 창출의 구조, 수익화 시점 등을 잘 계획해야 효과적으로 수익화를 이뤄낼 수 있다. 유튜브의 수익화 구조, 즉 유튜브로 돈 버는 방법은 크게 3가지다. 물론 이와 다른 새로운 방법으로 돈을 번 사람도 있겠지만, 일반적인 접근 방법은 아래의 3가지로 정리할 수 있다.

1) 유튜브 광고 프로세스로 수익 창출하기
2) 콘텐츠에 대한 직접적 협찬이나 협업을 통해 수익 창출하기
3) 유튜브로 얻은 신뢰를 바탕으로 유튜브 밖에서 수익 창출하기

먼저 자신의 유튜브 운영 목적이 이 3가지 중에 어떤 것과 맞는지 정하면 콘텐츠 구성이나 아이템 선정 등에 방향성을 갖출 수 있어 수익으로 연결될 확률이 높다. 이 중 하나를 골라 채널을 운영해나가다가 다른 방법도 가능할 때 덧붙이는 식으로 진행하면 더욱 좋다. 3가지를 모두 하면 좋겠지만 처음부터 모두 추구하는 것은 효과적이지 않다. 하나의 수레를 각기 다른 세 방향으로 끌면 한 발자국도 앞으로 나아가지 못하기 마련이다.

유튜브 수익 창출의 기본, 광고

▶

가장 간편하고 직접적으로 수익을 창출하는 방법은 유튜브 측으로부터 광고비를 나눠 받는 것이다. 유튜브의 기본적인 수익 창출 구조는 광고를 중심으로 한다. 유튜브는 광고주로부터 광고를 제공받아 영상 콘텐츠에 붙이고, 유저들은 무료로 영상을 보는 대신 광고를 시청하는 것이다. 유튜브는 영상의 앞 또는 뒤, 중간에 광고를 넣은 다음 그 광고를 본 사람들의 수를 세어서 그 수를 기준으로 유튜버에게 수익을 배분한다. 유튜버 입장에서는 많은 사람들이 자신의 영상을 봐야 더 많은 수익을 얻을 수 있다.

그렇다 보니 1세대 유튜버의 콘텐츠 중에는 이상한 것들이 상당히 많았다. 조회 수를 올리기 위해 눈길을 끄는 어그로성 제목을 달거나, 굉장히 짧은 영상을 하루에도 몇 개씩 올려서 클릭될 확률을 높이는 식이다. 유튜브에는 진입 장벽이 없어 채널을 만들었다가 삭제하기가 쉽다. 이를 악용해 폭력적이거나 성적인 주제로 콘텐츠를 올려 조회 수를 올리다가 채널이 정지돼도 다시 유사한 채널을 개설해 수 익을 창출하는 일도 종종 발생했다. 그래서 2018년 이후 유튜브는 수 익 창출의 조건을 만들었다. 그 조건을 만족시키지 못하는 채널의 콘 텐츠에는 광고를 붙여주지 않기 때문에 그 채널은 수익을 얻을 수 없 다. 그 조건은 아래와 같다.

구독자 **1000**명 이상

총시청 시간 **4000**시간 이상

이러한 조건이 생기면서 채널을 개설하기는 쉬워도 수익을 창출 하는 채널을 만들기는 매우 어려워졌다. 직접 유튜브 채널을 개설해 차곡차곡 키워본 사람들은 알겠지만, 구독자 수 100명을 넘기는 일은 결코 쉽지 않다. 유튜브 초보자들은 자신이 구독하는 몇몇 대형 유튜 버들의 엄청난 구독자 수를 보고 '1000명 정도는 쉽겠지' 하며 얕잡 아 보기도 한다. 그러나 실제로 채널을 운영해보면 1000명 구독자의 날은 생전에 맞이할 수 없을 것 같기도 하다.

때로는 구독자 수보다 총시청 시간이 더 어려운 과제다. 4000시 간을 분으로 환산하면 24만 분이다. 개설한 지 얼마 되지 않은 채널의 영상이 조회 수 1000회를 넘기기란 힘들다. 잘 나오면 500회쯤 된다.

유튜브 영상의 길이는 보통 6분 내외. 시청 지속 시간이 해당 영상 길이의 50%이면 매우 좋은 편인데, 일반적으로 그 정도 수치를 기록하기는 어렵고 대개 35% 정도다. 그렇다면 6분짜리 영상의 조회 수가 500회 나왔고, 시청 지속 시간은 35%라는 가정하에 계산해보자. 6분의 35%면 약 2.1분이고, 그렇게 500번 재생되었을 경우 총시청 시간은 1050분이며 시간으로는 약 17.5시간이다. 이런 영상이 229개쯤 있어야 총시청 시간 4000시간을 채울 수 있다는 소리다. 그래서 몇만 조회 수가 나오는 효자 영상이 없으면 수익 창출 조건을 달성하는 데 꽤 오랜 시간이 걸리게 된다.

아마도 구독자 1000명과 총시청 시간 4000시간은 유튜브가 빅데이터를 기반으로 뽑은 황금 비율일 것이다. 어그로를 끄는 제목의 동영상을 무차별적으로 게시해서 총시청 시간 4000시간을 채울 수는 있다. 하지만 유저들은 이런 채널을 잘 구독하지 않기 때문에 구독자 수 1000명을 채우기 어렵다. 반대로 자신의 인맥을 총동원해 구독자 수를 늘리는 사람들이 있다. 여기저기 돌아다니며 맞구독을 신청하고, 심지어 어둠의 경로로 구독자를 사오기까지 한다. 이렇게 모은 구독자는 유령구독자나 마찬가지라서 총시청 시간 4000시간을 달성하기 힘들다. 정리하자면 유튜브가 제시한 이 두 기준은 건전하게 채널을 운영했을 때만 가능한, 가장 이상적이고 밸런스가 맞는 성장 속도를 가리키는 것이다. 이 조건을 달성해서 수익 창출 승인이 났다면 채널의 안정성을 어느 정도 인정받은 것이라 보면 된다.

그런데 수익화에 대한 진짜 고민은 이때부터 시작된다. 대부분의 경우 처음 기대한 것보다 수익이 잘 나지 않기 때문이다. 유튜브 콘텐츠 중에는 수익을 공개하는 영상들이 있는데, 그 영상을 보다가 자신의 채널의 수익을 보면 '이거 유튜브가 사람을 차별하는 거 아냐? 어떻게 이렇게 차이가 나지?' 하는 생각이 저절로 든다. 그런 의문은 잠시 접어두고 수익 공개를 하는 유튜버들의 심리를 한번 생각해보자. 물론 정보를 투명하게 공유해서 자라나는 유튜버 새싹들에게 도움을 주고자 수익을 공개하는 선량한 유튜버도 많지만, 그저 자랑할 목적뿐인 칭찬지향형 관종 유튜버도 상당하다. 하지만 후자인 경우에도 '다른 유튜버들에게 도움을 주고자 수익 공개를 한다'고 말하기 때문에 구분할 수 없다. 정보 공유를 위한 것이라면 수익이 평균적인 수준일 것이고, 자랑하기 위한 것이라면 수익이 일반적인 수준보다 더 많을 것이라 짐작해볼 수는 있다. 높은 조회 수를 위해 수익을 공개하는 유튜버도 많다. 보통 수익 공개 영상들은 조회 수가 잘 나오기 때문이다. 이렇게 전략적으로 수익을 공개하는 유튜버들은 채널도 전략적으로 운영할 것이다. 그래서 이런 유튜버들의 채널 수익은 평범한 채널보다 구독자 수나 시청 시간이 많을 가능성이 크다.

수익을 내는 데 중요한 것은 조회 수다. 시청 지속 시간 같은 지표들이 양질의 영상을 판단해서 추천 알고리즘에 올려주는 역할을 하긴 하지만, 유튜브의 실제 수익은 곧 광고 수익이기 때문에 수익을 내려면 유저들이 광고를 시청해야만 한다. 영상을 조회해서 재생해야 광고도 함께 재생되고 구독자들이 이를 볼 확률이 높아진다. 그래서 유튜브 입장에서는 조회 수를 가장 중요한 기준으로 삼아 광고비를 정산할 수밖에 없는 것이다.

조회 수 1회당 광고 수익이 1원꼴로 난다는 말이 있는데, 지금까지 설명한 것만 봐도 꼭 그렇지는 않다는 것을 알 수 있다. 몇 분짜리 영상을 얼마나 봤는지, 그래서 중간에 뜨는 광고들을 얼마나 봤는지 등 계산할 것이 많다. 예를 들어 정보 위주의 영상은 조회 수가 적어도 시청 지속 시간이 길어 조회 수 1회당 2, 3원꼴로 광고 수익을 낼 수 있다. 반면 재미만 추구하거나 어그로를 끄는 동영상은 조회 수는 높지만 시청 지속 시간이 짧아 1회당 1원 이하로 내려가기도 한다. **이처럼 광고 수익은 다른 지표와 연동해 계산해야 한다.**

〈시한책방〉을 다시 한번 예로 들어보자. 〈시한책방〉의 콘텐츠는 북 리뷰이다 보니 콘텐츠 자체가 조회 수가 많이 나오는 종류의 것은 아니다. 대신 한 번 영상을 보기 시작한 사람이 해당 영상을 계속 시청하는 시간이 꽤 긴 편이다. 그래서 재생 기반 **CPM**^{Cost Per Mille}이 상대적으로 높다. CPM은 광고가 붙은 영상이 1000회 재생되었을 때 얻을 수 있는 예상 수익을 말한다. 오른쪽 그래프는 2019년 11월 한 달간 〈시한책방〉 채널의 평균 CPM을 보여주는 것이다. 이를 보면 〈시한책방〉의 평균 CPM은 약 6달러 정도 된다. 즉, 조회 수 1000회당 6달러의 수익이 예상된다는 것이다. 원·달러 환율을 1200원이라고 하면 1000회당 7200원 정도 된다. 그러면 1회당 약 7원으로 흔히 알려진

CPM
광고가 표시된 동영상의 1000회 재생당 유효 비용 또는 1000회 재생당 평균 예상 총수익이다. 광고주의 입장에서는 비용이고, 크리에이터의 입장에서는 수익이다.

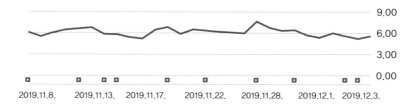

2019년 11월 한 달간 〈시한책방〉의 평균 CPM

1회당 1원보다 7배가량 많은 것이다.

하지만 이런 경우는 콘텐츠 자체가 전문적인 정보를 기반으로 하는 것이기 때문에 조회 수를 희생해서 CPM을 높인 것임을 유념해야 한다. 모든 유튜브 입문자들이 정보 기반의 콘텐츠를 제작할 수 있는 것은 아니므로 초반에는 조회 수를 높이는 전략이 더 유용할 수 있다. 기본적으로 CPM을 계산하는 데 조회 수가 포함되기 때문에 광고 수익을 산정할 때 조회 수 역시 주요 지표 중 하나임에는 틀림없다.

조회 수를 늘리기 위해서 어떤 콘텐츠를 기획하고 어떤 기술을 동원할 수 있지는 앞서 충분히 소개한 바 있다. 그러니 여기서는 조회 수를 늘리는 원론적인 방법보다는 기존의 조회 수 안에서 수익을 어떻게 극대화할 수 있는지를 다뤄보도록 하겠다.

구독자에게 읍소하기

정확히 따지면 유튜브의 광고 수익을 결정짓는 것은 조회 수가 아니다. 조회를 해서 광고가 돌아가더라도 시청자가 광고를 스킵해버리면 그 광고가 카운팅되지 않을 수 있다. 구독자가 시청한 광고로 인정하지 않고 수입 계산에서 제외해버리는 것이다. 따라서 실제 구독자들이 광고를 본 횟수가 조회 수보다 중요하다. 광고주 입장에서는 유튜브 유저들이 광고를 본다는 전제하에 광고료를 지불하는 것이니 말이다.

가끔 광고 자체가 재미있어서 구독자가 자발적으로 광고를 끝까지 시청하는 경우가 있다. 독특하고 중독성이 강한 콘셉트를 내세운 야놀자나 지마켓 광고가 그 대표적인 예다. 하지만 광고들이 모두 재미있는 것도 아니고, 그런 광고가 내 채널에 붙으리란 보장도 없다. 그렇다면 어쩔 수 없이 내 콘텐츠 시청자들에게 재미없는 광고를 보게 만들어야 한다는 것인데, 시청자들에게 그걸 강요할 수 있는 기술적인 방법은 없다. 따라서 구독자들에게 광고를 끝까지 볼 마음을 불러일으키려면 아주 일차원적으로 '구독자에게 읍소하기'라는 방법을 써야 한다. 이 방법은 잘 통하지 않아서 그렇지 통하기만 하면 가장 효과적이다. 물론 유튜버의 얼굴 공개, 활발한 댓글 활동 등으로 구독자들과 어느 정도 교감을 나눈 뒤에야 가능하다. 구독자들을 향해 "이왕이면 광고도 봐주세요!"라고 말하거나 자신이 유튜브를 전업으로 하고 있다는 사실을 한껏 티를 내는 것이다.

나는 전업이 아닌 부업 유튜버라고 선언하고 유튜브 채널을 운영하고 있기 때문에 이런 '광고 시청 읍소'는 하지 않고, 할 필요도 없다. 그런데도 가끔 '너무 콘텐츠가 좋아서 광고를 끝까지 봤다'라는 내용

II ▶I 🔊   유튜브 지금 시작하시나요?

의 댓글이 달리기도 한다. **구독자들이 광고를 '봐주는' 분위기만 형성된다면 광고비를 정산받을 때 흐뭇한 미소를 지을 수 있다.** 하지만 돈만 밝힌다는 인상을 주면 역효과가 나므로, 유튜브 수입이 자신에게 큰 도움이 될 것이라는 얘기를 눈치껏 전달하는 것이 필요하다. 그래서인지는 모르겠으나 유튜브 활동으로 수억 원을 벌었다고 자랑하는 유튜버들도 유튜브 콘텐츠의 배경이 되는 세트나 방들은 그다지 럭셔리하지 않은 경우가 있다. '구독자 수가 이 정도쯤 되면 수입이 좀 될 텐데' 하고 생각되는 그런 유튜버들이 심하다 싶을 정도로 '없어 보이는' 방에서 영상을 찍을 때가 있는데, 전반적으로 유튜버가 부유하다고 생각되면 좋을 게 없어서인 것 같기도 하다.

10분 이상의 영상 제작하기

광고 수익을 늘릴 수 있는 기술적인 방법 중 하나는 영상의 길이를 10분이 넘어가게 만드는 것이다. 원래 자신의 영상 길이가 2~3분 수준이었다면 이를 10분으로 늘리는 것은 쉽지 않은 일이지만, 7~8분 수준이었다면 한두 테이크만 더 찍으면 간단하게 2~3분을 늘릴 수 있다. **영상의 재생 시간이 10분 미만인 경우 광고가 1개밖에 붙지 않지만, 10분 이상이면 여러 개 붙게 되기 때문이다.** 당연히 광고가 1개일 때보다는 여러 개일 때 수익이 많아질 가능성이 크다.

이때 한 가지 주의할 점이 있다. 본래 영상 기획에 따르면 5~7분 정도로 구성하는 것이 적절한 콘텐츠인데 10분을 채우기 위해 이를 억지로 늘리면 결국 문제가 생기게 된다. 광고 하나 더 붙이려다가 구독자가 떨어져나가는 상황이 벌어질 수 있다는 소리다. 그러므로 본격적인 제작에 들어가기 전에 영상의 길이가 10분 이상이 되도록 콘텐츠를 기획해야 한다. 기왕이면 10~15분 정도의 영상을 구독자들이 집중해서 볼 수 있도록 준비하는 것이 좋다. 영화 소개 유튜버들의 채널에 유독 10분 10초, 10분 23초 하는 식으로 10분이 살짝 넘는 분량의 콘텐츠가 많은 이유다.

'광고 친화적' 콘텐츠 만들기

중간 광고를 붙일 때 그냥 놔둬도 중간 포인트에 광고가 붙지만 유튜버가 직접 광고가 들어갈 부분을 지정할 수도 있다. 유튜브가 제공하는 툴을 이용하면 된다.

직접 중간 광고가 들어갈 부분을 지정하고 싶다면, 가급적 해당 콘텐츠 중 가장 핵심적인 부분이 나오기 직전에 광고를 넣는 것이 좋다. TV 경연 프로그램에서 우승자를 발표하려는 찰나에 진행자가 "60초 후에 공개합니다!" 하고 외치는 것과 비슷하다고 보면 된다. 문제는 중간 광고가 나와도 시청자들이 기다릴 만큼 궁금증을 유발할 수 있는 힘이 그 콘텐츠에 있느냐다. 시청자 입장에서 영상이 그다지 흥미롭지 않고 관심을 끌 만한 주제가 아니라서 그만 볼지 말지를 고민하고 있는 와중에 광고가 나오면 어떻게 할까? 그 광고는 지금이 바로 이 영상을 그만 봐야 할 때라는 것을 알려주는 알람 역할을 하고 말 것이다. 따라서 유튜버가 스스로 중간 광고의 위치를 정할 때는 시청자의 호기심이 가장 높아지는 때에 배치해야 한다.

$(((\bullet)))$

유튜브로 돈 벌기 전에 꼭 알아야 할 몇 가지

사실 유튜브 광고로 수익을 내는 일은 유튜버가 스스로 기획하거나 통제하기 어렵다. 좋은 콘텐츠를 만들고 구독자를 많이 확보해서 조회 수를 높이는 정도다. 그럼에도 광고 수익은 유튜브에서 얻을 수 있는 수익 중 가장 직관적이고 안정적이다. 그러니 유튜브에서 광고 수익을 얻고 싶다면 꼼수나 지름길을 찾기보다 정직하고 성실하게 노력하는 것이 좋다.

다만, 한 가지 알아둘 사항은 유튜브 수익은 곧 '외화벌이'라는 점이다. 유튜브 수익은 달러로 계산되어 들어오기 때문에 보통 유튜브 수익을 정산받으려면 외화 통장을 개설해야 한다. 가끔 언론을 통해 보게 되는 유튜버들의 탈세 문제가 바로 이 때문에 발생한다. 처음부터 우리나라 은행이 아닌 외국 은행의 외화 통장을 개설해 이 통장으로 수익을 지급받으면 이 돈은 국내로 들어오지 않고 외국 계좌에 머무르게 된다. 때문에 국내에서 활동하며 돈을 벌면서도 세금을 한 푼도 내지 않는 일이 벌어질 수 있다.

솔직히 연간 수익이 몇 십~몇 백만 원 수준이라면 허용될 수 있는 일이긴 하다(우리나라의 소득세 납부 기준은 1000만 원 이상이다).

그런데 수십만 명의 구독자를 보유한 대형 채널이라면 사정이 달라진다. 상당한 고수익을 올리고 있으므로 당연히 세금을 내야 한다. 그동안 이런 부분은 사회적으로 잘 알려지지 않았고, 대중들이 관심을 가지지도 않아 그냥 넘어갔지만 지금은 아니다.

지금은 그 어느 때보다 유튜버의 수입을 향한 사람들의 관심이 높은 때이자, 미디어의 주목을 받는 사람들에게 높은 도덕적 기준을 적용하는 시대다. 수익이 어느 정도 나기 시작했다면 그에 대한 세금을 정직하게 납부하기 위해 노력해야 한다. 당장 눈앞의 세금을 아껴보려던 일이 과해지면 훗날 큰 위기를 가져올 수 있음을 명심해야 한다.

협찬과 협업으로
수익 모델 확장하기

▶

유튜브 채널이 어느 정도 수준까지 성장하여 일정 궤도에 올랐을 경우 큰돈을 벌 수 있는 방법은 바로 협찬이다. 협찬을 통해 유튜브 수익의 몇 배, 혹은 몇 십 배에 이르는 수익을 창출할 수 있다. '몇 배, 혹은 몇 십 배'라고 하면 차이가 매우 큰데, 유튜브 수익은 조회 수에 비례하지만 협찬은 유튜버 개인의 능력에 따라 천차만별이기 때문이다. 간혹 유튜버 중에는 크리에이터로서의 능력보다 영업자로서의 능력이 더 뛰어난 사람들이 있다. 그런 사람들은 운영하는 채널의 규모에 비해 '많은' 협찬을 '높은' 단가로 받곤 한다. 반면 어떤 유튜버는 구독자가 굉장히 많은데도 협찬이 적고 그 단가도 낮다. 이런 유튜버들은 대부분 가만히 앉아 협찬이 저절로 들어오기만을 기다리거나 협상과 조율에 익숙하지 않아 정당한 대가를 받지 못하는 케이스다. 바꿔 말하면 협찬이나 협업과 같은 일에는 비즈니스 마인드가 필요하다는 이야기다.

나의 본업은 학생들을 가르치는 일이지만, 이외에 내 사업을 운영하고 있고 다른 업체들과 협업도 많이 진행하고 있다. 그래서 비즈니스에 있어 문외한은 아니다. 하지만 유튜브 채널에 비즈니즈적으로 접근해 협찬과 같은 기재를 고도화해놓지는 않았다. 비즈니스적으로 접근하기 위해서는 콘텐츠를 만드는 것만큼의 시간과 노력이 필요하기 때문이다. 전업으로 유튜버를 하려는 사람들은 협찬이나 협업을 확장하고 고도화해나가면 좋다. 하지만 겸업이나 부업의 개념으로 유튜브를 할 생각이라면 들어오는 협찬에 소극적으로 반응하며 최소한으로 진행하는 것이 나을 수도 있다. 이 경우 채널의 상업성이 덜하다 보니 채널에 대한 구독자의 호감도가 높아진다. 그렇다고 해서 협찬의 가능성을 아예 막아놓는 것은 권하지 않는다. 관련 업계에 '협찬받지 않는 채널'이라고 각인될 위험이 있으니 앞으로의 비전을 고려해서 적당히 조절하는 것이 바람직하겠다.

협찬이나 협업으로 높은 수익을 얻고 싶다면 협찬에 적극적인 채널이라는 것을 드러내야 하고, 처음 채널을 접한 사람이라도 쉽게 접근할 수 있게 협찬과 협업을 위한 프로세스를 만들어 홍보해야 한다. 어떤 채널에 협찬하고 싶어도 어떻게 접근해야 하는지 알 수 없다면 들어오려던 협찬도 도망가버리고 만다. **그러니 협찬 가이드라인 등을 준비해 원한다면 얼마든지 찾아볼 수 있도록 해놓아야 한다.** 그렇다면 유튜브에서 성공적인 협찬을 얻어낼 수 있는 6가지 전략을 하나씩 알아보도록 하자.

1. 비즈니스 정보 공개

마음에 드는 유튜버와 협업을 진행하려고 해도 그 유튜버와 연락할 방법이 없다면 꼭 그 사람이어야 하는 것이 아닌 이상 대체 가능한 다른 유튜버를 찾으면 된다. 그러니 유튜브 채널을 통해 자신에게 연락 가능한 루트를 알려주는 것이 좋다. 채널의 정보 페이지에 비즈니스용 연락처를 공개하는 방법도 있지만, 가장 좋은 방법은 영상을 올릴 때 그 영상의 설명 글과 함께 연락처를 남겨놓는 것이다.

기본적인 이야기이긴 하지만, 개인 전화번호보다는 이메일 주소를 알려주는 것을 권한다. 업무용 이메일 계정을 하나 만들어두고 주기적으로 확인하면 간편하다.

2. 활발한 홍보와 SNS 활동

유튜브 영상들의 설명 글을 가만히 살펴보면 대형 유튜버일수록 인스타그램, 페이스북 등 다양한 매체를 활용하여 구독자들과 만난다는 것을 알 수 있다. 그걸 다 흉내 낼 수는 없다. 대형 유튜버들은 돈을 많이 버는 만큼 매체별로 담당자를 고용하는 경우가 많다. 페이스북 하나만 제대로 운영하는 데도 엄청난 시간과 노력이 들어가는데, 유튜버 혼자서 그 많은 SNS를 관리할 수는 없기 때문이다.

그래서 영상 콘텐츠는 무조건 유튜브 채널에서만 소비하게 하고,

다른 SNS는 공지 발표나 구독자 관리 용도로 사용하는 전략을 쓰는 것이다. **SNS를 통해 공개되는 유튜버의 모습이 '공적인 사생활' 정도의 것이라도 그 유튜버의 일상을 엿볼 수 있다는 것만으로 구독자들은 한층 더 친밀감을 느낄 것이다.**

이를 잘 활용하면 자신의 유튜브 활동을 더욱 부각시킬 수 있다. 내 페이스북 친구인 A는 딸들과 함께 채널을 운영하는 키즈 유튜버다. 그는 수영장에 갔는데 아이들이 딸들을 알아봤다는 이야기, 백화점에서 키즈 유튜버를 주제로 강의를 했다는 이야기 등 딸들의 유튜브 활동과 관련된 소식을 페이스북에 계속 올린다. 개인적으로 페이스북에 올라오는 글들만 보고 그가 구독자가 100만 명쯤 되는 대형 유튜버인 줄 알았다. 나중에 알고 보니 그렇게 구독자가 많지는 않았다. 하지만 A의 이런 활발한 SNS 활동은 해당 유튜브 채널이 굉장히 활성화되어 있다는 느낌을 주고, 관계자들에게 어필할 수 있는 확률을 높여준다. 덕분에 이 키즈 채널은 비슷한 규모의 다른 채널에 비해 많은 활동을 하며 차곡차곡 구독자를 쌓아가고 있다.

3. 제안서 작성

내 채널은 책을 소개하는 채널이다 보니 주로 출판사들이 이메일로 문의를 많이 해온다. 구독자 수가 몇 천 명에 이르자 한 출판사로부터 책을 보내줄 테니 리뷰 콘텐츠를 올려달라는 제안이 들어왔다. 이런 제안을 처음 받게 된 북튜버들은 상당히 감격하게 된다. 최선을 다해 콘텐츠를 만든 자신의 노력이 사회적으로 인정받은 느낌이랄까. 나역시 그랬다. 하지만 곧 이런 제안들이 늘어나면서 책을 받긴 하지만 반드시 리뷰를 하지는 않는다고 선을 긋게 되었다. 물리적으로 수용할 수 있는 양을 넘어섰기 때문이다. 그럼에도 리뷰 요청은 계속 늘어났고 출판사에서 보내오는 책도 빠른 속도로 쌓여갔다. 그러던 중 유료 협찬을 진행하고 싶으니 단가를 알려달라는 메일이 왔다. 원래 나는 채널을 수익화할 계획이 없었던 터라 이에 대비하지 않은 상태였다. 그래서 아직 유료로 협찬을 받을 생각은 없다는 내용의 답장을 보냈다. 그런데 그런 식의 메일은 몇 차례 주고받다 보니 괜스레 '출판계에 별것도 없으면서 콧대만 높은 채널이라고 소문이 나는 것은 아닐까?' 하는 노파심이 들었다.

때마침 북튜버계의 아이콘이나 다름없는 책읽찌라 님을 알게 되어 이와 관련된 대처법을 물어봤다. 책읽찌라 님은 자신의 채널을 하나의 매체라고 생각하며 규격화된 소개서를 작성해두고 협찬이나 리뷰 관련 제안이 오면 그 소개서를 보내 안내한다고 했다. 이 소개서는 간략한 채널 소개, 협찬 프로세스, 단가 등으로 구성된다. 이 이야기를 듣고 나 역시 소개서를 만들어 유용하게 쓰고 있다. 유튜버 입장에서는 각각의 업체에 일일이 답변을 쓰며 시간을 허비하지 않아도 되고, 문의를 준 업체 관계자들도 깔끔히 정리된 문서로 궁금했던 내용을 확인할 수 있어 합리적이다. **따라서 간략하고 깔끔한 소개서는 협찬을 성사시키는 좋은 방법 중 하나다.**

협찬을 성사시키는 소개서의 요소들

1) 잘 갖춰진 PPT 형식의 소개서

2) 다양한 유형별·범위별 협찬 단가

3) 모든 방면에서 협의와 조율이 가능하다는 뉘앙스

사실 나는 협찬에 크게 적극적이지 않아 소개서를 조금 딱딱한 문서 형식으로 만들어 쓰고 있지만, 협찬 성사율을 높이고 싶다면 PPT로 작성해 잘 갖춰진 소개서를 보내는 것을 추천한다. 단가도 한 가지로 고정해두지 말고 여러 범위와 유형을 예로 들어 협의가 가능하다는 점을 강조하자.

이 소개서는 적어도 2개월에 한 번씩 업데이트하고, 그 점을 소개서에도 밝혀두는 것이 좋다. 구독자 수가 많을수록 단가가 올라가기 때문이다. 이 소개서를 본 상대방은 지금 계약을 맺어야만 가장 싼 가격에 협찬할 수 있다는 메시지를 자연스레 전달받게 된다.

4. 적극적인 미팅

유튜브에 이메일 주소를 공개하면 협찬 관련 메일이 많이 들어온다. 어떤 것은 그저 한 번 찔러보는 내용이고, 어떤 것은 구체적인 단가를 물어오기도 한다. 그런데 단가를 묻는 메일에 답장을 보내면 다시 회신이 오지 않는 일이 허다하다. 단가를 묻는다는 것은 유료로 광고를 진행할 마음이 있다는 것이므로 이런 경우 담당자와 미팅 약속을 잡고 잠깐이라도 만나보는 것이 좋다. 업체와 이메일로만 소통하면 단가만 가지고 이야기하게 되는데, 직접 얼굴을 보고 대화를 나누면 단가 외의 다른 요소도 보게 되기 때문에 아무래도 조금 더 유연하게 협찬 여부를 결정하게 된다. **이메일로 협의할 수 있는 것은 단가뿐이지만, 만나서 이야기할 경우 다양한 논의가 가능할 수도 있다.** 예를 들어 1회 협찬에 단가를 150만 원으로 제시했을 때 업체 측이 난색을 표한다면 2회에 200만 원 정도로 단가를 낮추어 성사를 이끌어낼 수 있는 것이다. 역으로 유튜버 측에서 업체의 예산을 물어보고 그 정도 예산으로 협찬 진행이 가능한지 아닌지 결정할 수도 있다. 무엇보다 미팅은 비즈니스 파트너와의 관계 형성에 주효한데, 비즈니스에 있어 이 관계의 영향력이 의외로 크다. 비록 이번에는 진행이 어려웠더라도 이 미팅을 계기로 안면을 터서 '아는 사이'가 되었기 때문에 다음에는 일을 좀 더 수월하게 하게 되는 경향이 있다.

유튜버들은 비즈니스맨이라기보다 창작자에 가까워 이런 업무적 만남에 익숙하지 않은 이들이 많다. 괜히 미팅을 제안했다가 업체 쪽에서 거절할까봐 미리 걱정하는 사람들도 있는데, 보통 상대방도 유튜버와 안면을 트는 것을 싫어하지는 않는다. 따라서 크게 부담스러운 상대만 아니라면 가급적 직접 만나는 것이 좋다. 만약 유튜버가 미팅을 요청했는데 업체가 이를 불편해한다면 진지하게 협찬을 제안한 것이 아니라 그냥 단가를 알아보고 다른 곳과 비교해볼 심산일 가능성이 크니 굳이 만날 필요가 없다.

5. 역제안

엔터테인먼트 분야에서 일하다가 지금은 전시 사업을 하는 친구가 있다. **엔터테인먼트 관련 일을 할 때 성사율이 높은 것으로 유명했던 친구인데, 이 친구의 비결은 역제안이었다.** 나 역시 이 친구의 덕을 크게 본 적이 있다. 당시 tvN의 예능 프로그램 〈문제적 남자〉 기획에 참여하고 초창기에 패널로 출연하면서 얼굴을 조금 알린 나는 MBN으로부터 섭외 전화를 받았다. 〈직장의 신〉이라는 파일럿 프로그램에 패널로 출연해달라는 내용이었다. 그쪽은 내가 잘 모르는 분야라 친구에게 도움을 청했더니 고맙게도 협상 창구 역할을 맡아주었다. 그 결과는 예상보다 더 대단했다. 친구가 작가와 몇 번 미팅을 진행하더니 단순 패널에서 보조 MC로 내 위치가 격상된 것이다. 어떻게 그런 일이 가능했는지 친구에게 물어보니 그 프로그램의 성격상 보조 MC들 중에 전문가적 관점을 제시할 사람이 필요하니 내게 패널이 아닌 보조 MC를 맡겨도 좋겠다고 역제안을 했다고 답했다. 물론, 그렇게 역제안을 하기 위해 여러 수치를 동원해 자료를 만들었을 것이다.

　업체가 어떤 제안을 했더라도 내 채널의 상황이나 유튜버로서 내 장점을 잘 모르고 있을 가능성이 있다. 실제로 얼마 전 협찬 관련 미팅을 진행했었는데, 상대 업체의 본부장은 내 채널을 한 번도 보지 않은 상태였다. 그저 부하 직원이 정리해준 보고서만 읽고 미팅에 참석한 것이다. 예전 같았으면 이런 일에 화가 났겠지만, 이제는 이것이야말로 냉정한 비즈니스의 세계라는 것을 잘 알고 있다. **협찬으로 수익을**

창출하려면 창작자 마인드가 아닌 비즈니스 마인드가 필요한 또 하나의 이유이기도 하다. 하지만 이와 같은 경우, 업체의 제안이 나에게 딱 맞는 것이기는 어렵다. 이때 수익만 보고 협찬을 받아들이면 당장 돈은 될지 몰라도 장기적으로는 안 좋은 결과를 초래할 수 있다. 꾸준히 채널을 시청해온 구독자 입장에서는 평소와 다른 낯선 콘텐츠가 '갑툭튀(갑자기 툭 튀어나오다)'한 셈이기 때문이다. 구독자의 흥미를 끌지 못하면 업체 입장에서는 이렇다 할 효과를 거두지 못한 채 돈만 쓴 꼴이 된다. 결국 협찬이 끊길 수도 있는 것이다. 그래서 자신에게 맞는 형식을 역으로 제안할 필요가 있다.

이 '역제안'을 조금 더 적극적으로 활용해보자면 업체 측에서 문의가 오기 전에 먼저 제안을 하는 방식도 있다. 유튜버가 직접 기획해서 구조를 갖춰 제안하면 이에 응하는 업체가 있을 수도 있고, 당장 어떤 성과로 이어지지 않더라도 업체 측의 피드백을 받아 기획을 발전시킬 수 있다. 나의 경우 책을 리뷰하기 위해 먼저 책을 선택하는 과정을 거쳐야 한다. 책 큐레이팅 작업을 계속해야 하는 상황이라 저절로 책을 선별하고 추천하는 안목이 늘 수밖에 없다. 그러다 보니 중고생 자녀를 둔 부모들로부터 이 또래의 아이들에게 어떤 책을 읽혀야 하는지 선별을 좀 해달라는 문의가 많이 들어오곤 한다. 그런 문의를 받으면서 '북튜버 시한책방의 책장'과 같은 제목으로 세계문학이나 고전 등의 전집을 내보고 싶다는 생각이 들었다. 전집을 내면서 동일한 제목의 유튜브 시리즈를 만들어 책과 관련된 여러 정보를 제공하고 책을 '잘' 읽는 방법을 알려준다면 '멀티미디어 출판'의 형태가 될 듯하다. 시간과 품이 많이 들어가는 일이라 아직 시도는 못하고 있지만 언젠가는 이런 내용을 담은 제안서를 만들어 출판사들에게 돌릴 예정이다.

역제안을 할 때 가장 두려운 것은 역시 '거절'이다. 하지만 이 거절은 결코 두려워할 필요가 없다. 당신의 제안을 거절한 것이지, 당신이라는 사람 자체를 부정한 것이 아니니 말이다. 상대에게는 낯선 제안일 테니 거절하는 게 당연하다 생각하면 마음이 한결 편할 것이다. '되면 좋은 일일 뿐, 반드시 될 일은 아니다'라는 마음으로 시작해보자.

6. 결과 보고서 작성

유튜브 채널에 협찬을 제안하는 업체의 입장에서 볼 때 유튜브 협찬의 문제는 그 성과를 측정하기 어렵다는 데 있다. 브랜드 이미지를 광고하는 정도라면 모를까, 직접적으로 특정 상품을 판매하기 위한 것이라면 그 성과가 확실해야 광고 집행에도 무리가 없을 텐데 유튜브에는 협찬 성과를 측정하는 장치가 없다.

그렇다 보니 유튜브 전문 광고대행사들이 어필할 수 있는 포인트는 조회 수뿐이다. 하지만 광고주들은 그 조회 수의 수치를 전적으로 신뢰하지 않는다. 실제로 유명 외국계 기업의 마케팅을 총괄하던 내 친구는 광고 업체를 통해 여러 유튜버들에게 콘텐츠를 분배해 마케팅을 진행한 적이 있는데, 도무지 성과가 측정되지 않아 애를 먹었다고 토로하기도 했다. 광고 업체 측이 유튜버들이 올린 콘텐츠의 조회 수를 가져와 성과라고 보여주기는 하는데, 조회 수를 올리는 편법들이 있으니 그것이 유의미한 정보인지 사실상 알 길이 없다는 것이다. 대표적인 편법으로는 유튜브에 업로드한 콘텐츠를 페이스북에 올려 광고를 태우는 방식이 있다. 페이스북에 올라간 영상은 아주 잠깐 스치듯이 보기만 해도 조회로 인정되기 때문에 조회 수를 올리는 데 효과적이다. 하지만 이런 영상이나 광고는 유저들이 실제로 본 것이 아니라서 조회 수에 포함되더라도 실효성이 떨어진다. 그뿐만 아니라 기계와 프로그램을 동원해 조회 수를 조작하는 업체도 있다고 하니, 오직 조회 수만 가지고 평가하기에 애매하기는 하다.

조회 수 외에 유튜브 광고를 집행하고 영상이 업로드된 후 상품 판매가 얼마나 늘었는지 집계하는 방법이 있다. 그런데 유튜브 콘텐츠는 업로드된 지 몇 년이 지난 것도 현재의 소비로 이어질 수 있으므로 조금 더 장기적인 집계가 필요하다. 내 콘텐츠들만 봐도 처음 올렸을 때는 큰 반응을 얻지 못했으나 두 달쯤 후 갑자기 조회 수가 급상승한 것들이 있다. 하지만 업체 입장에서 장기적 성과를 측정하는 것은 거의 불가능하다. 그래서 이런 결과는 유튜버가 스스로 측정해서 알려줄 수밖에 없다. 이는 소개서나 제안서에 들어가야 하는 내용이기도 하다. 협찬을 진행했다면 자신의 협찬 콘텐츠가 장기적으로 어떤 성과를 냈는지 그때그때 정리해두는 것이 좋다. 그냥 조회 수만 기록해도 괜찮다. 유튜브 콘텐츠는 꾸준히 재생되기 때문에 당장은 조회 수가 적어 보이더라도 몇 달 후에 보면 조회 수가 제법 쌓였을 수 있다. 다양한 장기적 결과들을 정리하고, 소개서나 제안서에 담아 제공해 광고주가 해당 채널의 광고 효과를 인지한다면 즉각적인 결과물 이상의 비용을 지불할 용의가 생길 수도 있을 것이다.

협찬 콘텐츠,
이것만은 반드시 피해라

▶

유튜버가 효과적으로 협찬을 진행하려면 비즈니스 마인드가 필요한데, 이 비즈니스 마인드를 싫어하는 사람들이 있다. 바로 채널의 구독자들이다. 이미 TV 등에서 광고를 신물 나게 보기 때문에 자신이 콘텐츠를 선택해서 보는 유튜브에서는 광고를 최소화하고 싶어 한다. 그런데 콘텐츠에 광고가 포함되어 있으면 이 광고를 보지 않을 수가 없으므로 짜증이 나는 것이다. 그래서 협찬을 받아 콘텐츠를 만들더라도 너무 협찬 티를 내면 안 된다. 그런데 이렇게 되면 광고주 입장에서는 섭섭하다. 기껏 비용을 지불하고 광고를 집행했는데 콘텐츠에서 우리 제품을 대놓고 칭찬하지도 않고, 심지어 상품명조차도 제대로 노출이 안 되는 꼴을 그냥 지켜볼 광고주는 없다.

협찬은 언제나 구독자와 광고주 사이의 아슬아슬한 외줄 타기와 같다. 여기서 양보하는 쪽은 보통 구독자다. 물론, 유튜브에서 노골적

으로 광고하는 것이 효과적이지 않음을 인지했기 때문에 광고주들도
예전에 비해 양보를 하는 편이다. 그래도 그보다는 구독자들이 훨씬
많이 양보한다. 왜냐하면 구독자들은 자신이 선호하는 채널의 유튜버
가 콘텐츠를 계속 만들어 올리려면 협찬이 필요하다는 것을 알기 때
문이다. 그러므로 유튜버는 이런 구독자의 호의를 권리로 여기지 말
고 도를 넘지 않도록 각별히 조심할 필요가 있다. 이를 유념하지 못하
고 유튜버들이 선을 넘는 경우가 있는데, 이를 크게 나눠보면 다음과
같다.

직접 회사를 차려서 자신의 상품을 강조하는 경우

채널 자체가 광고 채널 같은 느낌을 줄 수밖에 없는 경우다. 이런 채
널의 구독자들은 자신이 선택한 유튜버에게 어느 정도 애정을 가지
고 있으므로 광고 티가 많이 나는 것을 이해해주기도 한다. 문제는 이
들이 판매하는 상품의 퀄리티가 떨어질 때다. 이는 곧 유튜버의 이름
만으로 제품을 팔겠다는 것인데, 이때 구독자들은 크게 분노한다. 그
유튜버만 믿고 제품을 구매한 것이니 말이다. 실제로 과장된 제품 광
고로 구독자들의 분노를 사고, 형사처벌까지 받았던 대표적인 사례가
먹방 유튜버로 유명한 밴쯔다.
　　밴쯔는 엄청난 식사량과 그에 대비되는 근육질 몸매로 큰 인기를
끌었다. TV 프로그램에도 종종 출연해 유튜브를 잘 보지 않는 사람

에게도 친숙한 유튜버이기도 하다. 지난 2017년, 밴쯔는 자신이 대표로 있는 회사의 건강기능식품이 다이어트에 효과가 있는 것처럼 자신의 SNS에 게시물을 올렸다. 재판부는 이를 과장 광고라고 판단했고, 벌금 500만 원의 처벌을 내렸다.[1] 원래 밴쯔의 유튜브 구독자 수는 320만 명이 훌쩍 넘었었는데, 이 사건 이후 크게 줄어 250만 명대가 되었다.

이 과정에서 발생한 가장 심각한 문제는 구독자들의 신뢰가 바닥까지 떨어졌다는 것이다. 솔직히 밴쯔에게 500만 원은 하루에도 벌수 있는 금액이다. 하지만 60만 명이 넘는 구독자가 떠나버렸다는 것은 그만큼 구독자들이 밴쯔에게 크게 실망했다는 것이고, 구독자와의 신뢰는 한번 무너지면 쉽게 회복할 수 없다. 밴쯔는 '아무리 많이 먹어도 근육질의 날씬한 몸매를 유지하는 사람'이라는 자신의 캐릭터를 기반으로 제품을 만들었다. 그렇다면 자신을 믿고 제품을 구매할 구독자들을 생각해 조금 더 제품의 효능에 신경을 썼어야 한다. 그리고 자신이 만든 회사의 제품을 광고하는 것인 만큼 채널을 활용해 마케팅을 할 때 보다 세심하게 주의를 기울였어야만 한다. 그럼에도 일반 제품을 마케팅하듯 홍보에 나섰기 때문에 구독자를 잃게 된 것이다. 유튜버는 아니지만 인플루언서로 각광받았던 임블리의 경우도 마찬가지다. 한때 1700억 원이 넘는 매출을 자랑했던 임블리의 쇼핑몰은 이른바 '곰팡이 호박즙'을 환불하는 과정에서 미흡한 대응으로 문제를 키웠고, 결국 검찰 수사까지 받게 되었다.[2] 특히 SNS나 유튜브 등에서 확장된 1인 마켓은 해당 인플루언서를 향한 고객들의 신뢰를 바탕으로 하는 만큼 제품이나 서비스에 더욱더 만전을 기해야 한다.

혹시라도 채널이 크게 성장해 회사 설립을 고려하게 된다면 적절한 상품과 서비스를 준비할 수 있는지부터 철저히 체크해야 한다. **그리고 무엇보다 초심을 잃지 않고 고객과의 직접적인 접촉을 계속할 수 있는지를 판단한 다음, 그것이 가능할 때 회사 설립을 진행해야 한다.**

누가 봐도 별로인데 세상 좋은 것처럼 리뷰하는 경우

리뷰 콘텐츠를 만드는 유튜버들은 아무래도 자신이 리뷰하는 분야의 제품을 협찬받는 경우가 많다. 그런데 리뷰를 할 때 광고주와 미묘한 신경전이 벌어지면 문제가 생길 수 있다. 장점으로만 가득한 제품은 없다. 리뷰를 하다 보면 아쉬운 점을 발견하게 되기 마련이다. 하지만 광고주 입장에서는 기껏 돈을 들여 협찬했는데 유튜버가 자사의 소중한 제품의 흠을 잡는다면 기분이 좋을 리 만무하다. 따라서 이에 대비해 유튜버는 2가지의 안전망을 설치해둘 필요가 있다.

첫 번째는 협찬이 들어와도 무조건 리뷰를 약속하지는 말아야 한다는 것이다. 실제로 자신이 체험해보고 좋은 점이 발견되었을 때 협찬에 응해야지, 무작정 협찬을 받았다가 막상 써보니 자신의 눈에 제품의 단점만 보인다면 리뷰하기 곤욕스러워진다. 그런데 이미 계약을 해버렸으니 리뷰를 하지 않을 수도 없다. 그렇게 억지로 만든 영상은 구독자들이 바로 알아보게 되어 있다. 그로 인해 리뷰의 신뢰도나 유튜버의 진정성을 잃을 수도 있는 일이다. 두 번째는 협찬 계약에 앞서 자신은 칭찬 위주로만 리뷰하지 않는다는 사실을 광고주에게 명확히 밝히는 것이다. 단점이 보이면 그 역시 이야기해야 한다. 제품을 추천할 때 '이 제품은 무조건 좋다'가 아닌 '이 제품의 이러한 장점을 고려하면 이런 경우, 혹은 이런 사람에게 좋다'라는 식으로 구체적인 범위를 정해 소개하는 것도 좋은 방법이다. 문제가 생길 때에 대비해 콘텐츠를 제작하기 전에 협찬 업체 측에 대략적인 스크립트를 공유하는 것도 좋다. 부정적인 내용이 있을 때는 이와 관련해 어느 정도 사전 조율을 거친 후 영상을 만들면 영상 제작 후 결과물을 보고 서로 얼굴을 붉히게 되는 불상사를 막을 수 있다.

영상의 대부분이 대놓고 PPL일 경우

콘텐츠를 보려고 클릭한 구독자들에게 광고를 보게 하는 경우다. 이를 고려해 협찬을 받을 때는 그 제품 혹은 업체가 자신의 채널과 어울리는지, 기존에 올린 영상들과 일관성이 있는지 살펴야 한다. 억지로 끼워 넣은 'PPL product placement 덩어리' 콘텐츠는 구독자들에 의해서 고스란히 간파된다.

채널이 주목받기 시작하면 일반적으로 협찬 제안도 물밀 듯이 밀려든다. 그럴 때 '물 들어올 때 노 저어라'라는 주위의 충고를 따라 최선을 다해 협찬 광고 콘텐츠를 만드는 이들도 있다. 그렇게 되면 채널이 지나치게 상업적으로 변질되어 자신만의 색깔을 지키기 어려워진다는 문제가 발생하고 말 것이다.

브랜딩만 해놓으면
다 끝난 걸까?

▶

기존 유튜버들은 '유튜브는 수익을 창출하는 것이라기보다는 브랜드를 키우는 것이다'라는 이야기를 많이 한다. 하지만 이제 시작하는 초보 유튜버 입장에서는 이런 말들이 잘 와닿지 않고 추상적이라 여겨진다. 그런데 먼저 경험해본 유튜버들의 말이 맞다. **실제로 유튜브는 수익 창출보다 브랜드 창출에 더 효과적인 플랫폼이다.** 오히려 인스타그램 같은 플랫폼이 수익 창출에 더 유리할 수 있다. 인스타그램에 예쁜 옷 사진을 올리고 공동구매 링크를 걸어두면 팔로워들이 비교적 쉽게 해당 제품을 구매할 수 있다. 이와는 달리 유튜브에서는 영상을 보다 말고 링크를 클릭해 쇼핑몰을 찾아가는 사람이 많지 않다.

그래서 브랜드를 수익화하는 방법을 알고 있다면 수익 창출 면에서 유튜브를 훨씬 잘 활용할 수 있다. 브랜드를 수익화한다는 것은 결국 그 브랜드에 대한 전문성과 신뢰를 확보한다는 것을 의미한다. 그래서 유튜브에서는 기업보다 개인의 브랜드화가 더 쉽다. 영상에 등장해 진행하고 정보를 소개해주는 사람이므로 시청자들이 친근감을 느끼게 된다.

앞서 유튜브 콘텐츠의 주요 속성으로 재미와 정보를 꼽았는데, 이 중에서 브랜드화가 쉽고 브랜드화에 대한 니즈가 강한 것은 역시 정보 측면에서다. 전문가가 유튜브 채널을 통해 정보를 전달하기 시작하면 해당 분야의 전문가로서 브랜드를 구축할 수 있다는 이야기다. 실제로 많은 분야의 전문가들이 유튜브 채널 개설에 나서고 있다. 2세대 유튜버를 구분하는 중요한 기준점 중 하나도 전문가들의 참여 여부인데, 2018년 이후 전문가가 운영하는 채널들이 빠르게 늘어나는 중이다. 전직 대법관 출신의 박일환 변호사가 운영하는 〈차산선생 법률상식〉이나 빠숑이란 이름으로 팟캐스트에서 유명해진 부동산 전문가 김학렬 소장의 〈빠숑의 세상답사기 부동산 대학교〉가 대표적인 예다. 이미 해당 분야에서 인정받고 있는 전문가들이 유튜브에서 더욱 이름을 알리게 된 케이스라 하겠다.

위의 경우들은 유명 전문가가 유튜브를 시작한 것이고, 내가 말하고자 하는 것은 이와 반대의 경우다. 유튜브를 통해 전문가로서 인정받고 그것을 자신의 커리어로 삼는 이들이다. 유튜브의 인기를 TV 방송으로 확장한 유튜버의 가장 유명한 예는 대도서관이 아닐까 싶다. 대도서관의 유튜브 구독자 순위를 보면 생각보다 높지 않다. 하지만 대도서관은 구독자 수 등의 수치가 대단하다기보다 1세대 크리에이터의 '아이콘'이라는 상징성이 강한 인물이다. 아프리카TV에서 활동

대도서관이 메인 MC를 맡았던 EBS 프로그램 〈대도서관 잡쇼〉. 대도서관은 유튜브의 인기를 기반으로 커리어를 확장한 대표적인 유튜버다.

출처: EBS 〈대도서관 잡쇼〉 홈페이지

하다가 유튜브로 넘어온 대도서관은 유튜브에서 얻은 인기를 바탕으로 2016년 EBS에서 자신의 이름을 건 프로그램 〈대도서관 잡쇼〉를 론칭한 것을 비롯해 각종 미디어에서 유튜브 전문가로 활약하고 있다. 다시 말해 대도서관은 유튜브 채널의 소재인 '게임' 전문가가 아닌 '유튜브' 전문가로 대중들에게 각인된 것이다.

　나 역시 이와 비슷하다. 나는 본업인 취업이나 직업 분야에서는 종종 TV 출연을 할 만큼 나름대로 알려져 있는 편이지만, 북튜브 분야에서는 신생아나 다름없었다. 처음 유튜브 채널을 개설할 때부터 원래 활동하던 분야와는 다른 분야를 다루고 싶어 일부러 취업이나 직업은 제외하고 북튜버의 길을 택하기도 했었다. 그런데 어느 순간부터 유튜브를 통해 책이나 북튜브와 관련된 강연 섭외가 들어오기 시작했다. 이러한 섭외를 제안하는 이들은 내가 원래 어떤 분야의 전문가인지 아예 모르는 경우가 많아서 개인적으로는 캐릭터 분리에 성공했다는 생각도 든다. 일단 브랜드를 형성했다면 그것을 활용해 수익을 창출하는 방법으로는 크게 4가지 정도가 있다.

❶ 강연

전문적인 정보를 전달하는 유튜버의 경우 유튜브 콘텐츠의 내용들이 강연으로 활용하기에 적합해서 웬만큼 인지도가 쌓이면 강연 요청을 자주 받게 된다. 최근 들어서는 강연 주최 측에서 아예 유튜브를 통해 강연자를 찾는 경향까지 생겼다. 유튜브 콘텐츠를 보면 그 사람이 다루는 내용들이나 말하는 태도 등을 미리 알 수 있어 보다 안전하게 강연자를 섭외할 수 있게 된 셈이다. 앞으로 강사들은 거의 필수로 유튜브를 해야 하지 않을까 싶다. 여기저기 프로필과 명함을 돌리며 강연 요청이 들어오길 기다리는 것보다는 직접 강연하는 모습을 영상으로 올려 능력을 검증받는 것이 훨씬 효과적인 방법일 테니 말이다.

말을 잘해야만 강연을 할 수 있는 것은 아니다. 내가 아는 강사 중에는 화술이 뛰어나지 못하고, 그렇다고 내용이 새로운 것도 아닌데 전문 강사로 활동하는 사람이 있다. 그 강사의 특징은 강의용 PPT을 재미있게 잘 구성한다는 점이다. 적절한 수준의 내용과 흥미를 끄는 사진, 집중력이 떨어질 무렵에 등장하는 멀티미디어 자료 등의 구성이 그 강사의 핵심 스킬이라 할 수 있다. 이 사례는 무조건 말을 잘하는 것만이 강사의 자질이 아님을 보여준다.

강연을 요청받았을 때는 강연의 주제, 청중의 구성, 강연할 장소 등 가능한 구체적인 정보를 요구하는 것이 좋다. 특히 청중들이 자발적으로 신청해서 듣는 강연인지, 아니면 의무적으로 시행되는 교육인지가 중요하다. 의무적으로 모인 사람들에게 동기를 부여하고 집중력을 끌어내는 일은 정말 탁월한 능력을 가진 전문 강사여야만 가능하다. 아직 강연이 익숙하지 않다면 그런 교육보다 청중들이 자발적으로 신청해서 듣는 강연을 하는 것이 낫다. 물론 다양한 강연 경험을 쌓는 것도 중요하니 무조건 강연을 가려서 받으라는 것은 아니다. 다만 초창기에는 조금 더 유연한 분위기에서 시작하는 것이 좋다는 이야기다. 조금씩 경험을 쌓고 강연 기술이 향상된 다음에 어려운 강연들을 맡으면 된다.

❷ 컨설팅

일전에 한 초보 마케터가 유튜브에 자신이 직장 생활을 하면서 알게 된 마케팅 관련 정보를 소개하는 영상을 몇 번 올린 적이 있었다. 그런데 어느 날 이 마케터가 이제 유튜브를 그만두겠다는 내용의 영상을 올렸다. 그 이유인즉, 너무 많은 마케팅 문의가 쏟아진다는 것이었다. 그는 자신이 아직 병아리 마케터인 데다가 브랜드 마케팅을 중심으로 알아가는 단계일 뿐, 세부적이거나 광범위한 정보는 잘 모르기 때문에 모든 이들의 질문에 하나하나 답해주기 어렵다고 밝혔다. 더불어 중소기업으로부터 비용을 지불할 테니 컨설팅을 해달라는 문의도 종종 들어오는데 이 역시 부담스러워 유튜브를 접기로 결정했다고도 이야기했다.

　이 사례에서 나는 사람들이 유튜브 영상만 보고 그 유튜버에게 기업 컨설팅을 받으려 한다는 사실이 놀라웠다. 그런데 의외로 유튜브 콘텐츠가 컨설팅으로 연결되는 경우가 꽤 있었다. 아예 컨설팅이나 멘토링 등을 론칭하기 위해 유튜브 채널을 개설하는 사람들도 많이 생겼다. 〈인싸담당자 feat. 자소서, 면접〉 채널은 취업 관련 채널 중에서는 드물게 10만 명이 넘는 구독자를 보유하고 있는데, 취업과 관련된 다양한 정보를 제공함으로써 취준생 구독자들을 끌어모으고 있다. 그리고 오프라인 강의나 온라인 생중계 강의를 진행한 다음 이를 멘토링이나 상담 등 다음 단계의 프로그램으로 연결한다. 이 경우 컨설팅과 같은 최종 프로그램을 위한 첫 단계로 유튜브 콘텐츠를 설계한 셈이다. 이런 프로세스가 나쁜 것은 아니다. 컨설팅 업체들은 블로그나 SNS를 통해 소비자를 찾고는 하는데, 유튜브에서는 소비자가 관련 콘텐츠를 보며 일차적인 검증을 한 뒤에 컨설팅 여부를 결정할 수 있으니 보다 공정한 방법이라고도 할 수 있겠다.

　이는 최근 들어 의사, 변호사, 공인중개사, 요리사와 같은 전문직 종사자들이 유튜브 채널을 개설하는 것과도 깊은 관계가 있다. 이들은 유튜브를 통해 자신의 브랜드를 강화하고자 한다. 그렇게 강화된 브랜드는 서비스 의뢰로 이어진다. 예를 들어 어떤 사람이 법적 문제를 겪게 되었을 경우 유튜브에서 검색해 그 문제에 대해 변호사가 설명해주는 콘텐츠를 보게 된다. 그리고 변호사가 필요할 만큼 문제가 심화되면 자신이 유튜브를 보면서 친근감을 가졌던, 관련 사건의 해설을 통해서 그 분야의 전문가라고 각인되었던, 쉽고 친절하게 말을 해주는 사람이라고 느꼈던 바로 그 변호사에게 갈 가능성이 높다는 것이다. 즉, 유튜브가 훌륭한 영업 창구의 역할을 해주게 된다. 과거 TV밖에 없었던 시절에는 전문직 종사자들이 방송 출연을 위해 관계자에게 뒷돈을 주었다는 이야기까지 떠돌았을 만큼 방송을 둘러싼 경쟁이 치열했다. 하지만 지금은 유튜브가 있다. 이제 전문가들은 유튜브를 통해 큰돈을 들이지 않고도, 잘하면 오히려 돈을 벌면서 방송 출연 이상의 효과를 얻을 수 있게 되었다.

이렇다 보니 전문가의 입장에서는 말하는 일이 크게 부담스럽지 않은 이상 유튜브에 도전할 수밖에 없다. 자신의 이름을 내세워 일정한 브랜드를 형성할 수 있고, 그 브랜드의 영향력을 자신의 기존 사업으로 유입시킬 수 있기 때문이다. 이 프로세스에서 유튜브 콘텐츠는 일종의 엔트리와 같다. 유튜브 콘텐츠만 잘 풀어낸다면 확실한 수익 구조를 구축하게 되는 것이다.

❸ 출간

예전에는 유튜버가 쓴 책이라면 몇 백만 구독자를 가진 유튜버가 쓴 '이렇게 하면 유튜브로 성공할 수 있다' 같은 체험담 위주였다. 유튜브의 흐름은 계속 바뀌기 때문에 이런 책은 팬덤에 의해 소비될 수는 있어도 내용 면에서는 크게 인상적이지 않다.

이제는 유튜브 채널의 규모가 아닌 그 유튜버가 만드는 콘텐츠의 내용을 중심으로 책을 내는 시기로 접어들고 있다. 정보 플랫폼의 측면에서 보자면 유튜브는 특정 분야의 전문가나 그 분야를 공부하려는 사람들을 대상으로 하는 것이 아니다. 전문적인 정보를 일반인들도 알기 쉽게 전달하는 플랫폼이다. 그래서 어려운 내용을 대중의 눈높이에 맞춰 쉽게 풀어 설명해주는 유튜버가 인기를 끄는데, 소비자들은 유튜버가 쓴 책을 고를 때도 이런 니즈를 가진다. 어려울 수 있는 이야기를 차근차근 흥미롭게 설명해주는 책은 언제나 수요가 있다. 그래서 요즘에는 무조건 구독자가 많은 유튜버보다는 대중의 흥미를 끄는 유튜버의 콘텐츠가 책으로 제작되는 추세다.

예를 들어 영상 촬영 및 편집 기술을 알려주는 유튜버 하쥔이 자신의 노하우를 바탕으로 펴낸《비됴클래스 하쥔의 유튜브 동영상 편집 with 프리미어 프로》라는 책은 프리미어 프로 관련 도서 중 가장 잘 팔린다. K-팝 등 대중문화를 소재로 콘텐츠를 제작하는 유튜버 수다쟁이쭌은 유튜브 크리에이터가 되는 법을 주제로 강연 활동도 하고 있는데, 이를 토대로《왕초보 유튜브 부업왕》이라는 책을 펴냈다. 수다쟁이쭌의 채널 구독자 수는 12만 명 정도로, 결코 적지는 않으나 대형 채널이라고 하기는 어렵다. 예전에는 수백만 구독자를 거느린 유튜버만이 유튜브 채널 운영과 관련된 책을 냈는데 이제 그러한 한계가 없어졌음을 알 수 있다. 중요한 것은 내용이다. 대형 유튜버가 쓴 책이어도 그 내용을 보면 '일주일에 2개씩 성실하게 영상을 올리고, 이를 1년 이상 지속하라'라는 말밖에 건질 것이 없는 경우도 있다. 그런 비결은 1세대 유튜버에게나 통했던 것이라 현재의 2세대 유튜버에게는 유효하지 않다. 그래서 유튜버의 인지도는 조금 낮더라도 현재의 상황과 분위기를 더 정확히 분석해주는 책이 더 효용 가치가 있다.

유튜브 운영법을 알려주는 책 외에 각 채널에서 다루는 전문 분야를 소개하는 책들도 있는데, 이런 책들은 더더욱 책을 쓴 유튜버의 구독자 수와 상관없이 소비된다.《유튜브, 이젠 나도!》는 CG 전문가인 유튜버의 책이다. 이 유튜버가 운영하는 채널 〈IM 전은재〉는 구독자 수가 3000명도 되지 않지만 자신의 전문성을 살려 좋은 책을 펴냈다. 심지어 보유한 구독자 수가 1000명도 안 되는 유튜버가 책을 내기도 했다. 〈성우김나연의 보이스TV〉 채널을 운영하는 성우 김나연 씨의 이야기로, 김나연 씨가 공저한 책인《프로 유튜버에 딱 맞는 목소리 만들기》는 꽤 좋은 성과를 거뒀다. 그러니 유튜버로서 책을 내는 것은 대형 유튜버만 누릴 수 있는 특권이 아니다. 내용의 전문성과 그것을 쉽게 전달하는 능력만 있다면 충분히 좋은 책으로 엮을 수 있다. 다만 책으로 얻은 수익만으로 먹고살 수 있는 시대는 지나갔으므로 책은 유튜버로서의 브랜드를 쌓는 하나의 방법일 뿐 그것이 최종 목적이 되어서는 안 된다.

❹ 방송

몇몇 유명 유튜버들이 유튜브 활동을 하다 보면 TV 출연의 기회로 이어질 수 있다고 이야기하는 것을 듣고 유튜브를 시작할 때 이를 염두에 두는 사람들도 있다. 하지만 유튜브 활동이 TV 출연으로 이어진 사례를 살펴보면 대부분 구독자가 수백만 명인 대형 유튜버이거나 이미 유명한 사람이 유튜브도 하는 경우다.

물론 최근 방송가의 동향을 보면 프로그램을 기획하거나 구성할 때 유튜브에서 정보를 많이 찾기는 한다. 때문에 자신의 채널에서 다루는 주제나 콘텐츠가 TV 프로그램 제작진이 원하는 것이라면 그들의 레이더망에 걸려 TV 출연의 기회를 얻을 수도 있다. 하지만 TV의 영향력이 예전만큼 대단한 것은 아니므로 굳이 이를 목표로 삼을 필요는 없는 것 같다. 유튜브를 시작했다면 유튜브 자체에서 가치를 끌어올리는 데 집중하고, TV 출연은 부수적인 개념으로 보는 것이 적절하겠다.

채널 분화로
한계 뛰어넘기

▶

채널 분화는 어느 정도 선에 올라간 유튜버라면 누구나 한 번쯤은 고민하게 되는 사항이다. 채널을 구축하면서 이러저러한 아이디어가 떠올랐는데, 그걸 현재의 채널에 담기에는 정체성에 맞지 않을 경우 새로운 콘텐츠에 맞는 별도의 채널을 만들고 싶어지기 때문이다. 나의 경우에는 제주대학교에서 강의를 하고 있어 일주일에 한 번씩 제주도에 가야 한다. 그러다가 '이왕 가는 거 제주도 여행 콘텐츠를 만들면 어떨까?' 하는 생각이 들었다. 유튜브를 뒤져보니 의외로 제주도 여행을 다루는 채널이 별로 없었다. 여행 유튜버가 여행지로서의 제주도를 전문적으로 다루기에는 소재가 한정적이기 때문이다. 제주도 여행 콘텐츠는 제주도에 사는 사람들이 제작한 것들이 많았는데, 아무래도 거주민과 여행자의 관점 차이가 느껴질 수밖에 없었다. 여행자는 비용이 좀 더 들더라도 '제주스럽고' 예쁜 사진을 찍을 수 있는 곳을 원하는 반면, 거주민은 저렴하게 맛있는 음식을 먹을 수 있는 곳을 추천하는 식으로 포인트가 조금씩 달랐다.

그래서 여행자의 니즈에 맞는 콘텐츠를 제작하면 좋을 것 같았다. 문제는 '이 콘텐츠를 어디에 올리느냐'였다. 내가 기존에 운영하던 채널에 올리기에는 성격이 너무나 달랐고, 이 콘텐츠를 위해 새로운 채널을 만들기에는 처음부터 다시 구축해나갈 일이 까마득했다. 고민 끝에 우선 기존 채널에 제주도 여행 콘텐츠를 몇 개 올려본 다음 반응이 좋으면 채널 분화를 고려하기로 했다. 그리고 본격적으로 콘텐츠 제작이 돌입했는데, 두어 개 시도해보다가 포기하고 말았다. 책 리뷰 콘텐츠와는 다르게 여행 브이로그 콘텐츠를 만들려면 엄청나게 많은 영상을 촬영해야 했고 촬영 분량이 많은 만큼 편집에도 매우 많은 시간이 소요되었다. 일정 내내 카메라를 켠 채 다니려니 불편하기도 했다. 여행 브이로그는 단순히 제주도에 자주 간다고 해서 제작할 수 있는 것이 아님을, 특히 부업으로 유튜브를 하고 있어 늘 시간과 타협할 수밖에 없는 내게는 더욱 어려운 일임을 금세 깨닫게 되었다.

나는 실현하기 어려웠지만 채널이 잘되어 전업 유튜버가 된다면 채널을 분화하고 싶다는 생각이 자꾸 들기 마련이다. 실제로 채널 분화를 잘 활용하면 유튜버로서 성장하는 데 큰 도움이 된다. 채널을 분화하면 다양한 콘텐츠를 다뤄볼 수 있고 기존 채널을 바탕으로 구독자를 보다 수월하게 모을 수 있다는 장점이 있다. 기존 구독자가 새로운 채널까지 구독하는 것이니 구독자를 두 배로 활용하는 셈이다. 채널 분화의 형태는 크게 3가지로 나눠볼 수 있다.

1명의 크리에이터가 여러 주제를 다루고자 채널을 나누는 경우

쉽게 말해 잘나가는 채널의 크리에이터가 새로운 채널을 개설하는 것이다. 본래 전문으로 다루던 주제가 아닌 새로운 것을 시도해보고 싶을 때 이런 형태를 선택한다. 유튜버의 관심사가 다양하고 기획력이 뛰어난 경우에는 대부분 이런 식으로 채널을 분화하게 되는 것 같다.

이런 형태로 채널을 분화한 사례 중 최고를 꼽으라면 '보람튜브'가 있다. 키즈 유튜버 이보람 양의 채널은 〈보람튜브 브이로그〉, 〈보람튜브 토이리뷰〉, 〈Boram Tube〉 이렇게 총 3개다. 〈보람튜브 브이로그〉에는 보람 양의 일상을 담은 콘텐츠가 주로 올라오고, 〈보람튜브 토이리뷰〉에는 이름에서 알 수 있듯 장난감 리뷰 콘텐츠가 업로드된다. 〈Boram Tube〉는 중국어로 더빙한 콘텐츠를 올리는 채널로, 채널명에 '宝蓝和朋友们'라고 중국어 병기가 되어 있다. 이 세 채널의 구독자 수는 각각 2300만 명, 1400만 명, 530만 명이니 다 합치면 무려 4200만 명이 넘는다. 하지만 이 세 채널의 구독자는 상당히 겹칠 것이므로 순수하게 4200만여 명의 사람들이 이보람 양의 채널을 구독한다고 보긴 어렵다. 이처럼 한 채널의 구독자가 같은 유튜버의 다른 채널을 구독하게 되면 전체 구독자 수가 늘어난 듯한 효과를 낸다. 이는 유튜버가 채널을 분화하는 중요한 이유 중 하나다.

구독자 수가 일정 수준을 넘어서면 더 이상 크게 늘지 않는 정체기를 겪게 된다. 채널 분화는 이 정체기를 겪는 유튜버에게 돌파구가 된다. 그러나 하나의 채널을 운영하는 것도 큰 공력이 들어가는 일인

데, 2개 이상의 채널을 운영한다는 것은 전업 유튜버가 되어야 가능하다. 때문에 입문 단계에서 고려할 수 있는 방법은 아니다.

2명 이상의 크리에이터가 운영하던 채널이 갈라지는 경우

처음 유튜브를 시작할 때 2명 이상의 유튜버가 함께 채널을 운영했는데, 예상보다 채널이 잘되면 채널을 나누기도 한다. 각자 하고 싶은 것이 달라 그에 따라 채널을 나누는 경우도 있고, 각자의 팬덤이 형성되어 충분히 홀로서기를 할 만하다고 판단해 갈라지는 경우도 있다. 기존 구독자 수를 새로운 채널로 유입시킬 수 있어 역시 초기 채널 구축에 유리하다.

2명 이상의 유튜버가 동등한 자격으로 콘텐츠를 제작하기도 하지만, 콘텐츠 내에서 중심 캐릭터와 서브 캐릭터가 나뉘어 있는 채널도 있다. 이런 채널은 분화를 통해 서브 캐릭터가 중심 캐릭터로 부상하기도 한다. 250만 명이 넘는 구독자를 자랑하는 〈도티 TV〉는 이제 유튜버를 넘어 연예인에 가까운 도티가 운영하는 채널이다. 이 채널의 콘텐츠에는 원래 중심 캐릭터인 도티와 함께 서브 캐릭터인 잠뜰도 출연했다. 두 캐릭터의 인기가 모두 높아지자 잠뜰이 〈잠뜰 TV〉라는 새로운 채널을 만들었다. 이렇게 분화된 〈잠뜰 TV〉 역시 구독자 수가 180만 명이 넘는 대형 채널로 성장했다. 마인크래프트라는 게임 전문 채널로 시작한 〈도티 TV〉가 이제 다양한 주제를 다루는 종합 엔터테

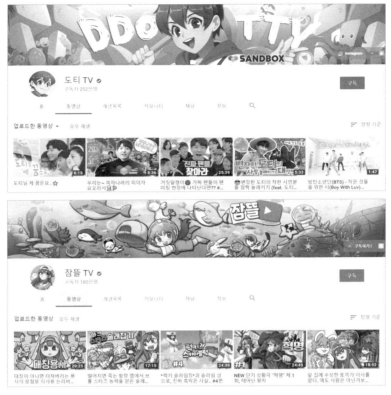

〈도티 TV〉의 초기 멤버였던 유튜버 잠뜰은 〈잠뜰 TV〉로 채널을 분화시켜 운영하고 있다. 이제
두 채널에는 다른 성격의 콘텐츠가 올라온다.

출처: 〈도티 TV〉, 〈잠뜰 TV〉 유튜브

인먼트 채널로 변신했다면, 〈잠뜰 TV〉는 초창기 〈도티 TV〉처럼 마인
크래프트 전문 콘텐츠를 중심으로 발전해나가고 있다.

현재 2명 이상의 크리에이터들이 모여 함께 채널을 만들어나가는
중이라면 훗날 채널이 잘되었을 때 어떻게 분화할지 미리 생각해두는

것이 좋다. 그러려면 크리에이터별로 캐릭터가 분명해야 한다. 토크를 하든 여행을 하든 콘텐츠 내에서 각자의 캐릭터를 명확히 구분해 시청자들에게 각인시켜놓아야 나중에 채널을 분화했을 때 기존 구독자를 유입시키기 쉽다. 가령, 두 사람이 여행을 다니는 내용을 다루는 채널이라면 한 사람은 몸이 편한 여행을 추구하고 다른 한 사람은 저렴한 여행을 추구하는 식으로 말이다. 이 경우 〈황제 여행〉과 〈가성비 갑 여행〉으로 채널을 나누어 각자의 매력을 살릴 수 있다. 만약 두 캐릭터가 비슷한 이야기를 한다면 시청자들은 채널 분화의 필요성 자체를 느끼지 못할 수도 있다. 그래서 여러 사람이 함께 운영하는 채널일수록 확실한 캐릭터 구축이 필요하다.

특정 크리에이터의 스핀오프 방식으로 채널이 형성되는 경우

어느 한 사람이 유튜버로 성공을 하자 그의 가족들이 각각 채널을 개설하며 그 성공의 효과를 나눠 갖는 형태다. 그 대표적인 사례로 〈공대생 변승주〉 채널이 있다. 210만 명이 넘는 구독자를 보유한 〈공대생 변승주〉 채널은 호기심 해결 채널 중에서도 규모가 상당히 큰 축에 속한다. 채널명만 보면 공학 관련 전문 지식을 알려줄 것 같지만, 실제로는 재미 위주의 채널이다. 이 채널의 성장 동력은 일상에서 쉽게 할 수 없는 '병맛 실험' 콘텐츠였다. '먹방 유튜버 VS 공대생, 닭다리 100개 빨리 먹기 대회', '미국에서 온 친구에게 치킨을 먹였더니',

'절대 씹히지 않는 젤리로 여자 친구 놀리기'와 같은 콘텐츠들이 큰 인기를 끌었다. 이런 재미 중심 채널은 확장성이 크지 않다. 물론, 〈공대생 변승주〉 채널은 워낙 인기가 많으니 이 채널 하나만으로도 충분할 테지만 말이다.

분야 자체가 확장성이 크지 않아서인지 〈공대생 변승주〉는 유난히 스핀오프spin-off식 채널 분화가 많이 이루어졌다. 이 유튜버의 가족들은 〈대생가족〉이라는 채널을 운영하고 여자 친구는 〈김하나〉라는 채널을 운영하는데, 이 채널들의 구독자 수는 각각 80만 명, 100만 명이 넘는다. 심지어 여자 친구의 가족들도 〈하나네 가족〉이라는 채널을 운영 중이며 이 채널의 구독자 수도 20만 명 가까이 된다. 이 정도면 확장에 확장을 거듭하는 마블의 세계관 '멀티버스'의 유튜브 버전이 아닐까 싶다. 〈공대생 변승주〉와 관련 채널들의 구독자 수를 모두

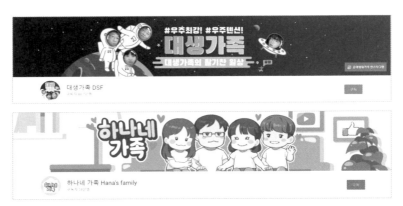

〈공대생 변승주〉 채널과 연관된 채널로는 〈대생가족〉, 〈김하나〉, 〈하나네 가족〉 등이 있다. 이 채널들의 구독자 수를 모두 합하면 400만 명이 넘는다.
출처: 〈대생가족〉, 〈하나네 가족〉 유튜브

합하면 무려 400만 명이 넘는다. 이런 경우 앞으로도 스핀오프식으로 새로운 채널이 계속해서 만들어질 가능성이 있다. 원래 합방('합동 방송'의 준말. 여러 유튜버가 함께 출연하는 것을 말한다)을 하면 함께 방송한 유튜버들끼리 서로의 구독자들을 공유하며 구독자 증가 효과를 낼 수 있다. 그런데 이렇게 스핀오프식으로 확장된 채널들은 이 합방 효과를 지속적으로 누리게 된다.

유튜브 채널을 운영하다 보면 하나의 채널로는 한계를 느낄 때가 있다. 다루는 소재의 한계, 구독자 증가의 한계 같은 것들 말이다. **그럴 때 채널 분화가 결정적 승부수 역할을 할 수 있다.** 하지만 채널을 늘린다는 것은 그만큼의 시간과 노력을 더 들여야 한다는 이야기이기도 하다. 따라서 신중히 결정해야 할 문제다. 일반적으로 채널을 분화할 때는 자신의 기존 채널에 시험용 콘텐츠를 여러 개 올려본 뒤 그 반응이 좋으면 그 콘텐츠를 중심으로 한 채널을 만드는 식으로 단계를 밟아나가도록 하자.

Chapter 6

앞으로도 계속
유튜버로 살아가려면

2:15/6:55

모두가 소비자이자 생산자인 세계

▶

일본 최대 서점인 츠타야 서점의 창업자 마스다 무네아키는 저서 《지적 자본론》에서 3세대의 상업에 대해 이야기했다.[1] 과거의 장사는 상품만 좋으면 되었다. 좋은 물건에 저절로 소비자가 모여들었기 때문이다. 그다음 세대에는 상품들의 퀄리티가 비슷해지면서 그것을 판매하는 플랫폼이 중요해졌다. 그래서 한동안 플랫폼 전쟁이 벌어지기도 했다. 마스다 무네아키는 이제 이 플랫폼 역시 충분히 다양해졌고, 또 그 안에서 유사해져 무한 경쟁에 돌입했으며, 머지않아 상업의 새로운 세대가 등장할 것이라고 말한다. 이 3세대 상업의 시대에 중요해지는 것이 바로 '제안 능력'이다. 좋은 상품이나 플랫폼이 아닌 '얼마나 좋은 가치를 제안하느냐'가 상업의 성패를 좌우한다. 고객에게 맞는 스타일, 고객이 추구하는 가치를 추구하면 고객들은 그에 따라 상품을 구입하게 된다. 실제로 그가 설립한 츠타야 서점은 라이프

마스다 무네아키가 창립한 일본의 츠타야 서점. '책'이라는 일반적인 상품에 새로운 의미와 가치를 담아 큐레이션함으로써 고객의 마음을 움직이게 만들었다.

스타일을 중심으로 인생의 가치를 제안하고 그에 적합한 책과 물건들을 큐레이션해준다. **그의 비즈니스 철학은 서점에서 더 이상 책을 팔지 말고 고객에게 맞는 제안을 팔아야 한다는 것이다.** 그 철학에 따르면 다음 세대의 마케팅은 상품 자체가 아닌 그 상품에 의미와 가치를 담을 수 있는 '지적 자본'을 갖춰야 한다.

플랫폼 경쟁은 소비자들의 '선택 장애'를 초래한다. 가격에 이어 유통까지 평준화되어가는 상황 속에서 상품은 더욱 많아질 것이고, 그에 관한 정보는 더욱 다양해질 것이다. 소비자 입장에서는 갈수록 선택이 어려워질 수밖에 없다. 그래서 소비자는 자신에게 딱 맞게 큐레이션된 상품을 원한다. 이제 상품과 서비스는 스토리를 품고 콘텐츠와 함께 유통된다. 그 콘텐츠의 효과적인 형태 중 하나가 바로 영상이다. 영상은 인간 본성에 더 가까운 효과적이고 설득력 있는 수단이다. 모두가 성능 좋은 카메라가 달린 스마트폰을 손에 들고 다니고 어디서든 와이파이를 찾아 쓸 수 있는 5G 세상을 살아가고 있는 우리는 누구나 영상 콘텐츠 생산자가 될 수 있다. 동시에 우리는 모두 그 영상 콘텐츠의 소비자이기도 하다.

마스다 무네아키의 이야기는 그저 물건을 파는 일에 국한된 것이 아니다. 사람도 마찬가지다. 과거에는 능력을 갖춘 사람을 발굴하는 데에 급급했다. 좋은 대학을 나왔는지, 유학은 다녀왔는지, 외국어 능력이 뛰어난지, 어떤 자격증을 보유하고 있는지 등을 기준으로 사람을 검증했다. 그런데 그렇게 한 시기가 지나자 그런 능력을 갖춘 사람들이 너무나 많아져 문제가 발생했다. 이전의 기준만으로는 그들을 평가할 수 없어 누구를 어떻게 뽑을 것인지 난감해진 것이다. 한국 기업들의 공채 시스템은 이 문제를 해결하는 과정에서 고도화되었다. 그런데 그렇게 뽑은 인재들도 딱히 출중하지가 않았다. 그 결과 개개인의 스토리에 집중하기 시작했다. 자신만의 스토리와 매력이 필요한 시대가 열리고 있다. 이때 다른 사람들과 자신을 구분해주는 것은 자신이 가진 콘텐츠다. 자신만의 생각, 이야기, 인사이트 등이 있어야 한다.

영상으로 치자면 '영상 콘텐츠를 소비하는 사람으로 남을 것인가, 아니면 자신의 영상 콘텐츠를 생산하는 사람으로 진화할 것인가'라는 문제와 유사하다고 볼 수 있다. 흔히 오늘날을 가리켜 '콘텐츠의 시대'라고 많이 부르는데, 대체로 추상적인 의미에서 이 말을 사용하는 것 같다. 이를 좀 더 구체적으로 풀어본다면 '자신만의 콘텐츠로 스스로를 차별화할 수 있는 사람만이 앞으로의 경쟁 속에서 살아남을 수 있다' 정도의 의미로 해석할 수 있겠다. 다시 말해 콘텐츠 생산 능력은 미래 세대의 핵심 경쟁력이 될 것이다. 100세 시대가 눈앞에 다가온 지금, 우리는 과거보다 더 오래 일해야 한다. 이런 상황에서 개인의 경쟁력은 우리의 인생을 풍요롭게 해줄 가장 중요한 자산이다.

유튜버로 먹고살기, 가능할까?

▶

2019년 교육부와 한국직업능력개발원이 진행한 조사 결과, 우리나라 초등학생들의 희망직업으로 운동선수(11.6%)와 교사(6.9%)에 이어 크리에이터(5.7%)가 3위를 차지했다. 2018년 같은 조사에서 처음 10위권 내에 진입해 5위에 올랐던 크리에이터가 한 해 만에 의사와 요리사를 밀어내고 두 계단 뛰어오른 것이다. 크리에이터는 다른 직업과는 달리 마음만 먹으면 초등학생들도 당장 시작할 수 있는 직업이니 실현 가능성과 접근성이 좋은 장래 희망이라 할 수 있다. 어떻게 보면 초등학생들이 어른보다 더 현실적인 셈이다. 이러한 사회의 흐름에 기성세대는 일시적인 유행처럼 보이는 크리에이터라는 직업이 과연 안정적인지, 사회적 인정을 받을 수 있는지 등의 우려를 가질 것이다. 하지만 2007년 스마트폰의 등장과 함께 떠오른 애플리케이션 개발자라는 직업은 10여 년 사이에 유망 직종으로 자리 잡은 반면 안정적인 전문직으로 여겨지던 회계사는 AI로 대체될 가능성이 가장 높은 직업으로 꼽힌다는 것을 생각해보자. 직업의 안정성이라는 개념은 시대에 따라 계속 변화한다는 사실을 유념해야 한다.

유튜브가 앞으로도 계속 유지될 것인지는 확신할 수 없다. 이미 트위터나 페이스북과 같은 사례에서 아무리 잘나가던 플랫폼일지라도 한순간에 위기를 맞을 수 있다는 것을 목격한 바 있기 때문이다. 하지만 명확하게 말할 수 있는 것도 있다. 영상 콘텐츠는 계속해서 성장하고 확장될 것이라는 점이다. 그러니 영상으로 소통하는 영상 크리에이터의 전망은 한동안 밝을 수밖에 없다. 물론 영상 콘텐츠가 계속 유튜브를 중심으로 유통될지, 아니면 네이버와 같은 기존 플랫폼이 혁신을 꾀할지, 그것도 아니면 새로운 플랫폼이 혜성처럼 등장할지는 아무도 모르는 일이다. 지금이야 영상 콘텐츠의 유통에 있어 유튜브가 워낙 큰 입지를 차지하고 있기 때문에 유튜버라는 명칭이 흔하게 쓰이지만, 정확히 말하자면 '영상 크리에이터'라고 불러야 한다. 영상 크리에이터의 가장 큰 장점은 본업으로 삼을 수도 있지만 부업으로 삼을 수도 있고, 취미로도 할 수 있다는 것이다.

잠시 앞의 설문 조사 이야기로 돌아가보자. 사실 초등학생이 크리에이터를 희망 직업으로 택한 것은 아이돌을 보며 아이돌이 되고 싶다고 말하는 것과 별 차이가 없다. 영상 소비자로서 자주 접하는 대상을 동경하고 꿈꾸는 것이지 진지하게 직업으로서의 크리에이터를 탐구하는 경우는 많지 않을 것이다. 유튜버로의 직업 전환이 실현 가능한 것은 초등학생이 아닌 직장인이다. 구인구직 플랫폼 사람인이 성

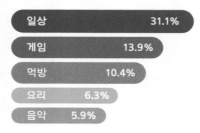

유튜브 도전 의향 여부와 가장 하고 싶은 콘텐츠 분야

유튜브 도전 의향

있다 63%	없다 37%

가장 하고 싶은 콘텐츠 분야

일상	31.1%
게임	13.9%
먹방	10.4%
요리	6.3%
음악	5.9%

인 3543명을 대상으로 '유튜브 도전 의향'이 있는지 설문 조사한 결과, 절반이 넘는 63%가 '있다'고 대답했다.[2] 20대 후반에서 30~40대의 직장인들은 이직의 도구나 퇴직 후의 대안으로서 유튜브에 지대한 관심을 가지고 있다. 영상 매체에 익숙한 이들은 영상에 출연하는 것을 크게 낯설어하지 않고, 사회생활로 내공이 쌓여 말주변이 꽤 있는 경우도 많다. 다니고 있는 직장에서 겸직을 금지하지 않고, 정당한 기회와 적절한 기획이 있다면 직장이 있어도 언제든 영상 크리에이터에 도전할 수 있는 시대가 되었다.

이때 직장인들은 전업보다는 부업으로서 유튜브의 가능성을 우선적으로 봐야 한다. 유튜브 채널을 개설할 때 무조건 전업 유튜버만 고려하며 '난 전업 유튜버가 될 수는 없으니 유튜버를 못하겠다!'라는 식의 극단적인 결정을 내릴 필요가 없다는 소리다. 그저 취미로 유튜브를 시작했다가 해볼 만하다 싶으면 부업으로 발전시켜보고, 거기서 조금 더 성장하면 전업으로 삼으면 된다. 꼭 전업 유튜버가 되지 않아도 괜찮다. 실제로 많은 유튜버들이 채널이 어느 정도 궤도에 올랐음에도 부업으로 운영하고 있다.

어쩌면 영상 콘텐츠를 만드는 능력은 직업의 문제가 아닌 생존의 문제이자 영향력의 문제일지도 모른다. 오늘날 영상은 과거의 글쓰기나 말하기와 비슷한 도구가 되어가고 있다. 과거 글쓰기나 말하기가 자신의 마음을 전달하고, 많은 사람들과 공감대를 형성하고, 때로는 혁명을 선동하는 의사소통의 수단이었다면 이제는 영상이 그 자리를 대신한다. 책이나 문서가 스마트폰과 태블릿 PC로 대체되기 시작했으며, 이런 기기들을 사용하지 못하는 디지털 문맹들도 점차 줄어들고 있다. 이러한 시대에 효과적인 영상 콘텐츠를 만드는 생산자들은 과거 말하기와 글쓰기에 뛰어났던 사람들만큼 강한 영향력을 지니게 될 것이다. 이미 유튜브, 인스타그램 등 SNS에서 강력한 영향력을 행사하는 이들을 가리켜 '인플루언서influencer'라고 부르고 있기도 하다. 현재 이들의 영향력은 물건을 팔거나 리뷰 등 정보를 제공해 무언가를 선택하게 하는 일에서 두드러지지만, 앞으로는 사회를 보는 눈, 정치적 견해, 학습의 방식 등 보다 다양한 방면까지 확장될 것이 분명하다.

그렇다면 미래의 콘텐츠 생산자는 얼마나 큰 영향력을 가지게 될

까? 이는 과거에 비추어 추측해볼 수 있다. 문자가 정보 전달의 핵심 수단이었던 시대에 문자는 상류층의 전유물이었고, 과거제를 실시해 학문과 필력이 우수한 사람들을 관리로 등용했다. 이를 보면 그 시대의 핵심 의사소통 수단을 활용하는 능력이 권력으로까지 연결될 수 있음을 짐작해볼 수 있다.

유튜브 채널을
사업으로 확장하기

▶

유튜브에 매진하다 보면 스스로 하나의 중소기업이나 자영업자처럼 느껴질 때가 오기도 한다. 유튜브 자체의 광고 수익뿐만 아니라 협찬이나 PPL과 같은 외부 수익이 늘어나며 각종 제안 문의가 들어오고 미팅을 다니는 일이 잦아질수록 사업체를 운영하고 있다는 기분이 들기 마련이다. 이러한 시점에 다다르면 유튜브 비즈니스를 생각할 수밖에 없다. 지금부터는 유튜브를 사업으로 활용하는 대표적인 비즈니스 모델 3가지를 살펴보자.

크리에이터의 활동이 사업으로 확장된 경우

크리에이터 활동을 하다가 직원을 고용하거나 파트너를 만들어서 여러 명의 협업 체제로 시스템을 갖추는 형태다. 유튜브 채널을 사업화하고자 할 때 가장 일반적으로 택하는 방식이기도 하다. 직원을 직접 고용한 사례로는 병맛으로 유명한 〈장삐쭈〉 채널이 있다. 이 채널은 광고 영상을 많이 제작해 올리는 편인데, 광고 영상도 워낙 재미있게 만들어 대놓고 이 영상은 광고라고 말하는데도 시청자들이 그 광고를 끝까지 보게 된다. 크리에이터 장삐쭈를 중심으로 7명의 인원이 함께 채널을 운영한다. 대도서관, 허팝 등도 단독으로 활동하는 것이 아니라 팀을 구성해 움직이고 있다. 이 팀의 직원들은 주로 영상을 촬영하고 편집하는 일을 담당한다. 특히 대도서관은 직원들에게 4대 보험을 보장하고, 생일에는 100만 원의 보너스를 지급하는 등 다양한 복지를 제공한다고 밝히기도 했다.[3]

그런가 하면 파트너 관계를 맺어 보다 느슨하게 회사의 형태를 갖추는 경우도 있다. 《나에게 고맙다》, 《내가 원하는 것을 나도 모를 때》 등의 베스트셀러 도서를 집필한 전승환 작가는 인사동에 위치한 큐레이션 서점 '부쿠'의 공동 창업자이자 북 큐레이터인 동시에 대기업에 근무하는 회사원이다. 전 작가의 시작점은 〈책 읽어주는 남자〉라는 페이스북 페이지다. 책을 추천해주는 페이지인데, 최근 페이스북의 도달률이 떨어지면서 카카오스토리나 인스타그램 등 다른 플랫폼으로 활동 범위를 넓히고 있다. 또한 〈책 읽어주는 여자〉, 〈지식을 말하다〉와 같은 채널로 확장하여 북 큐레이션의 카테고리를 다양화하고 있다. 이렇게 많은 일을 한 사람이 소화할 수 있을까? 당연히 전 작가가 혼자 이 모든 일을 맡고 있는 것은 아니다.

이러한 북 큐레이션 서비스는 '책 읽어주는 남자'라는 콘텐츠 그룹을 결성해 운영되고 있다. 책을 선별하고 콘텐츠를 제작해 각 채널을 통해 전달하는 것은 그룹 내 창작자들이 맡는다. 전 작가는 출판사의 의뢰를 받아 내부 창작자들과 조율하는 AE$^{Account\ Executive}$ 역할을 주로 담당하고 있다. 이때 창작자들은 일정한 급여를 받기보다 완수한 업무에 대한 인센티브 형태로 수익을 분배받는다. 이 창작자들은 '책 읽어주는 남자'뿐 아니라 다른 수입원이 있는 경우가 많아, 사실

콘텐츠 그룹 '책 읽어주는 남자'는 책과 책에 기반한 인문학적 지식을 영상이나 카드 뉴스 형태의 콘텐츠로 제공한다. 페이스북 페이지 〈책 읽어주는 남자〉에서 시작해 유튜브 〈지식을 말하다〉 채널, 큐레이션 서점 '부쿠' 등 여러 플랫폼을 통해 북 큐레이션 서비스를 하고 있다.
출처: 〈책 읽어주는 남자〉, 〈지식을 말하다〉 페이스북

'책 읽어주는 남자'는 회사라기보다는 협동조합이나 협회와 같은 느낌이 강하다. 이러한 형태를 구축하고 유지하는 데 중요한 것은 사람을 관리하는 능력이다.

〈도티 TV〉는 개인기업의 형태를 넘어 중견 기업 수준으로 성장하고 있다. 대도서관은 개인의 브랜드 하나에 집중해 다소 한정적인 반면, 도티는 크리에이터 기획사 샌드박스 네트워크를 설립해 MCN 업계에 뛰어들었다. 도티는 샌드박스 네트워크를 통해 다른 유튜버를 양성하며 회사 규모를 계속 키워나가는 중이다. 소속된 크리에이터 수만 350명이 넘는 대형 MCN으로 거듭난 샌드박스 네트워크는 개그맨 유병재를 영입하고, 방송인 김구라와 유튜브 채널을 론칭하는 등 적극적으로 사세를 확장하고 있다. 이러한 모습은 크리에이터들이 자신의 채널을 기업화했을 때 가장 마지막에 다다를 수 있는 꿈의 영역이 아닌가 싶다.

유튜브 채널을 기업화하려면 운영 매뉴얼과 안정적인 수입원, 관리 능력 등이 필요하다. 운영 매뉴얼은 그간 채널을 만들고 키운 경험을 토대로 마련한다고 해도, 안정적 수입원을 확보하기란 생각보다 쉽지 않다. 혼자서 채널을 운영할 때는 수입에 변동이 좀 있어도 큰 걱정이 없겠지만 다른 사람들과 함께 일하게 되면 그들의 인건비 등을 고려해 매달 일정 수준 이상의 수익이 보장되어야만 한다. 게다가 직원들이 사용할 공간을 갖추게 되면 그 공간을 유지하고 관리하는 데에도 고정적인 비용이 들어간다. 이와 같은 고정 지출의 4~5배 정도의 수익을 낼 수 있어야 채널을 기업화할 수 있다고 보면 된다.

크리에이터가 1인 기업처럼 움직이는 경우

흔히 가수인 아이유나 보아 등 홀로 엄청난 수익을 내는 이들을 가리켜 '걸어 다니는 중소기업'이라고 부른다. 그런데 엄밀히 말하자면 이는 정확한 표현이라 할 수 없다. 이들이 정말로 '혼자서' 중소기업 수준의 수익을 올리는 것이 아니기 때문이다. 아이유만 해도 그녀를 관리하고 지원하는 전담 팀이 따로 마련되어 있으며, 그 외 관계자와 스태프까지 모두 합하면 그녀와 함께 일하는 동료들은 수십 명에 달한다.

진짜 '걸어 다니는 중소기업'은 유튜브에서 찾을 수 있다. 혼자서 기획과 촬영, 편집, 스케줄 관리 등 모든 일을 다 하는 것이다. 필요에 따라 외주 편집자에게 일을 맡기거나 특정 프로젝트에 참여해 협업하는 경우도 있지만, 기본적으로 고정적인 인력을 고용하거나 조직을 갖추지는 않는다. 이처럼 혼자 일하는 유튜버 중에서 소기업에 준하는 수익을 내는 대표적인 사례를 꼽자면 북튜버계의 아이콘이라고 할 수 있는 책읽찌라가 있다. 책읽찌라는 스스로의 정체성을 'V-커머스video commerce'라고 규정한다. 자신의 채널은 의뢰인의 요구에 맞춰 영상 광고를 제작해주는 프로덕션의 성격이 강하다는 것이다. 실제로 〈책읽찌라〉 채널을 보면 북 리뷰 콘텐츠를 주축으로 구성되어 있긴 하지만 서울시 홍보 영상 등 광범위한 내용의 콘텐츠가 업로드되어 있다.

여기서 주목해야 할 부분은 웬만한 의뢰나 수주는 크리에이터인 책읽찌라가 혼자서 처리한다는 것이다. 물론 모든 콘텐츠를 다 홀로 만드는 것은 아니지만, 기본적으로 1인 기업의 틀 안에서 채널을 운영하고 있다. 이와 관련해 책읽찌라는 그동안 직원을 고용해서 기업 형태로 채널을 운영하는 등 여러 시도를 해본 결과, '최대한 몸을 가볍게 해서 유연하게 움직이는 것이 가장 좋다'는 결론을 내리고 영업, 섭외, 기획, 제작 등 모든 업무를 혼자 책임지고 있다. 최근 책읽찌라는 기업과 연계해 영상을 제작하는 방식으로 많이 활동한다. 온라인 서점 커넥츠북과 함께 '비밀신간' 시리즈를 만든다든가, 직장인 교육 전문기업 휴넷에서 운영하는 온라인 교육 서비스 '북러닝'에 참여하는 식이다. 또한 〈해시온〉이라는 채널을 만들어 새로운 프로젝트를 시도하고 여러 단체와 협업하고 있다. 이제 책읽찌라는 북튜버를 넘어 1인 V-커머스 기업으로 거듭나고 있다고 해도 과언이 아니다.

솔직히 말해 혼자 모든 업무를 맡을 수 있다면 이 형태가 가장 현명한 방법이다. 고정 지출과 책임감에 얽매이면 코너에 몰렸을 때 나쁜 결정을 내리기도 하는데, 혼자 운영한다면 그럴 일이 없기 때문이다. 그러므로 유튜브 채널의 기업화는 '이렇게 혼자서 다 하다가는 정말 죽겠다' 싶을 때 시도해야 성공 가능성이 높아진다.

처음부터 사업적인 의도를 가지고 시작한 채널

기업이 마케팅을 목적으로 유튜브 채널을 개설하는 경우도 있다. 그러니까 채널이 잘되어서 기업이 되었다기보다 기업이 개설한 채널이

전자책 서비스 '리디북스'에 인수된 도서 마케팅 서비스 '책 끝을 접다'의 유튜브 채널.
출처: 〈책 끝을 접다〉 유튜브

잘되는 상황이라 보면 된다. 유튜브 채널에 기업의 흥망을 걸다시피 적극적으로 임하는 경우는 대부분 아직 안정화되지 못한 벤처기업에 가깝고, 특히 광고 스튜디오가 많다.

도서 마케팅 스타트업 '디노먼트'는 유튜브를 비롯해 페이스북, 인스타그램 등 여러 플랫폼에 〈책 끝을 접다〉라는 이름의 채널을 운영하며 다양한 형태의 도서 마케팅을 시도했다. 예를 들어, 출판사와 계약을 맺고 그 출판사에서 매출이 전혀 나지 않는 책을 마케팅해 수익이 났을 경우 권당 일정 금액을 러닝개런티로 받는 것이다. 이 경우는 처음부터 기업 활동을 목표로 채널을 만든 것이라 볼 수 있다. 디노먼트는 2018년 전자책 서비스 업체 '리디북스'에 인수되었는데, 각 플랫폼의 〈책 끝을 접다〉 채널은 '리디북스'라고 이름이 바뀌지 않고 그대로 운영되고 있다.

지금까지 유튜브 채널이 기업으로 발전하는 대표적인 유형을 살펴보았다. 유튜브뿐 아니라 다른 플랫폼 채널들의 발전 형태도 이와 거의 유사하다. 대부분 채널을 만든 크리에이터에서 출발해 1인 기업의 형태를 띠다가 첫 번째 선택의 기로에 놓인다. '혼자서 먹고사는 데 충분한 수익을 얻고 있는데 굳이 일을 크게 벌릴 필요가 있을까?' 하는 갈등을 겪게 되는 것이다. 사람들을 고용해 사세를 확장해봤자 보통 크리에이터 개인의 수입에는 큰 차이가 없다. 그럼에도 조직을 꾸린다면 인건비를 비롯해 각종 고정비가 발생하고, 회사를 관리하는 데에도 시간을 써야 하니 해야 할 일이 늘어날 것이다. 그런데 수입은 그대로이거나 오히려 줄어들기도 한다.

이 시점을 넘어서면 시스템이 구축되어 조직이 조금씩 돌아가기 시작한다. 이 단계에 도달해 돈을 벌기까지 수년이 걸리기도 하는데, 이때가 되어야 비로소 '사업체'다워진 것이라 할 수 있다. 유튜버들은 조직에 소속되어 잘 적응하기보다 자유롭게 일하는 성향인 경우가 많아 이 무렵에 두 번째 선택의 순간이 찾아온다. 이 시기의 유튜버들은 '다시 1인 기업 체제로 돌아가 시간과 비용을 아끼는 것이 낫지 않을까?' 하는 고민을 한다. 이 순간에 조직 운영을 그만두지 않고 버틴다면 일정한 시스템 아래 움직이는 하나의 사업체로 자리 잡게 된다. 회사가 어느 정도 자리 잡히면 확장을 고려하게 된다. 사업체를 꾸리긴 했지만 여전히 크리에이터 중심의 1인 기업 성격이 강하기 때문이다. 이때 신중한 판단이 필요하다. 자칫하면 '욕심쟁이'라는 부정적인 이미지를 얻어 문제가 생길 수도 있다. 따라서 회사를 확장하려면 크리에이터와 채널, 회사의 운영과 관리에 각별히 주의해야 한다.

이와 같이 유튜브 채널을 기업화하는 과정은 결코 쉽지 않다. 자신의 개인 채널을 어느 단계까지 키워나갈지는 각자의 선택에 달린

일이다. 이상적인 형태나 수준이라는 것은 존재하지 않는다. 개인의 성향과 역량에 맞는 형태가 무엇인지 꼼꼼히 살핀 뒤 기업화를 시도해야 최선의 결과를 얻을 수 있을 것이다.

그럼 이제
유튜브 시작하실 건가요?

▶

지금까지 유튜브와 관련된 다양한 이야기들을 살펴봤다. 이제 한 가지 중요한 결심을 할 때다. 당장 오늘부터 유튜브 콘텐츠를 기획하고, 늦어도 다음 주부터는 유튜브를 시작하자. 이 책에서 기획의 중요성을 여러 번 강조하기는 했지만 더 중요한 것은 시작하는 것이다. 내가 보기엔 아무리 좋은 기획이어도 실제로 시장에 내놓으면 유저들에게 외면받을 수 있다. 그래서 가장 좋은 방법은 일단 시작한 다음 기획의 방향성은 유지하되 구독자들의 피드백을 받아 디테일을 수정하는 것이다. 아무리 머릿속으로 생각하고 또 생각해봐도 실전에서 유저들이 어떻게 움직일지는 예측이 불가능하다.

그러니 예측하려 하지 말고 콘텐츠를 보여주고 그에 대한 반응을 측정하자. 대상의 특징을 포착해 빠르게 스케치하는 것을 크로키라고 한다. 자신의 유튜브 채널 운영에 대한 장기적인 계획을 크로키라고 생각하고, 그 크로키를 바탕으로 세밀한 부분을 채우고 수정해가며 그림을 완성해나가야 한다. 백지 상태에서 물감부터 칠하기 시작하는 것은 상당히 비효율적인 데다가, 그림의 완성을 포기하게 되는 주요 원인이 되기도 한다는 것을 명심하고 처음에는 재빠른 크로키를 목표로 삼자. 유튜브는 특별한 사람만 하는 것이 아니다. 오히려 평범한 당신의 이야기와 궁금증이 더 각광받을 수도 있다. 유튜브 성공의 첫 번째 조건은 '특별한' 사람이 아닌 '시작한' 사람이라는 점을 기억하고 한 걸음만 내디뎌보자. **특별한 사람만이 시작하는 것이 아니라, 시작한 사람만이 특별해질 수 있다.**

앞서 유튜브를 하고 싶은 이유가 무엇인지 분명히 해야 한다고 계속해서 이야기했는데, 이는 실제 기획의 방향성을 정하는 데에도 중요하지만 유튜브를 지속적으로 해나갈 수 있는 내구성 점검 차원에서도 필요한 일이다. 미국 문학의 시작점이라고 할 수 있는 마크 트웨인의 대표작으로《톰 소여의 모험》이란 소설이 있다.[4] 이 소설에 등장하는 이야기 중 유명한 것이 하나 있는데, 주인공 톰 소여가 담장에 페인트를 칠하는 벌을 받게 된 에피소드다. 장난꾸러기 톰이 또 말썽을 일으키자 폴리 이모는 긴 담장을 하얀색 페인트로 칠하라는 벌을 준다. 그러자 톰은 이 일이 아주 즐거운 일인 양 페인트칠을 시작한다. 그러자 지나가던 친구들이 그 모습이 재미있어 보여 톰에게 다가가 자신들도 칠해보게 해달라고 하고, 톰은 담장을 칠하게 해주는 대가로 사과, 유리 구슬, 놋쇠 장식 등을 받는다. 그 결과 톰은 공짜로 여러 물건을 가지게 되었을 뿐 아니라 빠른 시간에 담장을 여러 겹으로 칠해서 이모에게 칭찬까지 받게 된다.

잔머리를 굴려 이득을 본 톰 소여의 이야기를 소개한 것은 유튜브 세계에서도 이와 비슷한 일이 종종 일어나기 때문이다. 편의상 이를 '톰 소여 치팅'이라고 하자. 톰 소여 치팅은 유튜브를 하는 많은 사람들이 실제로 생각만큼 즐겁지 않음에도 불구하고 다른 사람들에게 유튜브를 하라고 권하는 현상을 말한다. 톰 소여 치팅은 유명 유튜버들의 인터뷰, 방송 프로그램, 책 같은 것을 통해서 많이 이루어지고 있다. 누군가 유튜브 채널을 개설한다면 그 사람은 훌륭한 유저이면서 잠재적 구독자가 되는 것이므로 유튜브 열풍이 부는 것이 이들에게는 나쁠 것이 없기 때문이다. 그래서 유튜브를 하면서 맞닥뜨릴 어려움이나 고통에 대해서는 입을 다물고 있다.

하지만 인터넷에서 유튜브 운영기를 찾아보면 엄청나게 들어가는 시간과 정성, 그에 비해 결코 늘지 않는 구독자들에 대한 이야기들이 많다. 게다가 어처구니없는 피드백과 악의적인 댓글에 노출되는 폐해도 만만치 않다. 누군가 자신의 뒷담화를 하고 다닌다는 이야기만 들어도 신경이 쓰이기 마련이다. 그런데 수많은 유저들이 대놓고 '앞담화'를 한다면? 그 상황은 생각보다 견디기 힘들 것이다. 선플 10개보다 악플 1개의 힘이 훨씬 강력하다. 나름대로 최선을 다해 시간과 노력, 비용까지 들여가며 영상을 만드는데 악플들이 달리는 것을 보면 정신 건강에 상당히 안 좋다. 미디어에서는 유튜브 성공기만 소개하기 때문에 '유튜브를 하면 무조건 잘되는구나!'라고 생각할 수도 있다. 하지만 이는 굉장한 노력과 운이 있었기에 가능한 경우이고, 대부분의 유튜브 채널들은 유저들의 무관심 속에서 고군분투하고 있다. 뉴스를 보면 500만 원을 투자해 5억 원을 벌었다는 주식 투자자들의 이야기가 종종 등장하는데 막상 주변을 둘러보면 성공한 투자자들은 거의 없고 5억 원을 투자했다가 500만 원만 남은 실패기만 넘쳐나는 것과 비슷하다.

이 상황을 알고 시작하면 기대했던 것보다 구독자가 늘지 않고 운영이 어려워도 버틸 수 있다. 자신이 유튜브를 시작하기만 하면 금세 수천 명의 구독자를 확보할 수 있을 거라 생각한 사람들은 수개월이 지나도 구독자 수가 100명을 넘기지 못하는 현실에 좌절하고 만다. 그러니 톰 소여 치팅에 속지 말자. 자신의 유튜브 채널이 자리 잡으려면 많은 시간과 노력이 필요하다는 사실을 늘 염두에 두는 것이 좋겠다. 구독자 수가 기대에 훨씬 못 미치더라도 실망하지 말자. 그러다가 채널이 잘되면 기분이 좋을 것이고, 잘되지 않더라도 '내가 그럴 줄 알았지!' 하며 가던 길을 계속 가면 그만이다.

사람들은 항상 선택의 기로에서 망설인다. 어느 것이 자신에게 옳은 길인지 확신할 수 없기 때문이다. 다르게 말하면 잘못된 길로는 가고 싶지 않기 때문이다. 그러나 현재의 선택이 옳은지 틀린지는 당장 알 수 없다. '옳은 길'이란 정해져 있지 않다. 어느 하나를 선택해서 그 선택의 결과를 봐야 그것이 옳았는지 아닌지 판단할 수 있다. 당신이 어떤 선택을 했을 때 좋은 성과를 내면 사람들은 이렇게 말할 것이다. "축하해! 난 네가 잘될 줄 알았어." 반대로 당신의 선택이 실패로 이어지면 사람들은 또 이렇게 말할 것이다. "으이그, 내가 너 이렇게 될 줄 알았다." 알았으면 진작 말해주었으면 좋았을 텐데 말이다. 무엇을 선택해야 하는지 고민할 시간에 일단 선택하고 그 선택을 성공으로 연결시키기 위해 최선을 다해야 한다. 그럼 훗날 모든 사람들이 당신에게 '옳은 길을 갔다'고 말해줄 것이다.

Chapter 1 왜 유튜브를 시작하려고 하나요?

1 "도티, 유튜브 시작하게 된 계기는?", 《스페셜경제》, 2019.09.15.

2 "박막례 할머니가 영국으로 한달음에 날아간 이유", 《국민일보》, 2019.09.08.

3 "많은 논란 끝에 얻은 인기…세이브더칠드런에 고발당하기도 했던 '보람튜브'", 《환경미디어》, 2019.07.23.

Chapter 2 잘되는 유튜브 콘텐츠에는 트렌드가 있다

1 "유튜브 채널에 창업 지원자 8000명 몰린 까닭은?", 《중앙일보》, 2019.12.07.

2 "이상훈 "유튜브 한 달 최고 수입? 중형차 한 대 정도"", 《중앙일보》, 2019.08.30.

3 "지식공유도 이제 동영상 시대…유튜브 보기만 해도 똑똑해진다", 《뉴시스》, 2019.07.17.

4 "'유튜브 공부족' 2명 중 1명. "학원 안 가도 돼"", 《블로터》, 2018.11.05.

5 ""애들은 가라~" 중장년 사로잡은 유튜브, 뭘 보고 왜 볼까", 《경향신문》, 2019.08.07.

6 "한국 뉴스 신뢰도 세계 꼴찌…이용 채널은 유튜브 약진", 《THE FACT》, 2019.06.17.

7 로버트 킨슬·마니 페이반, 《유튜브 레볼루션》, 신솔잎 옮김. 더퀘스트, 2018.

Chapter 3 잘되는 콘텐츠를 기획하려면?

1 "1534세대, '유튜브' 시청 하루 2시간 '카톡'보다 중요하다", 《중앙일보》, 2018.10.05.
2 "유튜브 크리에이터 도티 "10대의 마음을 사로잡은 비결"", 《채널예스》, 2018.08.16.
3 https://watchin.today/ko/channel/UClkRzsdvg7_RKVhwDwiDZOA
4 "빅히트곡 없는 톱가수 송가인, 어떻게 봐야 할까", 《엔터미디어》, 2019.11.08.
5 "유튜버와 배급사에 필요한 건 '상생의 마인드'", 《헤럴드경제》, 2019.09.03.

Chapter 4 잘되는 채널은 이렇게 운영된다

1 ""100만 원 내면 구독자 1만 명 만들어드려요"···유튜브 조작 '활개'", 《한국경제》, 2019.08.01.
2 "절친 설리 · 구하라 잃은 김희철, SNS 계정 폐쇄···악플 소신 발언 "선처 無·강경 대응 必"",
《골프타임즈》, 2019.11.25.

Chapter 5 유튜브로 돈을 벌어봅시다

1 "인기 '먹방 유튜버' 밴쯔, 과장 광고로 벌금형", 《YTN》, 2019.08.12.
2 "검찰 수사로 번진 '임블리 사태'…SNS 쇼핑몰 논란 확산", 《연합뉴스TV》, 2019.05.28.

Chapter 6 앞으로도 계속 유튜버로 살아가려면

1 마스다 무네아키, 《지적 자본론》, 이정환 옮김, 민음사, 2015.
2 "성인 10명 중 6명 "꿈은 유튜버"…기대소득 월 396만 원", 《스포츠경향》, 2019.10.22.
3 "'1대100' 대도서관 "직원 복지? 생일 때마다 현금 100만 원"", 《뉴스엔》, 2018.10.08.
4 마크 트웨인, 《톰 소여의 모험》, 김욱동 옮김, 민음사, 2009.

시한책방 이시한과 함께하는 유튜브 첫걸음

유튜브 지금 시작하시나요?

초판 1쇄 발행 2020년 3월 31일
초판 4쇄 발행 2021년 8월 2일

지은이 이시한
펴낸이 성의현
펴낸곳 미래의창

편집주간 김성옥
책임편집 김윤하
디자인 공미향 · 박고은
마케팅 연상희 · 김지훈 · 김다울 · 이보경

등록 제10-1962호(2000년 5월 3일)
주소 서울시 마포구 잔다리로 62-1 미래의창빌딩(서교동 376-15, 5층)
전화 02-338-5175 **팩스** 02-338-5140
홈페이지 www.miraebook.co.kr
ISBN 978-89-5989-643-1   03320

생각이 글이 되고, 글이 책이 되는 놀라운 경험. 미래의창과 함께라면 가능합니다. 책을 통해 여러분의 생각과 아이디어를 더 많은 사람들과 공유하시기 바랍니다.
투고메일 togo@miraebook.co.kr (홈페이지와 블로그에서 양식을 다운로드하세요)
제휴 및 기타 문의 ask@miraebook.co.kr